Die OT-Mitgliedschaft im Arbeitgeberverband

Europäische Hochschulschriften
Publications Universitaires Européennes
European University Studies

Reihe II
Rechtswissenschaft

Série II Series II
Droit
Law

Bd./Vol. 5236

PETER LANG
Frankfurt am Main · Berlin · Bern · Bruxelles · New York · Oxford · Wien

Wiebke Flavia Rhodius

Die OT-Mitgliedschaft im Arbeitgeberverband

Rechts- und Satzungsfragen des Stufenmodells

PETER LANG
Internationaler Verlag der Wissenschaften

Bibliografische Information der Deutschen Nationalbibliothek
Die Deutsche Nationalbibliothek verzeichnet diese Publikation in der Deutschen Nationalbibliografie; detaillierte bibliografische Daten sind im Internet über http://dnb.d-nb.de abrufbar.

Zugl.: Düsseldorf, Univ., Diss., 2011

Gedruckt auf alterungsbeständigem,
säurefreiem Papier.

D 61
ISSN 0531-7312
ISBN 978-3-631-61875-2

www.peterlang.de

Meinen Eltern

Vorwort

Die vorliegende Arbeit wurde im Wintersemester 2010/2011 von der Rechtswissenschaftlichen Fakultät der Heinrich-Heine-Universität Düsseldorf als Dissertation angenommen. Literatur und Rechtsprechung konnten bis zum Mai 2011 berücksichtigt werden.

Die Anregung für die Erstellung dieser Arbeit und die Wahl des Themas erhielt ich während meiner Referendarstation bei der Landesvereinigung der Arbeitgeberverbände NRW. Dafür bedanke ich mich insbesondere bei Herrn Prof. Dr. *Bernd Schiefer* und Herrn *Walter Korte* sehr herzlich.

Bedanken möchte ich mich bei meinem Doktorvater, Herrn Prof. Dr. *Andreas Feuerborn*, der mir weitreichende Freiheiten bei der Erstellung der Arbeit gewährt und ihre Fertigstellung in vielfältiger Weise gefördert hat. Mein Dank gilt außerdem Frau Prof. Dr. *Nicola Preuß* für die zügige Erstellung des Zweitgutachtens.

Ich danke meinem Mann *Christian* für seine Unterstützung. Er hat durch sein Verständnis und seine Ermunterungen zur Fertigstellung der Arbeit beigetragen.

Ganz besonders bedanke ich mich bei meinen Eltern, denen ich diese Arbeit widme. Sie haben alle Stadien meiner Ausbildung in jeglicher Hinsicht gefördert. Ihre liebevolle Unterstützung hat mir die Anfertigung der vorliegenden Arbeit erst ermöglicht.

Inhaltsverzeichnis

Abkürzungsverzeichnis

a. A.	anderer Ansicht
a. a. O.	an angegebenem Ort
a. F.	alter Fassung
AGB	Allgemeine Geschäftsbedingungen
AiB	Arbeitsrecht im Betrieb
AP	*Hueck, Alfred/ Nipperdey, Hans Carl/ Dietz, Rolf*: Nachschlagewerk des Bundesarbeitsgerichts- Arbeitsrechtliche Praxis-, Loseblatt, München 1954 ff.
AuR	Arbeit und Recht (Zeitschrift)
BAG	Bundesarbeitsgericht
BAGE	Entscheidungen des Bundesarbeitsgerichts, Amtliche Sammlung
BB	Der Betriebs- Berater (Zeitschrift)
BGBl. (I, II)	Bundesgesetzblatt (Teil I, II)
f., ff.	folgende, fortfolgende
DB	Der Betrieb (Zeitschrift)
FA	Fachanwalt Arbeitsrecht (Zeitschrift)
i. V. m.	in Verbindung mit
JZ	Juristenzeitung
MDR	Monatsschrift für Deutsches Recht
NJW	Neue Juristische Wochenschrift
NZA	Neue Zeitschrift für Arbeits- und Sozialrecht, seit 1993 Neue Zeitschrift für Arbeitsrecht
NZfA	Neue Zeitschrift für Arbeitsrecht
RdA	Recht der Arbeit (Zeitschrift)
SAE	Sammlung arbeitsrechtlicher Entscheidungen
SchlW	Das Schlichtungswesen (Zeitschrift)
ZfA	Zeitschrift für Arbeitsrecht
ZTR	Zeitschrift für Tarif-, Arbeits- und Sozialrecht des öffentlichen Dienstes

Wegen der hier nicht aufgeführten Abkürzungen wird verwiesen auf *Kirchner, Hildebert*: Abkürzungsverzeichnis der Rechtssprache, 6. Auflage, Berlin 2008.

1. Teil: Hintergrund der OT- Mitgliedschaft

A. Einführung in die Problematik

Gemäß § 3 Abs. 1 i. V. m. § 2 Abs. 1 TVG führt die Mitgliedschaft in einem Arbeitgeberverband grundsätzlich zur Tarifbindung seiner Mitglieder. Als Ausnahmen von diesem Grundsatz sind verschiedene Formen einer tarifbindungsfreien Mitgliedschaft zu nennen, die sich sowohl in ihren rechtlichen Ausgestaltungen als auch hinsichtlich ihrer Folgefragen unterscheiden. Erste Vorläufer der tarifbindungsfreien Mitgliedschaft im Arbeitgeberverband finden sich bereits zur Zeit der Weimarer Republik[1]. Die Mitgliedschaft im Arbeitgeberverband ohne Tarifbindung (sog. OT- Mitgliedschaft/"Stufenmodell") ist ein Thema, das insbesondere seit den 1990er Jahren ausgiebig in der Fachliteratur erörtert wird[2]. Auch nachdem das BAG im Jahr 2006 zur grundsätzlichen Zulässigkeit einer OT-Mitgliedschaft entschieden hat[3], verbleiben unzählige ungeklärte Rechtsfragen, die es zu untersuchen gilt.

I. Situation heute

Ausgangspunkt der Überlegung zur tarifbindungsfreien Mitgliedschaft im Arbeitgeberverband ist der Wirtschaftsstandort Deutschland. Neben der vergleichsweise hohen Arbeitskostenbelastung[4] beklagen die ansässigen Unternehmen vor allem das unflexible Tarifsystem[5].

Flächentarifverträge sollen für die Mehrzahl der Unternehmen und ihre Mitarbeiter den prägenden rechtlichen Orientierungsrahmen bieten, vor allem für die Entgeltregelungen. Hauptsächlich kleine und mittelständische Unternehmen

---

1 Besgen, S. 20; Melot de Beauregard, S. 68.

2 Buchner, NZA 1994, 2, 2; Otto, NZA 1996, 624, 624; Thüsing/ Stelljes, ZfA 2005, 527, 528.

3 BAG, Beschluss vom 18.07.2006, NZA 2006, 1225–1232.

4 Beispielsweise das verarbeitende Gewerbe in Westdeutschland hat mit Arbeitskosten in Höhe von 35,22 € je Stunde, abgesehen von Norwegen mit 40,30 € je Stunde und Belgien mit 36,60 € je Stunde weltweit die höchsten Arbeitskosten. Die USA, Japan und die wichtigsten europäischen Konkurrenzländer haben bis zu 45 % niedrigere Arbeitskosten, vgl. Grafiken für das Jahr 2008 unter www.gesamtmetall.de, Stand 27.08.2009, Abruf am 08.09.2009.

5 Buchner, NZA 1994, 2, 2; Otto, NZA 1996, 624, 624; Sowka/ Balg, S. 11.

passen jedoch nicht in den großindustriellen Zuschnitt des Tarifsystems hinein. Sachliche und örtliche Differenzierungen sind nicht in ausreichendem Maße möglich. Für kleine Betriebe kann ein Tarifabschluss sogar eine Existenzgefährdung darstellen[6]. Viele Unternehmen streifen daher die Regelungen der geltenden Flächentarifverträge durch Austritt aus dem Tarifträgerverband ab.

Um dieser Entwicklung entgegen zu wirken und um ihre Mitglieder zu halten, bieten immer mehr Arbeitgeberverbände ihren Mitgliedern optional innerhalb des Verbandes oder durch Gründung eines zweiten Verbandes, der keine Tarifbindung vermittelt, eine Mitgliedschaft ohne Tarifbindung an. Die Mitgliedsunternehmen wechseln in einen gemischten Verband, der nicht zwingend die Tarifbindung vermittelt, um wählen zu können zwischen der Mitgliedschaft im Arbeitgeberverband mit Tarifbindung gemäß § 3 Abs. 1 i. V. m. § 2 Abs. 1 TVG oder einer tarifbindungsfreien Mitgliedschaft. Die Wahlmöglichkeit eröffnet den Unternehmen einen größeren Gestaltungsspielraum sowie gegebenenfalls einen Marktvorteil gegenüber solchen Unternehmen, die nicht zwischen verschiedenen Mitgliedschaftsformen wählen können. Welche Vorteile sich im Einzelnen ergeben, ist Gegenstand der nachfolgenden Untersuchung.

Formen und Ausgestaltungen tarifbindungsfreier Mitgliedschaften variieren innerhalb der Verbände und werfen verschiedene Rechtsfragen auf.

II. Ziel und Gang der Untersuchung

Ziel der Arbeit ist es, die Problemstellung und Ausgestaltung der Mitgliedschaft ohne Tarifbindung im Arbeitgeberverband zu untersuchen. Im Mittelpunkt der Bearbeitung steht dabei die OT- Mitgliedschaft („*Stufenmodell*").

Von ersten Vorläufern bis zu den modernen Modellen soll die Entwicklung der tarifbindungsfreien Mitgliedschaft im Arbeitgeberverband untersucht werden, um anhand der herausgearbeiteten Besonderheiten und Rechtsfolgen des Stufenmodells einen Vorschlag für eine wirksame Satzungsregelung unterbreiten zu können. Nach grundsätzlicher Anerkennung der Zulässigkeit des Stufenmodells durch Entscheidung des BAG vom 18.07.2006[7] werden im zweiten Teil der Arbeit schwerpunktmäßig die sich anschließenden Rechtsprobleme dieses Modells auf den Ebenen des kollektiven Arbeitsrechts, des Individualarbeitsrechts, des Satzungsrechts und des Prozessrechts umfassend betrachtet und bewertet.

Welche Möglichkeiten die Arbeitgeberverbände für eine Mitgliedschaft ohne Tarifbindung anbieten, ist eine Frage der Satzung des jeweiligen Verbandes. Die

---

6 Otto, NZA 1996, 624, 624.

7 BAG, Beschluss vom 18.07.2006, NZA 2006, 1225–1232.

Rechtsprechung hat sich zu den Grenzen satzungsrechtlicher Ausformungen bislang nicht abschließend geäußert. Die Arbeit beschäftigt sich daher innerhalb der einzelnen Problempunkte eingehend mit satzungsrechtlichen Fragestellungen. Anhand ausgewählter Beispielssatzungen der Metall- und Elektroindustrie werden die unterschiedlichen Ausgestaltungen dargestellt und erläutert. Der an den erarbeiteten Ergebnissen orientierte eigene Satzungsentwurf verdeutlicht die Reichweite der Satzungsautonomie der Verbände und bietet einen Überblick über die zu regelnden Teilbereiche bei der Ausgestaltung einer OT- Mitgliedschaft.

B. „Historie" der tarifpolitischen Lage bis zur Entstehung des TVG

Um ein vollständiges Bild über die Ursachen und Rechtsfolgen der OT- Mitgliedschaft zu erlangen, ist die Historie auf Parallelen hin zu beleuchten. Die Suche nach einer Möglichkeit zur Lösung von der Tarifbindung ist nicht neu. Bereits Mitte der Zwanziger Jahre des vergangenen Jahrhunderts war eine ähnliche Fragestellung Gegenstand der Diskussion in der arbeitsrechtlichen Literatur[8].

I. Weimarer Republik

In der Weimarer Zeit wurde als Vorläufer einer Mitgliedschaft ohne Tarifbindung die Zulässigkeit der so genannten „gewollten Tarifunfähigkeit"[9] erörtert. Hintergrund war die Einführung einer staatlichen Zwangsschlichtung, deren Wirkung die Verbände durch den satzungsmäßigen Ausschluss der Tariffähigkeit zu entgehen versuchten.

1. Tarifvertragsverordnung

Die Tarifvertragsverordnung (TVO) von 1918 sah erstmalig den Tarifvertrag als bindend wirkende Vereinbarung zwischen Arbeitnehmervereinigungen einerseits und Arbeitgeberorganisationen andererseits an. In § 1 S. 1 TVO[10] hieß es:

---

8 Göppert, NZfA 1925, Sp. 321–334; Hoeniger, NZfA 1927, Sp. 593–600; Hueck, NZfA 1926, Sp. 641–654; Pick, NZfA 1926, Sp. 469–476; Pick, NZfA 1928, Sp. 329–338; weitere umfangreiche Nachweise bei Besgen, S. 21.

9 Göppert, NZfA 1925, Sp. 321–332;Hueck, NZfA 1926, Sp. 641, 642; Nipperdey, Beiträge zum Tarifrecht, S. 77ff.; Pick, NZfA 1926, Sp. 469, 475; Ricken, S. 27.

10 Abgedruckt in RGBl 1918, 1456.

„Sind die Bedingungen für den Abschluss von Arbeitsverträgen zwischen Vereinigungen von Arbeitnehmern und einzelnen Arbeitgebern oder Vereinigungen von Arbeitgebern durch schriftlichen Vertrag geregelt (Tarifvertrag), so sind Arbeitsverträge zwischen den beteiligten Personen insoweit unwirksam, als sie von der tariflichen Regelung abweichen."

Schlichtungsausschüsse, bestehend aus je zwei ständigen und je einem unständigen Vertreter der Arbeitgeber und der Arbeitnehmer ihres Bezirkes sowie gegebenenfalls eines unparteiischen Vorsitzenden, sah die TVO nur in ihrem dritten Abschnitt[11] zur Schlichtung von Arbeitsstreitigkeiten vor. Nach § 20 TVO waren diese Ausschüsse für die Schlichtung von Streitigkeiten über „Löhne und sonstige Arbeitsverhältnisse" zuständig. Die Schiedssprüche der Ausschüsse erlangten gemäß §§ 28, 29 TVO jedoch erst Wirksamkeit nach Zustimmung der betroffenen Parteien. Einen Schlichtungs-„Zwang" gab es vorerst nicht. Die Arbeitgeberorganisationen sahen sich nicht veranlasst, ihre Tariffähigkeit aufzugeben oder OT- Mitgliedschaften anzubieten.

2. Demobilmachungsverordnungen

Erste bindende Schlichtungsvorschriften finden sich in verschiedenen Demobilmachungsverordnungen, die im Jahr 1919 erlassen wurden[12]. Unterwarfen sich die Parteien nicht freiwillig den Schiedssprüchen, konnten so genannte „Demobilmachungskommissare" die Schiedssprüche für verbindlich erklären, und zwar auf Antrag einer der beiden Parteien[13]. Doch auch die Regelungen in den Demobilmachungsverordnungen stellten nur eine vorläufige Form des Schlichtungswesens dar[14].

3. Staatliche Zwangsschlichtung und gewollte Tarifunfähigkeit

Im Jahr 1920 lagen erste Referentenentwürfe für eine eigenständige Normierung des Schlichtungsrechts vor[15]. Von Anfang an war vorgesehen, dass Schiedssprüche für verbindlich erklärt werden konnten. Bereits während der Verhandlungs-

---

11 RGBl 1918, 1461 ff.

12 Verordnung über die Einstellung, Entlassung und Entlohnung der Angestellten während der Zeit der wirtschaftlichen Demobilmachung vom 24. 01.1919, RGBl 1919, 100; Verordnung über die Einstellung und Entlassung von Arbeitern und Angestellten während der Zeit der wirtschaftichen Demobilmachung vom 03. Sept. 1919, RGBl 1507.

13 Vgl. § 17 der Verordnung über die Einstellung, Entlassung und Entlohnung der Angestellten während der Zeit der wirtschaftlichen Demobilmachung vom 24. 01.1919, RGBl 1919, 105; § 23 der Verordnung über die Einstellung und Entlassung von Arbeitern und Angestellten während der Zeit der wirtschaftichen Demobilmachung vom 03. Sept. 1919, RGBl 1507; Dersch, S. 51.

14 Dersch, S. 53.

15 Ricken, S. 21.

phase lehnte die Arbeitgeberseite das Instrument der staatlichen Zwangsschlichtung ab, während die Arbeitnehmervertreter in den Beratungen für eine solche Regelung stimmten[16].

Schließlich erließ die Reichsregierung am 30.10.1923 eine Verordnung über das Schlichtungswesen (SchlichtungsVO)[17], allerdings ohne Mitwirkung der Arbeitgeber[18].

Die Parteien hatten nach § 5 Abs. 1 SchlVO die Möglichkeit, bei Nichtabschluss einer Gesamtvereinbarung (Tarifvertrag, Betriebsvereinbarung) die Schlichtungsausschüsse gemäß § 1 SchlVO anzurufen, damit diese als neutrales Gremium bei dem Abschluss einer Gesamtvereinbarung im Sinne des § 3 SchlVO „Hilfe leisten" konnten. Gemäß § 1 Abs. 2 SchlVO bestanden die Schlichtungsausschüsse aus einem oder mehreren unparteiischen Vorsitzenden und aus Beisitzern der Arbeitgeber und der Arbeitnehmer in gleicher Zahl. Für größere Wirtschaftsbetriebe ebenso wie für besondere Einzelfälle konnte der Reichsarbeitsminister unmittelbar Schlichter nach § 2 SchlVO bestellen, die für die Schlichtung in Fällen von besonderer Wichtigkeit für das Wirtschaftsleben zuständig waren. Außerdem sah § 5 Abs. 1 SchlVO ein Einschreiten der Schlichtungsausschüsse und Schlichter von Amts wegen vor. Gemäß § 5 Abs. 2 SchlVO hatte der Vorsitzende des Schlichtungsausschusses bzw. der Schlichter zunächst zu versuchen, den Abschluss einer Gesamtvereinbarung herbeizuführen. Scheiterte dies, war die Sache gemäß § 5 Abs. 3 SchlVO vor einer Schlichtungskammer, bestehend aus dem Vorsitzenden des Schlichtungsausschusses und je zwei Beisitzern der Arbeitgeber und der Arbeitnehmer bzw. dem Schlichter und je zwei Beisitzern der Arbeitnehmer und der Arbeitgeber zu verhandeln. Wurde ein auf diesem Wege zustande gekommener Schiedsspruch von den Parteien nicht angenommen, so konnte er für verbindlich erklärt werden. Wörtlich hieß es in § 6 SchlVO:

> „*Wird der Schiedsspruch nicht von beiden Parteien angenommen, so kann er für verbindlich erklärt werden, wenn die in ihm getroffene Regelung bei gerechter Abwägung der Interessen beider Teile der Billigkeit entspricht und ihre Durchführung aus wirtschaftlichen und sozialen Gründen erforderlich ist. (...) Die Verbindlichkeitserklärung ersetzt die Annahme des Schiedsspruchs*"[19].

---

16 Däubler/ Däubler, Einleitung Rn. 26; Kempen/ Zachert/ Kempen, Geschichte des Tarifvertrages Rn. 33.

17 RGBl 1923 I, 1043–1045.

18 Preller, S. 313.

19 Abgedruckt in: Kempen/ Zachert/ Kempen, Geschichte des Tarifvertrags, Rn. 30.

Die Verbindlicherklärung konnte die Annahme des Schiedsspruches ersetzen und erlangte so die Wirkung eines zwischen den Tarifvertragsparteien abgeschlossenen Tarifvertrages.

Die Parteien konnten – wie bereits oben[20] erörtert – nach § 5 Abs. 1 SchlVO die Schlichtungsausschüsse gemäß § 1 SchlVO anrufen, wenn eine Gesamtvereinbarung nicht zustande kam. Wegen des Initiativrechts der Parteien wurde das Schlichtungsverfahren für den jeweiligen Gegner im gegebenen Fall zur „Zwangs-" Schlichtung. Der Tarifvertrag wurde gegen seinen Willen durchgesetzt.

In Folge dessen versuchten die Tarifparteien, sich der Inanspruchnahme zu entziehen: Wie für einen freiwilligen Tarifabschluss war die Tariffähigkeit der Parteien auch für die Zwangsvereinbarung eine entscheidende Voraussetzung. Mit Verlust der Tariffähigkeit konnte die Flucht vor den Wirkungen eines bevorstehenden bindenden, zwangsweise zustande kommenden Tarifvertrages gelingen. Die Verbände nahmen daher den Abschluss von Tarifverträgen aus dem durch ihre Satzung bestimmten Aufgabenbereich heraus und beendeten so ihre Tariffähigkeit.

4. Streit über die Zulässigkeit der „gewollten Tarifunfähigkeit"

Die Zulässigkeit dieser „gewollten Tarifunfähigkeit" wurde schnell zum Streitpunkt in Literatur und Rechtsprechung.

Während die Rechtsprechung die Frage nach der Zulässigkeit einer gewollten Tarifunfähigkeit zunächst offen ließ[21], erkannten Wissenschaft und Praxis die Zulässigkeit der gewollten Tarifunfähigkeit größtenteils an[22]. Unter Bejahung der Organisationsfreiheit sollten nur solche Verbände Tarifverträge abschließen können, die dies auch satzungsmäßig vorsahen[23]. Gegenstimmen stellten darauf ab, dass das System der Zwangsschlichtung nicht durch satzungsrechtlichen Ausschluss der Tariffähigkeit umgangen werden dürfe[24]. Es komme allein auf das tatsächliche Verhalten des Verbandes und damit auf das Einwirken auf die Lohn- und Arbeitsbedingungen an[25].

20 A. a. O., 1. Teil, B. I. 3., S. 23.

21 RG, Urteil vom 09.10.1925, RGZ 111, 354, 356; RG, Urteil vom 29.10.1926, RGZ 115, 178.

22 Hueck, NZfA 1926, Sp. 641, 652; Nipperdey, Beiträge zum Tarifrecht, S. 79; Pick, NZfA 1928, Sp.329, 338.

23 Hueck, NZfA 1926, Sp. 641, 651 f.; Nipperdey, Beiträge zum Tarifrecht, S. 78 f.

24 Joerges, SchlW 1926, 21, 24 ff.; Potthoff, SchlW 1930, Sp. 257, 259.

25 Hoeniger, NZfA 1927, 593, 596 f.; Darstellung bei Hueck/Nipperdey II, 3. Teil, S. 299 Rn. 58.

5. Ablehnung der „gewollten Tarifunfähigkeit“ durch das RAG

Das Reichsarbeitsgericht schloss sich im Jahr 1929 schließlich der ablehnenden Literaturmeinung an[26]. Die Koalitionen hätten durch die Tarifvertragsverordnung eine besondere Stellung erlangt, die es nicht zulasse, dass es von dem Willen der Vereinigung abhänge, Tarifverträge überhaupt abschließen zu können. Die Verbände hätten durch die Einführung der Normativwirkung von Tarifverträgen Tarifgewalt über ihre Mitglieder erlangt und damit öffentlich-rechtliche Befugnisse und Pflichten erhalten. Dieser öffentlich-rechtliche Charakter verhindere, dass die Verbände sich ihrer Stellung eigenständig entledigten[27]. Damit erteilte die Rechtsprechung den Anhängern der gewollten Tarifunfähigkeit endgültig eine Absage.

II. Zusammenbruch des Tarifsystems

Die tarifpolitische Lage seit 1930 war geprägt durch den Erlass verschiedener Notverordnungen des Reichspräsidenten nach Art. 48 WRV, die eine konsequente Lohnsenkung zum Inhalt hatten[28] und die Spielräume der Koalitionen auf ein Minimum beschränkten[29]. Die Nationalsozialisten ersetzten die Gewerkschaften aufgrund des „Gesetzes zur Ordnung der nationalen Arbeit“[30] (AOG) vom 20.01.1934 durch die „Deutsche Arbeitsfront“ (DAF) und bestimmten, dass die Arbeitsbedingungen durch von einem „Treuhänder der Arbeit“ festgesetzte Tarifordnungen bestimmt wurden. Die Tarifvertragsverordnung wurde aufgrund des Gesetzes zum 01.05.1934 aufgehoben[31]. Mit der nationalsozialistischen Machtübernahme im Jahr 1933 verlor die Frage der Tarifzuständigkeit und der Tariflegitimation zunächst also jegliche Relevanz[32].

---

26 RAG vom 10.04.1929, ARS 5, 537, 542.

27 RAG vom 10.04.1929, ARS 5, 537, 542.

28 Ricken, S. 35 f.

29 Kempen/ Zachert/ Kempen, Geschichte des Tarifvertrags Rn. 35.

30 RGBl. I, 45.

31 Wiedemann/Oetker, Geschichte, Rn. 16.

32 Kempen/ Zachert/ Kempen, Geschichte des Tarifvertrags Rn. 36; Wiedemann/ Oetker, Geschichte, Rn. 15, 16.

III. Überlegungen für eine neue Tarifvertragsordnung in der Besatzungszeit

Die Koalitionen erlangten nach Zusammenbruch des Nationalsozialismus ihre Eigenständigkeit nur nach und nach zurück. Die Alliierten begannen 1944 damit, sich Gedanken über das Tarifsystem im befreiten Nachkriegsdeutschland zu machen[33]. Die Wiederherstellung eines freien Tarifsystems sollte Teil des demokratischen Wiederaufbaus sein[34]. Es sollte sowohl von deutscher als auch von alliierter Seite möglichst schnell ein funktionierendes Tarifvertragssystem ausgearbeitet und eingeführt werden. Die alten Machtstrukturen wurden zerschlagen und frühzeitig wurde der Abschluss von Tarifverträgen vorgesehen[35]. Das Tarifvertragswesen erfuhr zwar keine spezialgesetzliche Regelung, verschiedene Kontrollratsdirektiven und Verordnungen gestatteten aber ausdrücklich den Abschluss von Tarifverträgen, ohne die näheren Einzelheiten zu regeln[36].

Anfang 1948 legte das Zentralamt für Arbeit der britischen Besatzungszone mit Sitz in Lemgo nach mehreren inoffiziellen Entwürfen den ersten offiziellen Referentenentwurf einer Tarifvertragsordnung vor. Der Lemgoer Entwurf[37] machte im Gegensatz zur Tarifvertragsverordnung der Weimarer Zeit die Tariffähigkeit der Tarifparteien, welche in § 1 Abs. 1 Lemgoer Entwurf ausdrücklich als „Gewerkschaften, Arbeitgeberverbände und Arbeitgeber" bezeichnet wurden, gerade davon abhängig, dass eine entsprechende Bestimmung in der Satzung enthalten war.

Wenig später wurde klar, dass mit der Vereinigung von britischer und amerikanischer Besatzungszone die Gesetzgebungszuständigkeit auf den Wirtschaftsrat als „Wirtschaftsparlament" des Vereinigten Wirtschaftsgebietes übertragen werden würde. Die Beratungen zum Tarifvertragsgesetz verlagerten sich in die parlamentarischen Gremien[38], sodass die Pläne für die Tarifvertragsordnung in der britischen Besatzungszone wieder fallen gelassen wurden.

Auch in der amerikanischen Besatzungszone lagen 1947 erste Entwürfe für ein Tarifvertragsgesetz vor. Arbeitgeberverbände und Gewerkschaften sollten sich hiernach satzungsgemäß mit der Ordnung der Arbeitsbeziehungen und Arbeitsbedingungen durch den Abschluss von Tarifverträgen beschäftigen[39].

---

33 Dreschers, S. 94.

34 Wiedemann/ Oetker, Tarifvertragsgesetz, Geschichte, Rn. 19.

35 Ricken, S. 46; Wiedemann/ Oetker, Tarifvertragsgesetz, Rn. 19.

36 Nipperdey, BB 1948, 157, 158f.

37 Abgedruckt in Wiedemann, Tarifvertragsgesetz, Rn. 22 sowie in: Materialien zur Entstehung des Tarifvertragsgesetzes vom 0.04.1949, ZFA 1973, 129, 130.

38 Nipperdey, BB 1984, 157, 160.

39 Ricken, S. 46.

C. Tarifvertragsgesetz vom 09.04.1949 und die weitere Entwicklung des TVG

Nach der Vorlage zweier Referentenentwürfe für ein Tarifvertragsgesetz von Seiten der SPD sowie durch die Verwaltung für Arbeit begann eine intensive Beratungsphase. Diskutiert wurden neben Fragen zur Tariffähigkeit vor allem staatliche Eingriffsmöglichkeiten in das Tarifwesen. Im Mittelpunkt stand die Ausgestaltung der Allgemeinverbindlichkeit[40].

Nach Beilegung der Diskrepanzen und Zustimmung des Länderrats vom 31.03.1949 wurde das Tarifvertragsgesetz schließlich unter dem 09.04.1949 im Gesetzblatt des Vereinigten Wirtschaftsgebietes Nr. 11, S. 55 (erschienen am 22.04.1949) verkündet[41].

Seither erfuhr das TVG nur wenige Änderungen in Randbereichen. Durch das Gesetz zur Änderung des Tarifvertragsgesetzes vom 11.01.1952[42] wurden die Voraussetzungen der Allgemeinverbindlicherklärungen erweitert, die jetzt auch möglich sind „zur Behebung eines sozialen Notstandes“. Außerdem wurden die „Spitzenorganisationen“ im Sinne der §§ 5 und 12 TVG aufgenommen. Das erste Arbeitsrechtsbereinigungsgesetz vom 14.08.1969 brachte in seinem Artikel 4[43] nur einige formale Neuerungen mit sich, in materieller Hinsicht gab es keine wesentlichen Änderungen[44]. Das Heimarbeitsänderungsgesetz vom 29.10.1974[45] bewirkte mit der Einfügung des § 12 a TVG eine Erstreckung der Geltung des TVG auf arbeitnehmerähnliche Personen und damit eine materielle Korrektur.

D. Zwischenergebnis

Die Einflussnahme staatlicher Stellen auf das Tarifsystem in der Weimarer Zeit durch die Einführung der staatlichen Zwangsschlichtung und die daraus entstehenden Folgeprobleme standen bei den Verhandlungen um ein modernes Tarifvertragsgesetz im Blickpunkt. Mit der Verkündung des Tarifvertragsgesetzes vom 09.04.1949 war die Grundlage eines autonomen Tarifwesens erneut geschaffen. Die Tarifpartner erhielten die Fähigkeit zurück, ihren Aufgabenkreis zu bestimmen. Die wenigen Änderungen, die seither vorgenommen wurden,

40 Nautz, S. 131 f.

41 Materialien zur Entstehung des Tarifvertragsgesetzes vom 09.04.1949, ZfA 1973, 129, 130.

42 BGBl. I, 19.

43 BGBl. I, 1106, 1108.

44 Wiedemann/Oetker, Geschichte, Rn. 65.

45 BGBl. I, 2879, 2884.

machen deutlich, dass das System des TVG mit seinem Schwerpunkt bei den Tarifvertragsparteien funktionsfähig ist.

Das Ende der staatlichen Bevormundung ließ zunächst auch das Bedürfnis der Tarifträger, ihre Tariffähigkeit abzustreifen, entfallen. Die Möglichkeit zum Abschluss von Tarifverträgen aufgrund des TVG von 1949 erlaubte es den Tarifträgern, eine eigene Tariflandschaft zu begründen und auszuweiten. Die Frage nach der Zulässigkeit einer Mitgliedschaft im Arbeitgeberverband ohne Tarifbindung stellte sich nicht.

E. Entwicklung der Flächentarifvertragsbindung seit Mitte der 1980er Jahre

Die tarifpolitische Entwicklung in den vergangenen zwei Jahrzehnten bewirkte auf Arbeitgeberseite zunehmend Verbandsaustritte bisheriger Mitgliedsunternehmen. Anlass hierzu gaben in der Metallindustrie erstmals die im Jahr 1984 mit dem stufenweisen Einstieg in die 35- Stunden-Woche vereinbarten tariflichen Arbeitszeitregelungen, welche die IG Metall erst nach mehrwöchigen Auseinandersetzungen durchsetzen konnte[46].

Die Wiedervereinigung Deutschlands am 03.10.1989 bewirkte die Neueinführung des westdeutschen Tarifsystems in den neuen Bundesländern, allerdings zu viel niedrigeren Konditionen als in Westdeutschland[47]. Nach allmählicher Angleichung der Tarifbedingungen in Ost- und Westdeutschland erzeugt heute die schrittweise EU – Erweiterung Ost großen Konkurrenzdruck auf die in Deutschland ansässigen Firmen. Vor allem mit den sehr niedrigen Lohnkosten kann Deutschland bei weitem nicht mithalten[48]. Ziel der Unternehmen war und ist es daher, sich durch den Austritt aus dem Verband von der Tarifbindung zu lösen. Einen Überblick über die Entwicklung und den Organisationsgrad der Verbände bieten statistische Auswertungen am Beispiel der Metallindustrie[49].

Seit Mitte der 1980er Jahre lässt sich nach bis dahin stabilem Organisationsgrad ein stetiger Rückgang der Mitgliedschaften in Arbeitgeberverbänden ver-

---

46 Der Spiegel 13/1984 vom 26.03.1984, 19B-21A, www.wissen.spiegel.de, Abrufdatum: 20.10.2009.

47 Im Jahr 1991 betrug die Entgeltsumme für Betriebe mit 20 und mehr Beschäftigten in der Metallindustrie in Westdeutschland 120,5 Mrd. Euro, in Ostdeutschland 5,9 Mrd. Euro, vgl. die Statistik unter www.gesamtmetall.de, Abrufdatum: 20.10.2009.

48 Die Arbeitskosten des verarbeitenden Gewerbes lagen am 27.08.2009 in Deutschland bei 32,45 Euro im Vergleich zu Polen mit 7,28 Euro, vgl. die Statistik unter www.gesamtmetall.de, Abrufdatum 20.10.2009.

49 Haipeter/ Schilling, AIT 2005, 169–183.

zeichnen. Von 55 % Anfang der 1980er Jahre sank die Organisationsrate in der Metallindustrie bis zum Jahr 1990 auf 46 %[50]. In den alten Bundesländern waren 1998 nur noch 34,5 % der Arbeitgeber in den Metallverbänden organisiert. In den neuen Bundesländern sank der Organisationsgrad von 28 % im Jahr 1995 auf nur noch 16 % im Jahr 1998 ab[51].

Diese Entwicklung schritt fort, sodass 2003 insgesamt noch 22,5 % der Arbeitgeber organisiert waren, davon in Westdeutschland 25,5 % und in Ostdeutschland 7,6 %[52].

Die Zahl der Personen, die bei einem im Arbeitgeberverband als Vollmitglied organisierten Arbeitgeber beschäftigt waren (Beschäftigtenorganisationsgrad) sank bezogen auf Gesamtdeutschland von 1998 mit ca. 70 % bis zum Jahr 2003 auf 55,1 %.

Im Vergleich zu der Anzahl der in einem Verband als Vollmitglied organisierten Unternehmen (Firmenorganisationsgrad) lässt sich hieraus schließen, dass die Arbeitgeberverbände der Metall- und Elektroindustrie vor allem kleine und mittelgroße Unternehmen verloren haben.

Die Flächentarifvertragsbindung in Westdeutschland ist – bezogen auf die Beschäftigten – von 70 % im Jahr 1996 auf 62 % im Jahr 2003 gefallen. Für Ostdeutschland ergab sich 2003 ein Wert von rund 43 %. Der Anteil von Kleinunternehmen daran mit bis zu neun Mitarbeitern in Westdeutschland belief sich auf 37 % und in Ostdeutschland auf 17 %, während große Betriebe mit bis zu 500 Mitarbeitern in Westdeutschland zu 80 % an die Flächentarifverträge gebunden waren und zu 71 % in Ostdeutschland[53]. Auf Betriebsebene waren dem entsprechend rund 43 % in Westdeutschland flächentarifgebunden und in Ostdeutschland 21 %[54].

Beispielsweise waren in der Metall- und Elektroindustrie in Nordrhein- Westfalen von 2.625 Verbandsmitgliedern 77,3 % tarifgebunden und repräsentierten dabei 90,4 % der Arbeitnehmer.

Die gültigen Flächentarifverträge zeichnen sich durch eine hohe Regelungsdichte aus, die eine differenzierte Entgeltgestaltung verhindern. Flexibilität der tariflichen Arbeitsbedingungen, tarifliche Bewegungsspielräume und tarifliche Arbeitsbedingungen, die auf die spezifischen Verhältnisse der Branchen und innerhalb dieser Branchen auf Unternehmensgruppen, Unternehmen und Betriebe zugeschnitten sind, sind nicht vorhanden[55]. Die Unternehmen benöti-

---

50 Haipeter/ Schilling, AIT 2005, 169, 170.
51 Haipeter/ Schilling, AIT 2005, 169, 170.
52 Haipeter/ Schilling, AIT 2005, 169, 171.
53 Haipeter/ Schilling, AIT 2005, 169, 172.
54 Haipeter/ Schilling, AIT 2005, 169, 172.
55 Dunker, S. 45; Pfab, S. 17.

gen aber zur Erhaltung ihrer Wettbewerbsfähigkeit im nationalen und globalen Markt Arbeitsbedingungen, die es erlauben, mit den Wettbewerbern zu konkurrieren. Um dem starren und oft sogar die Existenz gefährdenden Regelwerk[56] des Flächentarifvertrags zu entkommen, treten die Unternehmen aus den die Tarifbindung vermittelnden Arbeitgeberverbänden aus. Damit entledigen sie sich gleichzeitig und geradezu gezwungenermaßen auch der großen Vorteile, die eine Mitgliedschaft im Arbeitgeberverband bietet. Die Tarifarbeit der Verbände steht zwar in der öffentlichen Diskussion im Vordergrund, die Gesamtleistung des Verbandes erschöpft sich darin jedoch nicht. Die Betreuungsleistungen, wie Interessenvertretung, Beratung und Ausbildungsleistungen bilden einen wichtigen Teil der Verbandsarbeit[57].

So heißt es beispielsweise in § 2 Ziff. 1 der Satzung des Verbandes der Metall- und Elektro-Industrie in Thüringen e. V. vom 25.06.2007:

> *„Zweck des Verbandes ist die Wahrnehmung der Interessen der Mitglieder auf allen Gebieten des Tarifwesens, des Arbeits- und Sozialrechts sowie der Sozial-, Bildungs- und Gesellschaftsbedingungen."*

und in Ziff. 2 b)- f)

> *„In Erfüllung dieser Aufgaben wird der Verband:*
>
> *b) die Mitglieder auf allen unter Ziffer 1 aufgeführten Gebieten beraten, unterstützen und vertreten, einschließlich der Vertretung vor den Arbeits-, Sozial- und Verwaltungsgerichten*
> *c) den Erfahrungsaustausch unter den Mitgliedern fördern*
> *d) Maßnahmen der Bildungsförderung, insbesondere für die Beschäftigten seiner Mitglieder, unterstützen oder durchführen; der Verband kann sich hierzu eigenständiger Bildungseinrichtungen bedienen*
> *e) die gesetzgebenden Körperschaften und die zuständigen Behörden durch gutachtliche Mitwirkung auf dem Gebiet des Arbeits- und Sozialrechts unterstützen sowie Vorschlags- und Benennungsrechte im Rahmen dieser Gesetze ausüben*
> *f) die Zusammenarbeit mit Verbänden gleichen Aufgabengebietes pflegen, insbesondere durch die Mitgliedschaft bei GESAMTMETALL Gesamtverband der Arbeitgeberverbände der Metall- und Elektro-Industrie e. V.."*

Die Unternehmen möchten nicht nur an den Serviceleistungen der Verbände, wie beispielsweise der gerichtlichen Vertretung in arbeitsrechtlichen Rechtsstreitigkeiten und der Rechtsberatung teilhaben, auch legen sie Wert auf die verbandsmäßige Vertretung gemeinsamer Interessen und möchten in der sozialen Selbstverwaltung mitwirken, die allein mit Verbandshilfe abgewickelt werden kann.

---

56 Vgl. Otto, NZA 1996, 624, 624.

57 Besgen, FA 2007, 162, 162; Haipeter/ Schilling, IAT 2005, 169, 175; Hromadka/ Maschmann, § 13 Rn. 75; Otto, NZA 1996, 624, 624; Wilhelm/ Dannhorn, NZA 2006, 466, 467.

Es besteht also ein großes Interesse an einer Mitgliedschaft im Arbeitgeberverband, selbst oder gerade dann, wenn der Verband dem Mitglied keine Tarifbindung vermittelt.

F. Die Reaktion der Arbeitgeberverbände auf die zunehmenden Verbandsaustritte und die Entwicklung der OT- Mitgliedschaft seit 1990

Für den Arbeitgeberverband bringt der Mitgliederschwund Nachteile mit sich, in finanzieller Hinsicht durch Einbuße an Mitgliederbeiträgen und in sozialpolitischer Hinsicht durch Verringerung der Anzahl repräsentierender Unternehmen. Der Verband möchte seine Mitglieder halten und sucht nach Möglichkeiten, der Auszehrung entgegenzuwirken[58]. Seit den 1990er Jahren bilden sich daher vermehrt Organisationsformen heraus, die eine Verbandsmitgliedschaft ermöglichen, ohne die Unternehmen an vom Verband abgeschlossene Tarifverträge zu binden.

I. Satzungsmäßige Gestaltungsvarianten einer tarifbindungsfreien Mitgliedschaft im Arbeitgeberverband und ihre rechtliche Bewertung

Eine Mitgliedschaft im Arbeitgeberverband ist heute in mehreren Varianten zu finden[59]. Die Unternehmen können frei zwischen den verschiedenen Mitgliedschaftsmodellen wählen, die die Satzung des Verbands wirksam für sie vorsieht.

Untersucht werden ausschließlich die tarifbindungsfreien Mitgliedschaftsformen, wobei die *OT- Mitgliedschaft („Stufenmodell“)* den Schwerpunkt der Bearbeitung bildet[60].

Seit einiger Zeit ist die *OT- Mitgliedschaft* in den Mittelpunkt der Diskussion gerückt[61] und wirft bis heute viele ungelöste Probleme auf[62].

---

58 Deinert, RdA 2007, 83, 83; Reuter, RdA 1996, 201, 202.

59 Besgen, S. 124; Soergel/ Hadding, § 38 Rn. 4.

60 Die *Vollmitgliedschaft* im Verband (*T- Mitgliedschaft*) als „Normalfall“ wird im Rahmen der Arbeit nicht eingehender behandelt.

61 Erster Beitrag von Röckl, DB 1993, 2382–2385; dann: Buchner, NZA 1994, 1; Otto, NZA 1996, 624, 631; Besgen, S. 11; Melot de Beauregard, S. 111 ff.

62 Siehe nur die jüngsten Aufsätze: Bauer/ Haußmann, NZA 2009, 99–106; Bayreuther, BB 2007, 325–329; Berger- Delhey, ZTR 2006, 531 f.; Buchner, NZA 2006, 1377–1382; Deinert, AuR

Die Verbandsmitglieder möchten der Tarifbindung gemäß § 3 Abs. 1 i. V. m. § 2 Abs. 1 TVG entgehen, aber weiterhin die Serviceleistungen des Verbandes in Anspruch nehmen und zumindest mittelbar an der Tarifpolitik beteiligt werden. Sie sind interessiert an einer tarifbindungsfreien Mitgliedschaft im Arbeitgeberverband.

Eine solche Mitgliedschaft ist in verschiedenen Varianten möglich und in der Praxis vertreten. Die Bezeichnung der Modelle ist im Schrifttum uneinheitlich[63].

Alle Modelle werfen verschiedene Rechtsfragen auf. Da in der Praxis meist die *mitgliedschaftlichen Modelle* verwirklicht sind[64], wird hier der Schwerpunkt der Bearbeitung liegen. Zur Abgrenzung werden die *verbandsorganisatorischen Modelle* mit ihren Problemkreisen nur kurz umrissen.

Die Satzungen zu den verschiedenen Gestaltungsvarianten regeln, dass die tarifunwilligen Mitglieder des Verbandes Serviceleistungen des Verbandes in Anspruch nehmen können, ohne von den Tarifwirkungen erfasst zu werden. Es ist zu untersuchen, ob dies auch rechtlich möglich ist. Zu berücksichtigen ist die jeweilige Ausgangslage des betreffenden Modells.

1. Zulässigkeit der verbandsorganisatorischen Modelle

Löst sich der Verband von seiner Tariffähigkeit, handelt es sich um ein *verbandsorganisatorisches Modell.*

Die *verbandsorganisatorischen Modelle* sehen zwei rechtlich selbständige Organisationen vor, nämlich eine, die in ihrer Satzung tarifliche Zwecke festlegt, sowie eine zweite, die nach der Satzung ausschließlich sonstige verbandliche Leistungen für ihre Mitglieder erbringt.

Innerhalb des *verbandsorganisatorischen Modells* wird zwischen zwei Untergruppen unterschieden, dem *„Parallelverbandsmodell"* und dem *„Aufteilungsmodell"*.

a) Parallelverbandsmodell

Das *„Parallelverbandsmodell"* sieht zwei identische Verbände vor, wobei nur einer zusätzlich den Willen zum Abschluss von Tarifverträgen haben soll.

Parallel zu dem bestehenden, tariffähigen Arbeitgeberverband wird ein zweiter Verband im Sinne des Vereinsrechts nach §§ 21 ff. BGB gegründet. Der Grün-

---

2006, 217–224; Deinert, RdA 2007, 83–91; Hensche, NZA 2009, 815–820; Thüsing/ Stelljes, ZfA 2005, 527–577; Wilhelm/ Danhorn, NZA 2007, 466–473; Wroblewski, NZA 2007, 421–426.

63 Vgl. Bezeichnungen u. a. bei: Melot de Beauregard, S. 65; Otto, NZA 1996, 624, 624.

64 Thüsing/ Stelljes, ZfA 2005, 527, 529.

dungsvorgang für den Verein besteht in der rechtsgeschäftlichen Einigung der Beteiligten über den Inhalt der Satzung[65]. Die Gründer erklären ihren Willen, Mitglieder des Vereins zu sein, und dass hierfür die in der Satzung getroffenen Regelungen verbindlich sein sollen[66]. Während der ursprüngliche Verband unverändert fortbesteht, verfolgt der Parallelverband nach seiner Satzung ausschließlich arbeits- und sozialpolitische Ziele, aber keine tarifpolitischen[67]. Möchte ein Mitgliedsunternehmen die Tarifbindung abstreifen, so muss es aus dem ursprünglich bestehenden Verband austreten und Mitglied des Parallelverbands werden.

b) Aufspaltungsmodell

Bei dem *„Aufspaltungsmodell"* entsteht aus dem nicht tariffähigen Arbeitgeberverband heraus ein Nebenverband, der allein auf den Abschluss von Tarifverträgen ausgerichtet ist[68]. Auch das *„Aufspaltungsmodell"* sieht vor, dass der ursprüngliche Arbeitgeberverband in seiner bisherigen Form weiter besteht, nur dass er seine Tariffähigkeit aufgibt. Außerhalb dieses- jetzt tarifunfähigen- Verbandes entsteht ein Nebenverband, der ausschließlich für die Durchführung von Tarifverhandlungen und den Abschluss von Tarifverträgen zuständig ist.

Der Nebenverband entsteht durch Spaltung des Ausgangsverbandes und Zusammenschluss der tarifwilligen Mitglieder des nun nicht mehr tariffähigen Ausgangsverbands[69]. Die Spaltung des Ursprungsvereins erfolgt im Wege der Abspaltung gemäß § 123 Abs. 2 UmwG, wonach der übertragende Rechtsträger bestehen bleibt und nur einen Teil seines Vermögens auf einen dadurch neu gegründeten Rechtsträger überträgt.

Beispielsweise kann die Satzung des tariffähigen Ausgangsverbandes folgende Regelung vorsehen[70]:

> *„Das Recht zum Abschluss von Tarifverträgen kann auch auf einen anderen Verband übertragen werden."*

Diese Regelung in der Satzung des ursprünglichen Verbandes bietet im Rahmen des *„Aufspaltungsmodells"* die Möglichkeit der Übertragung von Tarifangelegenheiten auf den Zweitverband. Damit der Zweitverband seine Aufgabe als

65 Soergel/Hadding, vor § 21 Rn. 63.
66 Soergel/Hadding, vor § 21 Rn. 63.
67 Besgen, S. 68; Buchner, NZA 1994, S. 2, 3; Melot de Beauregard, S. 66.
68 vgl. Bezeichnungen bei Melot de Beauregard, S. 65. Ansonsten uneinheitliche Bezeichnungen in der Literatur, vgl. dazu Besgen, S. 15 Fn 10.
69 Buchner, NZA 1994, 2, 2f.; ErfK/ Franzen, § 2 TVG Rn. 9; Otto, NZA 2006. 624, 624.
70 Aus der Satzung des Arbeitgeberverbandes der Metall- und Elektro- Industrie Lüdenscheid e. V. vom 20.April 1948 in der Fassung vom 27. April 2001.

Tarifträger wahrnehmen kann, ist eine Regelung über die Tariffähigkeit in seine Satzung aufzunehmen.

c) Zulässigkeit der verbandsorganisatorischen Modelle

Zu untersuchen ist, ob ein Arbeitgeberverband seine Tariffähigkeit zulässigerweise aufgeben kann.

Däubler[71] und *Schaub*[72] sehen in der Aufgabe der Tariffähigkeit des Ausgangsverbandes eine übermäßige Benachteiligung der Gewerkschaften. Durch finanzielle und ideelle Unterstützung stärke der Verband einerseits seine Position, entziehe sich andererseits aber der kollektiven Auseinandersetzung. Es liege widersprüchliches Verhalten vor. Die Tariffähigkeit sei eine automatische Folge des Handelns des Verbandes, der seine Mitglieder koordiniert und diese als Gegenspieler der Gewerkschaft unterstützt, sei es auch nur in Form von nicht tarifpolitischen Serviceleistungen[73].

Die Bedenken dringen nicht durch. Aus der durch Art. 9 Abs. 3 GG garantierten individuellen Koalitionsfreiheit der Arbeitgeber und kollektiven Koalitionsfreiheit der Arbeitgeberverbände ergibt sich vielmehr, dass diese keine tarifpolitischen Ziele verfolgen müssen[74]: Art. 9 Abs. 3 GG ist als Doppelgrundrecht zu verstehen. Geschützt wird nicht nur die Freiheit des Einzelnen, sondern auch diejenige der Koalition selbst, also ihr Bestand, ihre organisatorische Ausgestaltung und ihre koalitionsspezifische Betätigung[75]. Der Schutz der Koalitionsfreiheit schließt dabei auch das Recht des Arbeitgebers ein, einer Koalition fernzubleiben, also die negative Koalitionsfreiheit[76], sowie das Recht der Koalition, sich nicht tarifpolitisch zu betätigen[77].

Entsprechend hat das Bundesverfassungsgericht klargestellt, dass Tariffähigkeit und Tarifwilligkeit für die Koalitionseigenschaft im Sinne des Art. 9 Abs. 3 GG nicht gefordert werden können[78]. Die Förderung der Arbeits- und Wirtschaftsbedingungen im Sinne des Art. 9 Abs. 3 GG kann danach auch auf andere Weise als durch den Abschluss von Tarifverträgen verfolgt werden[79].

---

71 Däubler, ZTR 1994, 448, 454; Däubler, NZA 1996, 225, 232; Schaub, BB 1994, 2005, 2007.

72 Schaub, BB 1994, 2005, 2007.

73 Däubler/ Peter, § 2 Rn. 109.

74 BAG, Beschluss vom 18.07.2006, NZA 2006, 1225, 1228; Hueck, NZfA 1926, 641, 651; Melot de Beauregard, S. 79; Sachs/Höfling, Art. 9 Rn. 62; Wiedemann/ Oetker, § 2 Rn. 25.

75 ErfK/Dieterich, Art. 9 GG Rn. 39; Sachs/Höfling, Art. 9 Rn. 66.

76 ErfK/Dieterich, Art. 9 GG Rn. 32.

77 Henssler/ Willemsen/ Kalb/ Hergenröder, Art. 9 GG Rn. 56f.

78 BVerfG, Urteil vom 18.11.1995, BVerfGE 4, 96, 107; Dreier/Bauer, Art. 9 Rn. 80.

79 BVerfG, Beschluss vom 30.11.1965, BVerGE 19, 303, 313; BVerfG, Urteil v. 26.01.1995, AP Nr. 77 zu Art. 9 GG.

Es besteht darüber hinaus kein grundsätzlicher Anspruch der Gewerkschaften auf eine kollektive Auseinandersetzung. Nach § 2 Abs. 1 TVG, wonach Tarifvertragsparteien Vereinigungen von Arbeitgebern oder einzelne Arbeitgeber sein können, ist der einzelne Arbeitgeber stets tariffähig. Hat der Arbeitgeberverband seine Tariffähigkeit aufgegeben, so verbleibt immer der einzelne Arbeitgeber, dem die Gewerkschaft mit dem Ziel des Abschlusses eines Haustarifvertrags begegnen kann. Damit wird dem Zweck der Tariffähigkeit, der darin besteht, dass der Gewerkschaft ein möglicher Tarifvertragspartner gegenüberstehen soll[80], ausreichend entsprochen. Die Gewerkschaft hat keinen Anspruch auf Abschluss eines Verbandstarifvertrags[81].

Zudem ist der Haustarifvertrag dem Verbandstarifvertrag qualitativ gleichgestellt. Eine unzulässige Benachteiligung der Gewerkschaft wegen qualitativer Ungleichheit liegt nicht vor. Insbesondere das Argument der „Ordnungsfunktion" des verbandlichen Tarifvertragsystems greift heute nicht mehr durch. Zwar besteht grundsätzlich kein Zweifel an der ordnenden Funktion des Flächentarifvertrages. Ein Tarifvertrag begründet während seiner Laufzeit eine feste Kalkulationsgrundlage für alle tarifgebundenen Unternehmen hinsichtlich ihrer Lohnkosten und schafft Rahmenbestimmungen, die für die geordnete Durchführung des Arbeitslebens notwendig sind[82]. Dass es sich bei dem ordnenden Tarifvertrag aber um einen Flächentarifvertrag handeln muss, lässt sich hieraus nicht ableiten. Die geordnete Durchführung des Arbeitslebens lässt sich auch auf der Grundlage eines Haustarifvertrages erreichen. Denn der Haustarifvertrag bringt auf das einzelne Unternehmen zugeschnittene Rechtsnormen hervor und ordnet das Arbeitsleben auf Unternehmensebene spezifisch und flexibel. Das einzelne Mitgliedsunternehmen als Arbeitgeber und Tarifvertragspartei kann – vor allem mit Rückhalt des Verbandes in Form von Rechtsberatung und sonstigen Serviceleistungen – der komplexen Arbeitswelt viel differenzierter begegnen[83].

Ferner erfüllt ein Tarifvertrag nicht nur eine Ordnungsfunktion, sondern dient zugleich dem Schutz des Arbeitnehmers. Es soll durch den Tarifvertrag eine Ebene für paritätische Verhandlungen bereit gestellt werden, deren Vertragsergebnisse angemessene Arbeitsbedingungen versprechen[84]. Gerade die Schutzfunktion wird durch den Abschluss eines Haustarifvertrages optimal gewährleistet, da mit Blick auf das einzelne Unternehmen spezifischere und damit angemessenere Arbeitsbedingungen hervorgebracht werden können.

---

80 ErfK/ Franzen, § 2 TVG Rn. 20.

81 Gamillscheg, § 14 I 6 a) (1), S. 578; Thüsing/ Stelljes, S. 527, 531.

82 BVerfG, Urteil vom 06.05.1964, BVerfGE 18, 18, 28; Wiedemann/Wiedemann, Einleitung Rn. 14f.

83 Vgl. ebenso Reuter, RdA 1996, 201, 203; Thüsing/ Stelljes, S. 527, 531.

84 Wiedemann/Wiedemann, Einleitung Rn. 4.

Ein Firmentarifvertrag erfüllt die Ordnungs- und Schutzfunktion ebenso ausreichend wie ein Flächentarifvertrag. Eine Benachteiligung der Gewerkschaft liegt demnach nicht vor, wenn ein Arbeitgeberverband seine Tariffähigkeit aufgibt und als Tarifvertragspartei der einzelne Arbeitgeber verbleibt. Die Gegenargumente greifen nicht durch.

Es fehlt außerdem an einer gesetzlichen Pflicht der Arbeitgeberverbände zur Mitwirkung an der Tariflandschaft. Die in Art. 9 Abs. 3 GG verankerte Koalitionsfreiheit gewährt den Verbänden das Recht zur Festsetzung ihrer innerverbandlichen Ordnung, der Rechtsform und der Organisation[85]. Auf der Grundlage der Satzungsfreiheit aus Art. 9 Abs. 3 GG können die Verbände den Abschluss von Tarifverträgen in ihrer Satzung ausschließen[86].

Es steht den Mitgliedsunternehmen damit frei zu entscheiden, wie sich der geschlossene Verbund betätigen soll, und es steht mangels gesetzlicher Pflicht zu tarifpolitischer Betätigung auch den Arbeitgeberverbänden frei, ob sie in der Satzung die Tariffähigkeit vorsehen wollen oder nicht[87].

Dabei kann es keinen Unterschied machen, ob der Verband als *Parallelverband* von vorneherein ohne tarifpolitischen Zweck gegründet wird, oder ob die Vereinigung ihre Tariffähigkeit nachträglich aufgibt (*Aufspaltungsmodell*)[88].

2. Zulässigkeit der mitgliedschaftlichen Modelle

Den *verbandsorganisatorischen Modellen* stehen die *mitgliedschaftlichen Modelle* gegenüber. Werden den Mitgliedern innerverbandlich verschiedene Mitgliedschaftsformen mit und ohne Tarifbindung geboten, liegt ein *mitgliedschaftliches Modell* vor.

Eine Aufteilung der Mitglieder in verschiedene Verbände findet nicht statt, die Lösung von der Tarifbindung wird vielmehr innerverbandlich und individuell vorgenommen.

Neben der normalen Vollmitgliedschaft sind in der Praxis die *OT- Mitgliedschaft,* die *Gast- oder Fördermitgliedschaft* sowie das *Fachgruppenmodell* vertreten.

Auch die mitgliedschaftlichen Modelle müssen anhand ihrer Eigenheiten gesondert auf ihre rechtliche Zulässigkeit hin untersucht werden. Vor allem die

---

85 Löwisch/Rieble, Handbuch zum Arbeitsrecht, § 246 Rn. 22ff.; vMangoldt/ Klein/ Starck/ Kemper, Art. 9 Abs. 3 Rn. 194; Maunz/ Dürig/ Scholz, Art. 9 Rn. 202; vMünch/ Kunig/ Löwer, Art. 9 Rn. 80 (Innere Ordnung).

86 Gamillscheg, I 6, S. 527; Thüsing/Stelljes, ZfA 2005, 527, 530.

87 Gamillscheg, § 14 I 6 a (1), S. 527; Löwisch, ZfA 1974, 29, 45; Otto, NZA 1996, 624, 625; Thüsing/ Stelljes, ZfA 2005, 527, 530, 535; Wiedemann/ Oetker, § 2 Rn. 25.

88 Vgl. Besgen, S. 68; Wiedemann/ Oetker, § 2 Rn. 25.

grundsätzliche Zulässigkeit einer *Mitgliedschaft OT* ist im Schrifttum ausführlich untersucht und diskutiert worden.

a) Förder- und Gastmitgliedschaft[89]

Als älteste Gestaltungsform ist die so genannte *„Gast- oder Fördermitgliedschaft"* zu nennen[90]. Es handelt sich um eine rein fördernde Mitgliedschaft zur Unterstützung des Verbandes in ideeller sowie in finanzieller Hinsicht[91]. Im Gegensatz zur Vollmitgliedschaft kennt die Gastmitgliedschaft keinerlei Stimmrechte und Leistungsansprüche, die wesentlichen Vereinsrechte stehen dem Gastmitglied nicht zu[92]. Die Satzungen sehen vor, dass Gastmitglieder nur einzelne Dienstleistungen des Verbandes, zum Beispiel Beratung oder Vertretung, in Anspruch nehmen können.

Beispielsweise heißt es in der Satzung[93]:

> *„Gastmitglieder können sonstige Unternehmen und Zusammenschlüsse von Unternehmen werden, die keine Leistungen des Verbands in Anspruch nehmen wollen, mit Ausnahme der Förderung des Erfahrungsaustauschs unter den Mitgliedern. Vertreter von Gastmitgliedern können nicht dem Vorstand und dem tarifpolitischen Beirat an-gehören."*

Gastmitglieder gehören nur zu Informationszwecken dem Verband an[94]. Ziel der Gastmitglieder ist, die Leistungen des Verbandes in Anspruch zu nehmen ohne der Tarifbindung zu unterliegen.

Das BAG stellt nicht die Mitgliedschaftsform der Gastmitgliedschaft als solche, wohl aber ihre Qualität als Mitgliedschaft im Sinne des § 3 Abs. 1 TVG und im Sinne des Vereinsrechts in Frage.

In seinen Entscheidungen zu dieser Frage hat das BAG ausgeführt:

> *„Da somit die Gastmitglieder keines der wesentlichen Rechte haben, die aus der Mitgliedschaft zu einem Verein folgen, weder das Stimmrecht in der Mitgliederversammlung noch das aktive oder passive Wahlrecht zu den Vereinsorganen, sind sie nicht Mitglieder dieses Vereins im Sinne des § 3 TVG*[95]*."*

---

89 Beispielsweise dem Arbeitgeberverband der Versicherungsunternehmen in Deutschland gehörten im Juli 2008 246 Vollmitglieder und 27 Gastmitglieder an, vgl. www.agv-vers.de, Abrufdatum: 14.09.2009.

90 Kempen/ Zachert/ Stein, § 2 Rn. 116; Löwisch/ Rieble, § 2 Rn. 88; Melot de Beauregard, S. 116.

91 Melot de Beauregard, S. 117.

92 Junker, SAE 1997, S: 169, 173;

93 Auszug aus der Satzung des Arbeitgeberverbandes Ruhr/Lenne e. V., Iserlohn mit Stand vom 29.04.1999.

94 Däubler/Peter, § 2 Rn. 125.

95 BAG, Urteil v. 16.02.1962–1 AZR 167/61, AP Nr. 12 zu § 3 TVG, Verbandszugehörigkeit, BAGE 12, 285, 289.

Seine Aussage hat das BAG in einer weiteren Entscheidung bestätigt:

> *„Eine Gastmitgliedschaft (...) führt nicht zur Tarifgebundenheit an die (...) Tarifverträge. Die Bindung an abgeschlossene Tarifverträge (...) gilt (...) nur für Verbandsmitglieder. Als solche sieht die Satzung (...) nur solche Mitglieder an, die in einem Mitgliedschaftsverhältnis i. S. d. § 3 der Satzung (Erwerb der Mitgliedschaft) stehen.*
> *Um von einer Mitgliedschaft im vereinsrechtlichen Sinne sprechen zu können, muss dem Verbandsangehörigen jedoch ein Mindestmaß an mitgliedschaftlichen Rechten eingeräumt werden.*
> *Den Gastmitgliedern kommen außer der Teilnahme als Gast und dem Fragerecht bei der Mitgliederversammlung keine wesentlichen Mitgliedschaftsrechte zu. Dies führt zu der Konsequenz, dass es sich bei den so genannten Gastmitgliedern nicht um Mitglieder (...) im vereinsrechtlichen Sinne handelt*[96]*."*

Nach den genannten Entscheidungen des BAG[97] ist das Gastmitglied demnach kein „Mitglied" im Verband im vereinsrechtlichen Sinne. Tarifbindung der Gastmitglieder gemäß § 3 Abs. 1 TVG ist daher ausgeschlossen. Gastmitglieder sind von der Tarifbindung wirksam ausgenommen[98].

Buchner[99] lehnt jede mitgliedschaftliche Beziehung des Gastmitglieds zum Verband gemäß § 38 BGB sowie im Sinne des § 3 Abs. 1 TVG ab. Die Gastmitgliedschaft stelle nur die einem Nichtmitglied eingeräumte Möglichkeit dar, mit dem Verband Leistungen nach Vereinbarung auszutauschen. Nach *Buchner* liegt als rein schuldrechtliches Verhältnis eine Art Geschäftsbesorgungsvertrag im Sinne des § 675 Abs. 1 BGB vor[100].

Darüber hinaus hat sich die Literatur mit der Gastmitgliedschaft in Arbeitgeberverbänden nicht eingehender beschäftigt. Da das Gastmitglied auf das Verbandshandeln keinen Einfluss nehme, vertritt die Literatur einhellig, dass es sich bei den Gastmitgliedern nicht um Mitglieder im Sinne des Tarifrechts nach § 3 Abs. 1 TVG handele[101].

Es besteht Einigkeit darüber, dass Gastmitglieder nicht an die Flächentarifverträge gebunden sind, solange sie keine wesentlichen Vereinsrechte innehaben. Dem ist zuzustimmen. In Übereinstimmung mit *Buchner*[102] ist davon auszugehen, dass das Gastmitglied – welches nicht mit den wesentlichen Vereinsrechten ausgestattet ist – mit dem Verband nur einen Geschäftsbesorgungsvertrag gemäß

96 BAG Urteil v. 26.01.2005, ZTR 2005, 367, 369.

97 BAG, Urteil v. 16.02.1962, BAGE 12, 285, 289; BAG Urteil v. 26.01.2005, ZTR 2005, 367, 368.

98 Buchner, SAE 1987, 108, 109; Däubler/ Peter, § 2 Rn. 125; Löwisch/ Rieble, § 2 Rn. 88; Melot de Beauregard, S. 118.

99 Buchner, SAE 1987, 108,110; Buchner, NZA 1994, 2, 2.

100 Buchner, NZA 1994, 2, 2.

101 ErfK/Franzen, § 3 TVG Rn. 4; Kempen/Zachert/ Kempen, § 3 Rn. 6; Ostrop, S. 66; Wiedemann/ Oetker, § 3 Rn. 135.

102 Buchner, SAE 1987, 108, 110; Buchner, NZA 1994, 2, 2.

§ 675 Abs. 1 BGB geschlossen hat. Es ist nicht Mitglied des Verbandes im Sinne des Vereinsrechts geworden, mit der Folge, dass es nicht gemäß § 3 Abs. 1 TVG an die vom Verband geschlossenen Tarifverträge gebunden ist. Die Gastmitgliedschaft ist als tarifbindungsfreie Mitgliedschaft im Arbeitgeberverband zulässig.

b) Stufenmodell/ Mitgliedschaft OT

Dem Verband gehören sowohl tarifgebundene als auch nicht tarifgebundene Arbeitgeber an. Neben der Mitgliedschaft mit Tarifbindung gemäß § 3 Abs. 1 i. V. m. § 2 Abs. 1 TVG wird eine eigene Mitgliedschaftskategorie ohne Tarifbindung (OT- Mitgliedschaft) geschaffen. Dieses Modell wird aufgrund der abgestuften Mitgliedschaftsformen auch als *„Stufenmodell“* bezeichnet[103]. Zur Verwirklichung des *„Stufenmodells“* ist die Satzung des nach außen einheitlich tariffähig auftretenden Verbandes so ausgestaltet, dass die Mitglieder die Wahl zwischen einer *normalen* Vollmitgliedschaft *(T- Mitgliedschaft)*[104] und einer *OT-Mitgliedschaft* haben.

Ersten Anlass zur Einführung dieses Modells in der Praxis bot die von der Gewerkschaft Holz und Kunststoff (GHK) durchgesetzte zweite Stufe der Arbeitszeitverkürzung hin zur 35- Stunden- Woche in der holz- und kunststoffverarbeitenden Industrie. Durch Satzungsänderung vom 29.06.1990 führte der Verband der holz- und kunststoffverarbeitenden Industrie Rheinland- Pfalz die OT- Mitgliedschaft ein[105]. Inzwischen sehen viele Verbände verschiedener Branchen OT- Mitgliedschaften vor[106].

Die mitgliedschaftlichen Rechte der OT-Mitglieder sind unterschiedlich ausgestaltet. Es kommt dabei auf die Satzung des jeweiligen Verbandes an. In tarifpolitischen Entscheidungen erhalten die OT-Mitglieder in der Praxis meist nur eine beratende Stimme. Dennoch sind sie – anders als die Gastmitglieder – mit Ausnahme der Tarifbindung in wirtschafts- und sozialpolitischen Vertretungs-

103 Bayreuther, BB 2007, 325, 325; Deinert, RdA 2007, 83, 84; Otto, NZA 1996, 624, 627; Wilhelm/ Dannhorn, NZA 2006, 466, 467.

104 Bezeichnung bei Deinert, RdA 2007, 83, 84.

105 Thüsing, S. 149f.

106 Z. B. Verbände der Textil- und Bekleidungsindustrie, z. B. Verband der bayerischen Textil- und Bekleidungsindustrie e. V., vgl. www.vtb-bayern.de, Abrufdatum 20.10.2009; Verbände der Metallindustrie, z. B. Arbeitgeberverband der Eisen- und Metallindustrie für Bochum und Umgebund, vgl. www.agv-metall.de, Abrufdatum 30.10.2009 sowie Verband der Siegerländer Wirtschaft, vgl. www.arbeitgeberverbaende.de, Abrufdatum 30.10.2009; Einzelhandelsverbände, z. B. Verband des Bayerischen Einzelhandels e. V., vgl. BAG, Beschluss vom 18.07.2006, NZA 2006, 1225–1232; und Dienstleistungsverbände, z. B. Arbeitgeberverband Dienstleistungsunternehmen e. V., vgl. Satzung, www.arbeitgeberverband.com, Abrufdatum 20.10.2009.

aufgaben mit den gleichen Rechten und Pflichten ausgestattet wie die tarifbindungswilligen Mitglieder des Verbands[107].

Beispielsweise heißt es in der Satzung:

> *„Mitglied ohne Tarifbindung (OT- Mitglied) kann auf schriftlichen Antrag ein Unternehmen der (...) Industrie werden, wenn es im (...) Raum seinen Sitz oder eine Betriebsstätte hat. Über den Antrag entscheidet der Vorstand. OT- Mitglieder haben mit den in § (...) vorgesehenen Einschränkungen dieselben Rechte und Pflichten wie or-dentliche Mitglieder. Die vom Verband selbst oder einem bevollmächtigten Landes- bzw. Bundesverband geschlossenen und für die Gesamtheit seiner tarifgebundenen, ordentlichen Mitglieder geltenden Tarifverträge haben für und gegen OT- Mitglieder keine Wirkung[108].“*

Das Stufenmodell war vermehrt verbands- und tarifrechtlichen Einwänden ausgesetzt, die das BAG[109] entkräftet hat.

Die rechtliche Zulässigkeit der OT- Mitgliedschaft war und ist im Schrifttum umstritten[110]. Die vorwiegende Meinung hielt sie zunächst für eine grundsätzlich anzuerkennende personelle Beschränkung der Tarifzuständigkeit[111]. Teilweise wurde und wird immer noch vertreten, die Bereitstellung einer Mitgliedschaft OT unterlaufe die in § 3 Abs. 1 TVG vorgesehene Tarifbindung kraft Mitgliedschaft und sei deshalb nicht mit dem geltenden Recht vereinbar[112]. Es werden auch Bedenken aus dem verbandsrechtlichen Gleichbehandlungsgrundsatz geltend gemacht[113].

Für die Untersuchung der rechtlichen Zulässigkeit der OT- Mitgliedschaft und der sich anschließenden Folgefragen sind die tarifrechtlichen Begrifflichkeiten präzise zu unterscheiden. Zu klären ist der rechtliche Anknüpfungspunkt für eine zulässige Ausgestaltung der OT- Mitgliedschaft. In Betracht kommen eine personelle Beschränkung der Tarifzuständigkeit des Arbeitgeberverbandes oder die Mitgliedschaft, welche zur Tarifbindung gemäß § 3 Abs. 1 TVG führt. Steht fest,

---

107 Bayreuther, BB 2007, 325, 327; Wilhelm/ Dannhorn, NZA 2006, 466, 467.

108 Auszug aus der Satzung der Unternehmerschaft der Metall- und Elektroindustrie zu Mönchengladbach e. V. mit Stand vom 28. April 2004.

109 BAG; Beschluss vom 18.07.2006, NZA 2006, 1225–1232.

110 Statt aller Fürsprecher: Bayreuther, BB 2007, 325, 328 f.; Besgen, FA 2007, 162, 164; Buchner, NZA 2006, 1377, 1377; ErfK/ Franzen, § 2 TVG Rn. 9a; Henssler/ Willemsen/ Kalb/ Henssler, § 2 TVG Rn. 16; Ricken, RdA 2007, 35, 36; Thüsing/ Stelljes, ZfA 2005, 527, 568 f.; Wilhelm/ Dannhorn, NZA 2006, 466, 473; statt aller Gegner: Berg/ Platow/ Schoof/ Unterhinninghofen, § 3 Rn. 51 ff.; Däubler, ZTR 1994, 448, 453; Deinert, AuR 2006, 217, 219, 220; Unterhinninghofen, Anmerkung zu BAG, Beschluss vom 18.07.2006, AiB 2007, 117, 120 Wroblewski, NZA 2007, 421, 426.

111 Buchner, NZA 1994, 2, 5; Lembke, S. 20; Otto, NZA 1996, 624, 629.

112 Berg/ Platow/ Schoof/ Unterhinninghofen, § 3 Rn. 51; Danz, S. 114; Däubler, ZTR 1994, 448, 453; Deinert, AuR 2006, 217, 219, 220; Franzke, 197 ff; Kempen/ Zachert/ Stein, § 2 Rn. 118; Unterhinninghofen, Anmerkung zu BAG, Beschluss vom 18.07.2006, AiB 2007, 117, 120.

113 Schaub, BB 1994, 2005, 2007.

woran für eine wirksame Ausgestaltung des Stufenmodells angeknüpft werden muss, ist zu untersuchen, welche Tatbestandsmerkmale für eine Tarifbindung fehlen müssen, damit die einzelne OT- Mitgliedschaft die Tarifbindungslosigkeit ermöglichen kann.

aa) Tarifzuständigkeit als Anknüpfungspunkt für eine zulässige Ausgestaltung der OT- Mitgliedschaft

Zu untersuchen ist, ob die OT- Mitgliedschaft zulässig über eine Einschränkung der personellen Tarifzuständigkeit des Verbandes ausgestaltet werden kann.

(1) Entscheidung des Vierten Senates vom 23.02.2005

Der Vierte Senat des BAG knüpfte in seiner Entscheidung vom 23.02.2005[114] über die Zulässigkeit der OT- Mitgliedschaft an die Beschränkung der personellen Tarifzuständigkeit des Verbandes an.

Vorher konnte das BAG die Frage nach der Zulässigkeit einer Mitgliedschaft-OT im Arbeitgeberverband lange Zeit unbeantwortet lassen. In einem früheren Beschluss konnte der Vierte Senat[115] einer Stellungnahme ausweichen, da er das Verfahren mit der Begründung aussetzte, dass die Frage der Tarifbindung von OT- Mitgliedern eine Frage der personellen Beschränkung der Tarifzuständigkeit der Verbandsmitglieder sei und das Verfahren daher nach § 97 Abs. 5 ArbGG bis zur Erledigung des durchzuführenden Beschlussverfahrens nach § 2a Abs. 1 Nr. 4 ArbGG auszusetzen sei.

In einem späteren Verfahren war schon der Geltungsbereich des betreffenden Tarifvertrags beschränkt, was unbestritten zulässig ist, sodass der Vierte Senat wiederum nicht über die Zulässigkeit der Mitgliedschaft OT entscheiden musste[116].

In der Entscheidung vom 23.02.2005[117] musste das BAG sich mit Zahlungsansprüchen eines Arbeitnehmers befassen, der als Auslieferungsfahrer tätig war. Die Beklagte war bis zum 28.02.2002 Vollmitglied im Arbeitgeberverband, der Kläger war Gewerkschaftsmitglied. Auf das Arbeitsverhältnis wurde der einschlägige Gehaltstarifvertrag (LGTV 2001) angewandt. Zum 01.03.2002 wechselte die Beklagte zur OT- Mitgliedschaft über. Nach Abschluss einer Änderungsvereinbarung zwischen Kläger und Beklagter zahlte die Beklagte ab dem 01.03.2002 nur noch den untertariflichen Lohn aus. Der LGTV 2001 wurde zum

114 BAG, Urteil vom 23.02.2005, ZTR 2005, 635–637.
115 BAG, Urteil vom 23.10.1996, BAGE 84, 238–246.
116 BAG, Urteil vom 24.02.1999, RdA 2000, 104–107 (Anm. Zachert).
117 BAG, Urteil vom 23.02.2005, ZTR 2005, 635–637.

31.03.2002 gekündigt, ein neuer Gehaltstarifvertrag trat am 01.04.2002 in Kraft. Der Kläger begehrte die Zahlung des Tariflohns nach dem LGTV 2001 anstelle der Zahlung des untertariflichen Lohnes für die Zeit ab August 2002. Dabei stützte er sich auf die Nachwirkung des Gehaltstarifvertrags in seinem Arbeitsverhältnis.

Der Vierte Senat legte seiner Entscheidung[118] die Zulässigkeit des Stufenmodells wie selbstverständlich zu Grunde. Er ordnete die Frage der Zulässigkeit der OT- Mitgliedschaft als Frage der Tarifzuständigkeit ein. Es sei darauf abzustellen, ob die Begrenzung der personellen Tarifzuständigkeit auf einen Teil der Verbandsmitglieder zulässig sei. Der Senat hat in seiner Entscheidung Bezug genommen auf die frühere Entscheidung des Ersten Senats zur Gastmitgliedschaft[119]. Hierin hatte das BAG[120] nicht beanstandet, dass die Verbandssatzung neben der Vollmitgliedschaft eine Gastmitgliedschaft vorsah. Da den Gastmitgliedern die wesentlichen Mitgliedschaftsrechte fehlten, sprach das Gericht den Gastmitgliedern eine Mitgliedschaft im Verband im vereinsrechtlichen Sinne und infolgedessen die Tarifgebundenheit nach § 3 Abs. 1 TVG ab[121]. Der Eintritt in den Arbeitgeberverband stehe dem Mitglied frei. Es könne durch Verbandshandeln nur soweit gebunden werden, als es sich der Gestaltungsbefugnis des Verbandes unterwerfe.

Der Vierte Senat hat ausgeführt:

> „(...) *für die Annahme einer generellen Unwirksamkeit einer OT- Mitgliedschaft unabhängig von den konkreten Regelungen der Satzung zu der organisatorischen Struktur der betroffenen Verbandsbereiche und den Rechten der OT- Mitglieder, insbesondere im Hinblick auf den Abschluss von Tarifverträgen, mit der weiteren Konsequenz eines Verbleibens der Mitglieder im Zustand der Tarifgebundenheit trotz entgegenstehender Erklärung, (gebe es) ... keine rechtliche Grundlage*“.[122]

Eine nähere Begründung lieferte der Vierte Senat nicht. Insbesondere setzte er sich nicht mit den Argumenten der Literatur gegen die Zulässigkeit der OT- Mitgliedschaft auseinander.

(2) Diskussion und eigene Stellungnahme

Der Ansicht des Vierten Senates ist nicht zu folgen. Eine OT- Mitgliedschaft kann nicht über die Begrenzung der personellen Tarifzuständigkeit begründet werden.

---

118 BAG, Urteil vom 23.02.2005, ZTR 2005, 635, 636.

119 BAG, Urteil vom 16.02.2005, BAGE 12, 285.

120 BAG, Urteil vom 16.02.1962, BAGE 12, 285; BAG, Urteil vom 20.02.1986, BAGE 51, 163, 167.

121 Vgl. zu der Entscheidung oben, 1. Teil, F. I. 2. a), S. 37 f.

122 BAG, Urteil vom 23.02.2005, ZTR 2005, 635, 636.

Für die Definition der Tarifzuständigkeit ist auf eine jahrzehntelange Rechtsprechung zurückzugreifen.

Danach ist die Tarifzuständigkeit die Fähigkeit eines an sich tariffähigen Verbands, Tarifverträge mit einem bestimmten Geltungsbereich abzuschließen[123]. Die Tarifzuständigkeit ist gesetzlich nicht geregelt, wird aber in § 2 a Abs. 1 Nr. 4, § 97 ArbGG vorausgesetzt. Sie wird durch den Verband selbst in seiner Satzung festgelegt. Die Festlegung der Tarifzuständigkeit über die Mitgliedschaft der einzelnen Arbeitgeber greift in den unmittelbaren Anwendungsbereich der Regelungen des TVG ein, die an die Tarifgebundenheit anknüpfen.

Betroffen hiervon ist die Nachbindung des Tarifvertrags gemäß § 3 Abs. 3 TVG bei Austritt eines Verbandsmitglieds. Würde der Tarifvertrag nur mit beschränktem Geltungsbereich geschlossen, so würde der Austritt des Mitglieds das Herausfallen aus dem Geltungsbereich bewirken. § 3 Abs. 3 TVG wäre unanwendbar, es verbliebe eine analoge Heranziehung des § 4 Abs. 5 TVG[124].

Eine mitgliedschaftsbezogene Tarifzuständigkeit macht außerdem Allgemeinverbindlicherklärungen nach § 5 Abs. 4 TVG sinnlos. Im Geltungsbereich des Tarifvertrags werden nach § 5 Abs. 4 TVG die bislang nicht tarifgebundenen Arbeitgeber und Arbeitnehmer von den Rechtsnormen des Tarifvertrags erfasst. Ist der Geltungsbereich aber auf die aktuellen Verbandsmitglieder beschränkt, können die tarifungebundenen Mitglieder nicht erfasst werden[125].

Ein maßgeblicher Grund dafür, dass die Begründung einer OT- Mitgliedschaft durch Beschränkung der personellen Tarifzuständigkeit unzulässig ist, ist die Sicherung der Sperrwirkung des § 77 Abs. 3 BetrVG. Die Tarifzuständigkeit legt den Geltungsbereich fest, der den Tarifparteien zur Normierung offen steht. Werden die OT-Mitglieder durch eine Beschränkung der Tarifzuständigkeit von der Tarifwirkung befreit, fallen sie auch aus dem persönlichen Geltungsbereich der vom Verband abgeschlossenen Tarifverträge heraus. Damit würde aber auch die Sperrwirkung des § 77 Abs. 3 BetrVG gegenüber Betriebsvereinbarungen entfallen.

Ferner entscheidet der Verband selbst in seiner Satzung über den Umfang seiner Tarifzuständigkeit[126]. Nicht sachgerecht ist daher, wenn die einzelnen Mitglieder über ihren Ein- und Austritt die Festlegung der Tarifzuständigkeit beschränken oder erweitern können.

---

123 BAG, Urteil vom 23.10.1996, BAGE 84, 238, 244 zu II 2.1.2 der Gründe; BAG, Urteil vom 12.11.1996, BAGE 84, 314, 320, zu D 1 a der Gründe; BAG, Urteil vom 25.09.1996, BAGE 84, 166, 176 zu B III 1 der Gründe; BAG, Urteil vom 29.06.2004, BAGE 111, 164, 171 zu B II 2 b aa der Gründe; BAG, Urteil vom 27.09.2005, BAGE 116, 45, 56, zu B II 1 a der Gründe.

124 BAG, Beschluss vom 18.07.2006, NZA 2006, 1225, 1229, Rz 47.

125 BAG, Beschluss vom 18.07.2006, NZA 2006, 1225, 1229, Rz 48..

126 Däubler/Peter, § 2 Rn. 111; Löwisch/Rieble, § 2 Rn. 94.

Buchner[127] dagegen meint, der Umfang der Tarifzuständigkeit sei gerade nicht durch die Beitrittsentscheidung der Mitglieder beeinflussbar. Vielmehr lege der Verband den Umfang der Tarifzuständigkeit durch die satzungsmäßige Ausgestaltung der Mitgliedschaftsformen abstrakt schon vor dem Beitritt fest. *Buchner*[128] geht daher weiterhin davon aus, dass der Weg über die Tarifzuständigkeit zur Feststellung der Zulässigkeit einer OT-Mitgliedschaft grundsätzlich gangbar ist.

Gegen die Ansicht von Buchner ist einzuwenden, dass der Handlungsspielraum der Berufsverbände hinsichtlich des personellen Umfangs der Tarifzuständigkeit eingeengt ist[129]. Die personellen Eingrenzungen der Tarifzuständigkeit müssen durch abstrakt-generelle Kriterien beschrieben werden, sodass nach Auslegung der Satzung festgestellt werden kann, für welchen Personenkreis der Verband tarifzuständig ist[130]. Die Satzung darf sich die Zuständigkeit nur für tatsächlich vorhandene Mitglieder zulegen[131].

Nach alldem ist die Begründung von OT- Mitgliedschaften durch eine Beschränkung der personellen Tarifzuständigkeit in der Satzung des Arbeitgeberverbandes abzulehnen.

bb) § 3 Abs. 1 TVG als Anknüpfungspunkt für eine zulässige Ausgestaltung der OT- Mitgliedschaft

Scheidet die Beschränkung der Tarifzuständigkeit des Verbands als Anknüpfungspunkt für das Stufenmodell aus, verbleibt die rechtliche Gestaltung über die Merkmale der Tarifbindung. Die Voraussetzungen und Folgen der Tarifgebundenheit sind in §§ 3, 4 Abs. 1 TVG normiert. Die Regelungen des Tarifvertrags entfalten ihre Wirkung nur gegenüber Tarifgebundenen, § 1 Abs. 1, § 4 Abs. 1 TVG. Tarifgebunden sind die Mitglieder der Tarifvertragsparteien, § 3 Abs. 1 TVG.

(1) Mitgliedschaftsbegriff

Die Mitgliedschaft in einer Tarifvertragspartei ist gemäß § 3 Abs. 1 TVG eine Voraussetzung der Tarifbindung. Fehlt es also an einer Mitgliedschaft im Sinne des § 3 Abs. 1 TVG, kann keine Tarifbindung entstehen. Zu untersuchen ist daher

127 Buchner, NZA 2006, 1377, 1379.
128 Buchner, NZA 2006, 1377, 1380.
129 Wiedemann/Oetker, § 2 Rn. 77.
130 Däubler, NZA 1996, 225, 231; Wiedemann/Oetker, § 2 Rn. 80.
131 Wiedemann/Oetker, § 2 Rn. 77.

der Begriff der „Mitgliedschaft“. Der tarifrechtliche Mitgliedsbegriff könnte von dem allgemeinen verbandsrechtlichen zu unterscheiden sein.

(a) Entscheidung des Ersten Senates vom 18.07.2006

Der Erste Senat erkennt in seiner Entscheidung vom 18.07.2006[132] das OT- Mitglied zwar im vereinsrechtlichen Sinn als vollwertiges Mitglied des Arbeitgeberverbandes an, jedoch nicht als Verbandsmitglied i. S. d. § 3 Abs. 1 TVG. Der Erste Senat hatte sich im Beschlussverfahren nach § 97 ArbGG mit der Tarifzuständigkeit eines Arbeitgeberverbandes für ein OT- Mitglied zu befassen. In seiner Entscheidung vom 18.07.2006 hat er die OT- Mitgliedschaft für zulässig gehalten. Anders als der Vierte Senat[133] zieht er hierfür nicht die Tarifzuständigkeit als maßgebendes Kriterium heran, sondern setzt bei der Tarifgebundenheit des einzelnen Mitglieds und damit beim Mitgliedschaftsbegriff selbst an[134]. Der Erste Senat geht dabei zutreffend davon aus, dass eine Beschränkung der Tarifzuständigkeit auf die jeweiligen Verbandsmitglieder rechtlich nicht möglich ist. Bei der Tarifzuständigkeit und der Tarifgebundenheit handelt es sich, wie der Senat richtig feststellt, um *„zwei Rechtsinstitute, die in Inhalt, Voraussetzungen, verfassungsrechtlichen Grundlagen, materiellrechtlichen Folgen und prozessualer Behandlung völlig unterschiedlich ausgestaltet sind“*[135]. Die Tarifzuständigkeit kommt dem Verband zu, die Tarifgebundenheit dagegen betrifft die einzelnen Mitglieder. Der Senat betonte, dass es der bisher vertretenen Lösung über die Tarifzuständigkeit und auch des Arguments der Betätigungsfreiheit des Arbeitgeberverbandes aus Art. 9 Abs. 3 GG nicht bedürfe. Er geht zutreffend davon aus, dass die Möglichkeit einer Mitgliedschaft OT aus der Satzungsautonomie folgt und daher grundsätzlich gegeben ist. Der Senat begründet seine Auffassung ausführlich. Anders als der Vierte Senat geht der Erste Senat dabei auch auf die einzelnen in der Literatur vorgebrachten Einwände ein, welche im zweiten Teil der Arbeit diskutiert werden.

Der Erste Senat ist der Ansicht, der Umfang der Tarifzuständigkeit dürfe nicht von der Entscheidung einzelner Mitglieder über ihren Ein- und Austritt abhängen, da die Festlegung der Tarifzuständigkeit allein dem Verband obliege[136]. Die Zulässigkeit einer Mitgliedschaft ohne Tarifbindung im Verband könne daher nicht über die Beschränkung der personellen Tarifzuständigkeit erfolgen, eine

132 BAG; Beschluss vom 18.07.2006, NZA 2006, 1225–1232.

133 BAG, Urteil vom 23.02.2005, ZTR 2005, 635, 636.

134 So bereits vor Entscheidung des 1. Senats Deinert, AuR 2006, 217, 221 unter Abkehr von dem Kriterium der personell beschränkten Tarifzuständigkeit.

135 BAG, Beschluss vom 18.07.2006, NZA 2006, 1225, 1228.

136 BAG, Beschluss vom 18.07.2006, NZA 2006, 1225, 1229.

entsprechende Satzungsbestimmung sei unwirksam. Vielmehr komme es auf die Tarifbindung des einzelnen Mitglieds an.

Der Erste Senat geht davon aus, dass das OT- Mitglied mangels Mitgliedschaft im Verband gemäß § 3 Abs. 1 TVG den Verbandstarifverträgen nicht unterworfen ist.

(b) Stellungnahme zu der Rechtsansicht des Ersten Senates unter Würdigung der Literaturmeinung

In der Literatur[137] wird der Mitgliedsbegriff vor und nach der Entscheidung des Ersten Senats mit unterschiedlichem Ergebnis behandelt.

Buchner[138] geht zutreffend davon aus, der Erste Senat des BAG habe in seiner Entscheidung einen „speziellen tarifrechtlichen Mitgliedsbegriff" kreiert, der von dem vereinsrechtlichen zu unterscheiden sei. Die Mitgliedschaft OT stelle ausschließlich eine vereinsrechtliche Mitgliedschaft dar, in tarifrechtlicher Hinsicht liege keine Mitgliedschaft vor[139].

Ausgangspunkt der Überlegung ist Art. 9 Abs. 3 GG, der auf die Begriffe *„Vereine und Gesellschaften"* in Abs. 1 verweist[140]. Der Begriff der Vereinigung legt keine bestimmte Gesellschaftsform fest. § 16 VereinsG als verbandsrechtliche Spezialregelung für Arbeitnehmer- und Arbeitgebervereinigungen könnte aber den bürgerlich-rechtlichen Verein als Rechtsform nahe legen[141], wenn das VereinsG i. V. m. Art. 9 GG diesen Schluss zulässt. § 2 Abs. 1 VereinsG liefert eine Legaldefinition des Vereinsbegriffs und lautet:

> *„Verein im Sinne dieses Gesetzes ist ohne Rücksicht auf die Rechtsform jede Vereinigung, zu der sich eine Mehrheit natürlicher oder juristischer Personen für längere Zeit zu einem gemeinsamen Zweck freiwillig zusammen geschlossen und einer organisierten Willensbildung unterworfen hat."*

Die Legaldefinition des „Vereins" enthält zugleich eine gesetzliche Interpretation des Vereinsbegriffs im Sinne des Art. 9 Abs. 1, 3 GG[142]. Art. 9 Abs. 1 GG differenziert zwischen „Vereinen" und „Gesellschaften". Aus der kumulativen Aufzählung lässt sich entnehmen, dass der Vereinsbegriff in § 2 Abs. 1 VereinsG sich nur auf privatrechtliche Vereinigungen im Sinne der §§ 21 ff. BGB bezie-

---

137 Buchner, NZA 2006, 1377, 1379 f.; Deinert, RdA 2007, 83, 86; Wroblewski, NZA 2007, 421, 422.

138 Buchner, NZA 2006, 1377, 1380.

139 A. a. O., 1. Teil, F. I. 2. b) bb) (1) (a), S. 45 f.

140 Jarass/ Jarass, Art. 9 Rn. 3; Löwisch/ Rieble, § 2 Rn. 9; Löwisch/Rieble, Handbuch zum Arbeitsrecht, § 243 Rn. 45; Sachs/ Höfling, Art. 9 Rn. 53.

141 Löwisch/Rieble, § 2 Rn. 10; Melot de Beauregard, S. 25.

142 Erbs/Kohlhaas/Wache, § 2 Rn. 2; vMünch/ Kunig/ Löwer, Art. 9 Rn. 27.

hen kann[143]. Der weiter reichende öffentlich-rechtliche Vereinsbegriff schließt dagegen die in Art. 9 Abs. 1 GG genannten „Gesellschaften“ mit ein[144]. Der Begriff des „Vereins“ in Art. 9 Abs. 1 GG stellt demnach gemäß § 16 i. V. m. § 2 Abs. 1 VereinsG auf den privatrechtlichen Verein ab. Art. 9 Abs. 3, 1 GG bezieht sich somit ebenfalls auf den bürgerlich-rechtlichen Verein. In der Praxis stellt der eingetragene Verein die häufigste Verbandsform auf Arbeitgeberseite dar[145]. Für die Entscheidung, wer Mitglied im Arbeitgeberverband ist, sind folglich vereinsrechtliche Grundsätze ausschlaggebend[146].

Die Mitgliedschaft in einem Verein bezeichnet die Stellung als Mitglied im Rechtsverhältnis zu dem Verein[147]. Erfasst sind alle Rechte und Pflichten, die für das Mitglied aus diesem Rechtsverhältnis entstanden sind. Den Umfang dieser Rechte und Pflichten legt neben gesetzlichen Regelungen insbesondere die Satzung des Verbands fest, und zwar mit dem Eintritt des Mitglieds in den Verband[148]. Die eintretende Person wird dann Mitglied im vereinsrechtlichen Sinne. Dem Mitglied stehen die wesentlichen Mitgliedschaftsrechte, also das Recht auf Teilnahme an der Mitgliederversammlung und zur Mitwirkung bei der Antragstellung gemäß § 37 BGB[149] zu. Es kann die allgemeinen Verbandsleistungen in Anspruch und Einfluss auf das Verbandshandeln nehmen.

Verbandsmitglied im Sinne des § 3 Abs. 1 TVG wird der Arbeitgeber dagegen erst, wenn alle Voraussetzungen der Tarifbindung erfüllt sind. Tarifgebundene Mitglieder sind nicht schon alle Personen, die nach der Satzung an der Willens- und Entscheidungsbildung der Koalition in irgendeiner Weise beteiligt werden[150]. Erst eine satzungsrechtliche Beteiligung an tarifpolitischen Entscheidungen ermöglicht es den Mitgliedern, das tarifvertragsrelevante Handeln der Verbandsorgane zu beeinflussen[151]. Die Bindung an den Tarifvertrag ist gerechtfertigt, da die Verbandsorgane den Willen der Verbandsmitglieder „repräsentieren“[152].

Wird die tarifpolitische Einschränkung neben weiteren Voraussetzungen[153] in der Satzung berücksichtigt, wird das Vereinsmitglied nicht zum tarifgebundenen Verbandsmitglied. Das OT- Mitglied ist den Verbandstarifverträgen dann nicht

143 Erbs/Kohlhaas/Wache, § 2 Rn. 2.
144 Erbs/Kohlhaas/Wache, § 2 Rn. 3.
145 Es bestehen auch Verbände in Form des nicht eingetragenen Vereins sowie in seltenen Fällen in Form der BGB- Gesellschaft.
146 Kempen/Zachert/ Kempen, § 2 Rn. 11.
147 Reichert, Rn. 714; Soergel/ Hadding, § 38 Rn. 2.
148 Soergel/ Hadding, § 38 Rn. 2.
149 Palandt/Heinrichs/Ellenberger, § 38 Rn. 2.
150 So aber Kempen/ Zachert/ Kempen, § 3 Rn. 7.
151 Buchner, NZA 2006, 1377, 1381;
152 Wiedemann/Oetker, § 3 Rn. 134.
153 Vgl. zu den satzungsrechtlichen Voraussetzungen unten, 2. Teil, C., S. 153 ff.

unterworfen. Im vereinsrechtlichen Sinne ist es vollwertiges Mitglied des Arbeitgeberverbandes, aber kein Verbandsmitglied i. S. d. § 3 Abs. 1 TVG.

Diese Trennung von vereins- und verbandsrechtlicher Mitgliedschaft widerspricht auch nicht dem Wortlaut des § 3 Abs. 1 TVG. Danach können nur Verbandsmitglieder, also nicht außen stehende Dritte tarifgebunden sein. Daraus geht aber nicht hervor, dass alle Mitglieder eines Tarifverbands auch zwingend tarifgebunden sein müssen. Die Norm regelt nicht, wer Mitglied im Sinne der Bestimmung ist und grenzt auch nicht die Satzungsautonomie ein[154].

Melot de Beauregard[155] möchte eine Unterscheidung der Mitgliedsbegriffe nicht vornehmen. Unter Bezugnahme auf den gesellschaftsrechtlichen Mitgliedsbegriff geht er von einem einheitlichen verbands- und tarifrechtlichen Mitgliedsbegriff aus und begründet die Zulässigkeit der OT- Mitgliedschaft über gesetzliche Ausnahmen von § 3 Abs. 1 TVG. Da das Tarifsystem selber einige Ausnahmen von der Verbindung zwischen Mitgliedschaft und Tarifbindung mache, könne man die Mitgliedschaft nur noch unter Vorbehalt als Voraussetzung der Tarifbindung bezeichnen.

Der Ansicht von *Melot de Beauregard* ist nicht zuzustimmen. Es ist zwar richtig, dass die Tarifbindung nicht ausschließlich über § 3 Abs. 1 TVG begründet werden kann, sondern beispielsweise auch über eine Allgemeinverbindlicherklärung gemäß § 5 TVG und somit nicht zwingend über die Mitgliedschaft im Arbeitgeberverband. Daraus lässt sich jedoch nicht ableiten, dass der Mitgliedsbegriff im Tarif- und im Vereinsrecht ein einheitlicher sein muss. Vorliegend geht es nicht um die Tarifbindung im Allgemeinen, sondern gerade um die Tarifbindung kraft Mitgliedschaft gemäß § 3 Abs. 1 TVG. Das Stufenmodell sieht verschiedene Mitgliedschaftsformen innerhalb des Verbandes vor, deren Ausgestaltung nur über verschiedene Qualitäten der Mitgliedschaften erfolgen kann.

Deinert[156] versucht eine Einordnung der OT- Mitgliedschaft zwischen Voll- und Nichtmitgliedschaft. Danach sei die OT- Mitgliedschaft ein Minus zur Vollmitgliedschaft, aber – anders als die Gastmitgliedschaft – ein Aliud zur Nichtmitgliedschaft. Das OT- Mitglied habe anders als das Nicht-Mitglied durchaus vereinsrechtliche Rechte und Pflichten und gleiche daher strukturell eher der Vollmitgliedschaft. Daher gehe der Vergleich mit einer Gastmitgliedschaft, die dem Mitglied keinerlei Rechte und Pflichten einräumt, fehl. Das OT-Mitglied sei Mitglied im Sinne des Vereinsrechts.

Deinert ist insoweit zuzustimmen, als er den Vergleich mit der Gastmitgliedschaft ablehnt. Bei Gastmitgliedern handelt es sich – anders als bei OT- Mitglie-

---

154 BAG, Beschluss vom 18.07.2006, NZA 2006, 1225, 1231.

155 Melot de Beauregard, S. 140 ff.

156 Deinert, RdA 2007, 83, 86.

dern – weder um Mitglieder im Sinne des Vereinsrechts noch im Sinne des Tarifrechts[157]. Auch lassen die Entscheidungen des BAG[158] zur Gastmitgliedschaft, auf welche der Erste Senat in seiner Entscheidung vom 18.07.2006[159] zur OT- Mitgliedschaft Bezug nimmt, nicht darauf schließen, dass der vereinsrechtliche Mitgliedschaftsbegriff von dem des tarifrechtlichen zu unterscheiden ist. Vielmehr wird dort nur klargestellt, dass die fehlende vereinsrechtliche Mitgliedschaft des Gastmitglieds dazu führt, dass Tarifbindung gemäß § 3 Abs. 1 TVG nicht entstehen kann. Eine klare Differenzierung zwischen vereinsrechtlicher- und tarifrechtlicher Mitgliedschaft ist daraus zunächst noch nicht erkennbar. Darüber hinaus sagt die Einordnung der OT- Mitgliedschaft zwischen einer Voll- und einer Nichtmitgliedschaft, wie *Deinert* sie vornimmt, dogmatisch nichts über die Qualität der OT- Mitgliedschaft im Arbeitgeberverband aus.

Wroblewski[160], welcher eine Differenzierung des Mitgliedsbegriffs und weiterhin die grundsätzliche Zulässigkeit der OT- Mitgliedschaft insgesamt ablehnt, ist aus den genannten Gründen nicht zu folgen. Der vereinsrechtliche Mitgliedschaftsbegriff entspricht nicht dem tarifrechtlichen. Es besteht Raum für einen eigenständigen tarifrechrechtlichen Mitgliedsbegriff.

Im Ergebnis ist das OT- Mitglied zwar Mitglied des Arbeitgeberverbandes im Sinne des § 38 BGB, nicht jedoch Mitglied im verbandsrechtlichen Sinne gemäß § 3 Abs. 1 TVG.

(2) Tarifwilligkeit des Verbandes

Das Stufenmodell setzt voraus, dass innerhalb des Verbandes unterschiedliche Mitgliedschaften verschiedener Qualität vorhanden sind. Die spezielle Regelung von OT- Mitgliedschaften in der Verbandssatzung ist nur sinnvoll, wenn es daneben auch Arbeitgeber gibt, die Vollmitglieder sind und der Tarifbindung unterliegen. Anderenfalls handelt es sich bei dem Verband um einen „OT- Verband“[161], der insgesamt .keine Tarifverträge abschließt. Als weitere Voraussetzung der Tarifbindung nach § 3 Abs. 1 TVG und somit für das Vorliegen einer OT- Mitgliedschaft in Abgrenzung zur Vollmitgliedschaft muss der Arbeitgeberverband also den Abschluss von Tarifverträgen in seiner Satzung vorsehen. Der Verband wird tarifwillig, indem er sich selbst in der Satzung für tariffähig erklärt.

157 BAG, Urteil v. 16.02.1962, BAGE 12, 285, 289; BAG Urteil v. 26.01.2005, ZTR 2005, 367, 368.

158 BAG, Urteil v. 16.02.1962, BAGE 12, 285 ff.; BAG Urteil v. 26.01.2005, ZTR 2005, 367 ff.

159 BAG; Beschluss vom 18.07.2006, NZA 2006, 1225–1232.

160 Wroblewski, NZA 2007, 421, 422.

161 Z. B. Bayerischer Unternehmensverband Metall und Elektro e. V., vgl. www.bayme.de, Abrufdatum 30.10.2009.

(3) Unterwerfung unter die Normsetzung des Verbandes

Aus der individuellen negativen Koalitionsfreiheit der Arbeitgeber gemäß Art. 9 Abs. 3 GG ergibt sich, dass der einzelne Arbeitgeber einer bestehenden Koalition fernbleiben kann[162] Erst recht muss es dann dem einzelnen Arbeitgeber freistehen, die Qualität der eigenen Verbandsmitgliedschaft zu bestimmen, sofern die Satzung des Verbands die Wahlmöglichkeiten wirksam regelt. Damit der Verband Tarifverträge abschließen kann, die seine Mitglieder binden, müssen die Mitglieder sich seiner tariflichen Normsetzungsbefugnis unterworfen haben[163]. Denn tarifgebunden kann nur sein, wer durch seinen Beitritt zu dem tarifschließenden Verband zugleich den Zweck der Vereinigung billigt, Tarifverträge für seine Mitglieder abzuschließen und sich auch insoweit der Vereinsgewalt unterwirft[164]. Die Unterwerfungserklärung wird durch den Verbandsbeitritt als Vollmitglied abgegeben, einer ausdrücklichen Erklärung bedarf es nicht. Mit dem Beitritt kommt der Wille des Unternehmens zum Ausdruck, die Tarifbindung gegen sich gelten zu lassen[165]. Tritt ein Arbeitgeber als OT- Mitglied in den Verband ein, so erklärt er ausdrücklich, dass er der Tarifbindung gerade nicht unterworfen sein möchte. Sind einzelne Mitglieder nicht bereit, sich an die vom Verband geschlossenen Tarifverträge zu binden, so fehlt dem Verband insoweit die Befugnis zur Vereinbarung von Tarifnormen mit dem Gegenspieler. Der Status im Verband als OT-Mitglied ist daher im Sinne der durch Art. 9 Abs. 3 GG garantierten individuellen negativen Koalitionsfreiheit bestimmt durch den Willen des einzelnen Mitglieds bei Eintritt in den Verband. § 3 Abs. 1 TVG erfährt insoweit eine zweite Restriktion[166]. Der Verband selber disponiert dabei über die Tarifgebundenheit seiner Mitglieder, indem er seinen tarifpolitischen Regelungsauftrag in der Satzung entsprechend einschränkt[167].

cc) Ergebnis

Die Mitgliedschaft im Arbeitgeberverband ohne Tarifbindung im Stufenmodell ist grundsätzlich zulässig. Die Erzeugung von Tarifgebundenheit der Vereinsmitglieder ist von verschiedenen Voraussetzungen abhängig. Mit der Anknüpfung an die Mitgliedschaft des einzelnen Arbeitgebers hängt die Tarifbindung von der Entscheidung des Mitglieds ab und beruht damit auf seiner individuellen

162 Dreier/Bauer, Art. 9 Rn. 81.

163 Bayreuther, BB 2007, 325, 325; Besgen, S. 95; Besgen, FA 2007, 162, 162; Deinert, AuR 2006, 217, 219; Ostrop, S. 119.

164 Staudinger/Richardi, Vorbemerkung zu § 611 ff. Rn. 692.

165 Bayreuther, BB 2007, 325, 326; Deinert, AuR 2006, 217, 219; Otto, NZA 1996, 624, 628.

166 Bayreuther, BB 2007, 325, 325; Buchner, NZA 2006, 1377, 1380;.

167 Bayreuther, BB 2007, 325, 326; Buchner, NZA 2006, 1377, 1380.

Koalitionsfreiheit aus Art. 9 Abs. 3 GG. Die Möglichkeit des Verbandes, eine Mitgliedschaft ohne Tarifbindung vorzusehen, folgt aus der durch Art. 9 Abs. 3 GG garantierten kollektiven Koalitionsfreiheit und der Verbandsautonomie.

In tarifrechtssystematischer Hinsicht haben der Erste und der Vierte Senat des BAG unterschiedliche Anknüpfungspunkte gewählt.

Während der Vierte Senat mit der Literatur von der Beschränkung der personellen Tarifzuständigkeit als entscheidenden Punkt ausgeht[168], erteilt der Erste Senat dieser Ansicht zutreffend eine Absage und bezieht sich auf die Tarifbindung des einzelnen Mitglieds[169]. Die Rechtsprechung hat sich also mit neuem Anknüpfungspunkt[170] der herrschenden Literaturmeinung[171] angeschlossen und die Mitgliedschaft OT im Stufenmodell für rechtlich zulässig befunden. Die das Stufenmodell befürwortende, überwiegende Literaturmeinung vermochte diese Bedenken bereits vor der Entscheidung des BAG zu entkräften. Die einzelnen Argumente hat das BAG[172] in seiner Entscheidung aufgegriffen und entwertet.

Letztlich kommt es für die Zulässigkeit der OT- Mitgliedschaft im Einzelfall auf die konkrete Satzungsausgestaltung an. Die Satzung darf jedenfalls den Umfang der Tarifzuständigkeit nicht vom Ein- und Austritt einzelner Mitglieder abhängig machen. An welche genauen Voraussetzungen eine OT- Mitgliedschaft gebunden ist und welchen Beschränkungen sie unterliegt, ist nicht geklärt. Zur Diskussion steht weiterhin die genaue satzungsrechtliche Ausgestaltung der Mitgliedschaft OT. Auch über die Folgen unzureichender Satzungsregelungen besteht weiterhin Streit.

c) Fachgruppenmodell

Das so genannte *„Fachgruppenmodell“* lässt sich als Zwischenform nicht eindeutig dem *verbandsorganisatorischen* oder dem *mitgliedschaftlichen Modell* zuordnen. Es ist im Grenzbereich zwischen den beiden Modellen anzusiedeln. Anders als die übrigen Modelle ist diese Gestaltungsform bisher kaum Gegenstand rechtlicher Abhandlungen gewesen.

---

168 BAG, Urteil vom 23.02.2005, ZTR 635, 636.

169 BAG, Beschluss vom 18.07.2006, NZA 2006, 1225, 1230f.

170 A. a. O., 1. Teil, F. I. 2. b) bb) (1) (a), S. 45f.

171 Besgen, S. 103; Buchner, NZA 1994, 2, 3; ErfK/ Franzen, § 2 TVG Rn. 9a; Leinemann/ Dörner, 8.1 Rn. 99; Löwisch/ Rieble, § 2 Rn. 88; Löwisch/ Rieble, Handbuch zum Arbeitsrecht, § 255 Rn. 64ff., Moll, S. 30; Ostrop, S. 114; Otto, NZA 1996, 624, 631; Reuter, RdA 1996, 201, 209; Thüsing/ Stelljes, ZfA 2006, 527, 537; Wiedemann/ Oetker, § 3 Rn. 136; Wilhelm/ Dannhorn, NZA 2006, 466, 473.

172 BAG, Beschluss vom 18.07.2006, NZA 2006, 1225–1232.

aa) Fachgruppe mit Tarifbindung

Bei dem Fachgruppenmodell bietet der Verband – ähnlich wie bei den mitgliedschaftlichen Modellen – eine differenzierte Mitgliedschaft an, wobei die Mitglieder mit Tarifbindung satzungsmäßig in einer Fachgruppe vereinigt werden, vergleichbar mit der Struktur der verbandsorganisatorischen Modelle. Für die Einführung des Fachgruppenmodells ist jedoch keine Verbandsneugründung notwendig und es bedarf auch keiner Aufspaltung von Vermögen und Mitgliederbestand. Erforderlich ist allein eine Satzungsänderung dahingehend, dass zukünftig nur die Fachgruppe Trägerin der Tarifverhältnisse sein soll. Anders als bei den mitgliedschaftlichen Modellen wird also nur die Fachgruppe Tarifträger.

Satzungsrechtlich ist folgendes Beispiel anzuführen:

> *„Zur Erreichung des Verbandszweckes kann die Mitgliederversammlung Fachgruppen einrichten. (...) Zweck von Fachgruppen ist es insbesondere, die Arbeitsbedingungen in den angeschlossenen Betrieben durch den Abschluss von Tarifverträgen zu regeln."*[173]

Der ursprüngliche Verband bleibt unverändert bestehen. Hinzu kommt eine tarifrechtlich selbständige Untergliederung, die Teil des Hauptvereins wird. Die Fachgruppe hat keine Satzung und keine Willensbildungs- und Geschäftsführungsorgane im Sinne einer körperschaftlichen Selbstbestimmung[174]. Maßgebend ist die Satzung des Hauptvereins, dessen Organe auch für die Willensbildung und Geschäftsführung der Untergliederung zuständig sind[175]. Ein weiteres Indiz für das Vorliegen einer organisatorisch unselbständigen Untergliederung ist, dass die Mitgliederversammlung des Hauptvereins gemäß der Satzung allein über die Einrichtung von Fachgruppen entscheiden kann. Die Mitglieder, die der Fachgruppe beitreten, sind gleichzeitig auch Mitglieder des Hauptvereins, der weiterhin die allgemeinen Serviceleistungen erbringt. Die Zugehörigkeit zur Fachgruppe und damit die Tarifbindung der Fachgruppenmitglieder ergibt sich aus der Organisation des Hauptvereins[176], die in seiner Satzung niedergelegt ist. Der Tariffähigkeit der Fachgruppe steht nicht entgegen, dass die Organisation von dem Hauptverein festgelegt wird[177]. Zudem ist nicht notwendig, dass die Fachgruppe als eigenständiger rechtsfähiger Verein gemäß § 21 BGB ausgestaltet ist, um Trägerin der Tarifverhältnisse zu sein. Denn die Rechtsfähigkeit im vereins-

173 Auszug aus der Satzung des Arbeitgeber- Verbandes von Remscheid und Umgebung e. V. in der Fassung vom 17.05.2001.

174 Soergel/Hadding, vor § 21 Rn. 52.

175 Soergel/Hadding, vor § 21 Rn. 52.

176 Vgl. Soergel/Hadding, vor § 21 Rn. 52.

177 Wiedemann/Oetker, § 2 Rn. 161.

rechtlichen Sinne ist keine Voraussetzung der Tariffähigkeit[178]. Auf die Rechtsfähigkeit der Unterorganisation kommt es vorliegend auch gar nicht an, da der Verband insgesamt tariffähig ist. Er hat sich in seiner Satzung selbst zur Aufgabe gesetzt, Tarifverträge abzuschließen, allerdings gebündelt als Fachgruppe nur für ihre Mitglieder.

Gelingt es, die Einwände gegen das Stufenmodell zu entkräften[179], so muss das Fachgruppenmodell mit tarifrechtlich verselbständigter „Fachgruppe Tarif" erst Recht anerkannt werden: Der Beitritt zu einer Fachgruppe, die Tarifbindung vermittelt, ist vergleichbar mit der Entscheidung eines Arbeitgebers, Vollmitglied eines Verbandes zu werden, der daneben eine OT- Mitgliedschaft anbietet. Sich hieraus ergebende Ungleichbehandlungen der Verbandsmitglieder beruhen allein auf ihrer freien Willensbetätigung. Anknüpfungspunkt der Tarifbindung ist wie für die Begründung des Stufenmodells die Qualität der Mitgliedschaft, welche der einzelne Arbeitgeber im Rahmen der Verbandssatzung frei wählen kann[180]. Das BAG hat mit seinem Beschluss vom 18.07.2006[181] also auch über die grundsätzliche Zulässigkeit des Fachgruppenmodells entschieden.

Das Fachgruppenmodell rückt insoweit in die Nähe der verbandsorganisatorischen Modelle, als dass die Tarifangelegenheiten eigenständig und mit Wirkung nur gebündelt für die Mitglieder der Fachgruppe wahrgenommen werden. Die Mitglieder der Fachgruppe bleiben jedoch gleichzeitig Mitglied des Verbandes. Der Vorwurf, dass die von § 3 Abs. 1 TVG vorgesehene Tarifbindung kraft Mitgliedschaft unzulässigerweise unterlaufen werde[182], kann daher hier nicht gemacht werden.

Die Bildung einer Fachgruppe mit Tarifbindung augrund einer wirksamen Regelung in der Verbandssatzung ist nach alldem rechtlich zulässig.

bb) Fachgruppenmodell in der Spitzenorganisation

Eine besondere Konstellation ergibt sich, wenn „Spitzenorganisationen" Fachgruppen einrichten. § 2 Abs. 2 und 3 TVG sehen vor, dass Tarifverträge auch von Zusammenschlüssen von Gewerkschaften und von Vereinigungen von Arbeitgebern, den so genannten „Spitzenorganisationen", abgeschlossen werden können,

---

178 Hueck/ Nipperdey, Arbeitsrecht II, 3. Teil, § 20 I 2, S. 286; Nikisch, Arbeitsrecht II, § 70 I 1, S. 236; Richardi, S. 129, 130; Söllner/ Waltermann, Arbeitsrecht, § 26 Rn. 580ff.; Wiedemann/ Oetker, § 2 Rn. 10; Zöllner, § 35 vor I, S. 357.

179 A. a. O., 1. Teil, F. I. 2. b) bb) (1) (b), S. 46ff.

180 Vgl. a.a.O, 1. Teil, F. I. 2. b) bb) (3), S. 50.

181 BAG, Beschluss vom 18.07.2006, NZA 2006, 1225–1232.

182 Vgl. die Ansicht der Literatur zum Stufenmodell a. a. O., 1. Teil, F. I. 2. b) bb) (1) (b) S. 46f.

entweder nach § 2 Abs. 2 TVG im Namen der ihnen angeschlossenen Verbände oder gemäß § 2 Abs. 3 TVG im eigenen Namen als Tarifvertragsparteien[183].

Bei den Spitzenorganisationen handelt es sich um so genannte Vereinsverbände. Mitglieder sind die ihnen beitretenden Verbände[184]. Die Mitglieder der beitretenden Verbände werden selbst nicht Mitglieder der Spitzenorganisationen, es sei denn, die Satzungen des Vereinsverbandes als auch des beitretenden Verbandes sehen etwas anderes vor[185].

Als Beispiel für die Ausgestaltung der Mitgliedschaft ohne Tarifbindung in einer Spitzenorganisation dient das Fachgruppenmodell bei METALL NRW. Eingeführt wurde dieses Modell dort Ende des Jahres 2003. METALL NRW ist ein Zusammenschluss der regionalen Verbände der Metall- und Elektroindustrie NRW, der nach seiner Satzung gemäß § 2 Abs. 3 TVG Tarifverträge abschließt. Der Spitzenverband ist selbst Tarifvertragspartei. Er handelt nicht kraft Vollmacht der ihm angeschlossenen Verbände, sondern die Mitgliedschaft der tarifgebundenen Verbände vermittelt die Bindung an die Tarifverträge, die der Spitzenverband abschließt.

Bei METALL NRW besteht die Besonderheit, dass der grundsätzlich tariffähige Vereinsverband eine tarifunfähige *„Fachgruppe OT“* gebildet hat.

Bezüglich der Mitgliedschaftskategorien differenziert die Satzung des Verbandes in § 3 zwischen:

„2. tariffähigen Arbeitgeberverbänden (...)
3. (...) tariffähigen Fachgruppen (...)
4. Mitglied können auch sonstige Arbeitgeberverbände oder sozialpolitische Zusammenschlüsse von Arbeitgebern sowie Fachgruppen werden, wenn und soweit sie Unternehmen der (...) organisieren, ohne diesen Tarifbindung kraft Mitgliedschaft zu vermitteln. Tarifabschlüsse des Verbands für diese Mitglieder sind ausgeschlossen.
6. Die Mitglieder nach Nr. 4 werden in einer „METALL NRW Fachgruppe oT“ zusammengefasst.“

Gemäß § 2 der Satzung zählt zu den Aufgaben des Verbandes:

„2. Aufgabe des Verbandes ist insbesondere auch, die tariflichen Belange seiner Mitglieder wahrzunehmen, und zwar
a)(...)
b) bezüglich der in § 3 Nr. 4 genannten Mitglieder diese in Tariffragen zu unterstützen. Die vom Verband abgeschlossenen Tarifverträge haben für und gegen die nicht tarifgebundenen Mitgliedsunternehmen eines Mitglieds keine Wirkung.“[186]

---

183 Das Erfordernis der wesentlichen Bedeutung für das Arbeitsleben des Bundesgebietes wird nicht für die Tariffähigkeit der Zusammenschlüsse von Arbeitgebervereinigungen nach § 2 TVG gefordert, vgl. § 12 TVG.

184 Buchner, FS Arbeitsgerichtsbarkeit, S. 331, 338; MüKo/ Reuter, § 2 Rn. 119; Soergel/ Hadding, vor § 21 Rn. 54; Wiedemann/Oetker, § 2 Rn. 422.

185 BGH, Urteil vom 18.09.1985, BGHZ 28, 131, 131, dazu Anmerkung von Bauernfeind, NJW 1959, 379; ablehnend MüKo/Reuter, vor § 21 Rn. 122; Soergel/ Hadding, vor § 21 Rn. 54.

186 Auszug aus der Satzung von METALL NRW, Verband der Metall- und Elektro- Industrie Nordrhein- Westfalen e. V. in der Fassung vom 26.11.2003.

Mitgliedsverbände, die ihren Mitgliedsunternehmen keine Tarifbindung vermitteln, werden bei METALL NRW in einer „ Fachgruppe OT“ organisiert. Für die Fachgruppe OT schließt der Verbändeverband der Satzung zufolge keine Tarifverträge ab.

Sind in einem Mitgliedsverband von METALL NRW, der nicht der OT- Fachgruppe angehört, auch Arbeitgeber als OT- Mitglieder vorhanden, so sieht die Satzung der Spitzenorganisation vor, dass die von ihr für den Mitgliedsverband abgeschlossenen Tarifverträge die Tarifbindungsfreiheit der OT- Mitglieder des Mitgliedsverbandes unberührt lassen. Die Wirkungen der von METALL NRW abgeschlossenen Tarifverträge erfassen der Satzung zufolge nicht die OT- Mitglieder der grundsätzlich tariffähigen Mitgliedsverbände.

Aus der Besonderheit der Konstellation einer *Fachgruppe OT innerhalb einer Spitzenorganisation* ergeben sich spezielle Problemkreise. Zu überlegen ist, ob die durch Tariffähigkeit vermittelte Eigenschaft als Spitzenorganisation in Frage steht, wenn dem Vereinsverband auch Verbände angehören, denen die Tariffähigkeit fehlt. § 2 Abs. 2 TVG sieht vor, dass Zusammenschlüsse von Gewerkschaften und von Vereinigungen von Arbeitgebern im Namen und mit entsprechender Vollmacht ihrer Mitgliedsverbände Tarifverträge abschließen können. Mit dem Begriff „Vereinigungen von Arbeitgebern“ nimmt § 2 Abs. 2 TVG Bezug auf § 2 Abs. 1 TVG[187], welcher die „Vereinigungen von Arbeitgebern“ als Tarifvertragsparteien bezeichnet. Damit der Vereinsverband Spitzenorganisation werden kann, ist demnach erforderlich, dass mindestens zwei Mitgliedsverbände nach § 2 Abs. 1 TVG tariffähig sind[188]. Ansonsten würde die in § 2 Abs. 2 TVG vorgesehene Vollmacht zum Abschluss von Tarifverträgen für die Verbände keinen Sinn ergeben. Die Eigenschaft als Spitzenorganisation besteht also jedenfalls dann, wenn alle Mitgliedsverbände tariffähig sind[189].

Dass zudem auch tarifunfähige Verbände als Mitglied im Vereinsverband zugelassen werden können, wird durch den Wortlaut des § 2 Abs. 2, 3 TVG nicht ausgeschlossen. Im Rahmen des § 2 Abs. 2 TVG können sich die Regionalverbände als Tarifvertragspartei nach den §§ 164 ff. BGB beim Abschluss von Tarifverträge durch die Spitzenorganisation rechtsgeschäftlich vertreten lassen. Das Mitglied bleibt dann als vertretener Verband selbst Tarifvertragspartei, sofern der Verband tariffähig ist. Ist ein Verband selbst nicht tariffähig, erstreckt sich die Vollmacht nicht auf den Abschluss von Tarifverträgen. Solange mindestens zwei tariffähige Arbeitgeberverbände Mitglied geworden sind und damit konkludent eine solche Vollmacht erteilt haben, ist nicht ersichtlich, aus welchen Gründen die

187 Wiedemann/ Oetker, § 2 Rn. 423.

188 Löwisch/ Rieble, § 2 Rn. 111.

189 Wiedemann/ Oetker, § 2 Rn. 425; Wiedemann/ Thüsing, RdA 1995, 280, 281.

Eigenschaft als Spitzenorganisation entfallen sollte, wenn daneben tarifunfähige Verbände die Mitgliedschaft erlangen. Nach Maßgabe des § 2 Abs. 3 TVG ist die Spitzenorganisation selbst tariffähig, sofern der Abschluss von Tarifverträgen zu ihren satzungsmäßigen Aufgaben gehört. Weitere Voraussetzungen sind dem Wortlaut des § 2 Abs. 3 TVG nicht zu entnehmen. Auch ein Spitzenverband kann danach Mitglieder ohne Tarifbindung, so genannte „OT-Verbände" vereinigen[190]. Hierdurch entfällt nicht die Tariffähigkeit der Spitzenorganisation[191], solange wenigstens zwei Mitglieder tariffähig sind[192]. Die fehlende soziale Mächtigkeit des Mitgliedsvereins ohne Tariffähigkeit wird durch die Mächtigkeit der Spitzenorganisation kompensiert[193].

Das bei METALL NRW realisierte Fachgruppenmodell hat zur Folge, dass die Tarifarbeit für die OT- Fachgruppe satzungsmäßig wirksam ausgeschlossen wird. Denn wenn die Zulässigkeit des Stufenmodells zu bejahen ist[194] und eine Spitzenorganisation auch OT-Verbände als Mitglieder haben kann ohne ihre Eigenschaft als Spitzenorganisation zu verlieren, so muss das zwischen den mitgliedschaftlichen und den verbandsorganisatorischen Modellen angesiedelte Fachgruppenmodell erst recht wirksam sein: Es sind keine Gründe ersichtlich, aus welchen die Gestaltung verschiedener Mitgliedschaftsformen in der Satzung der Spitzenorganisation in Abgrenzung zu der Satzung eines Regionalverbandes ausgeschlossen sein sollte. Darüber hinaus ist die Fachgruppe OT bei METALL NRW satzungsrechtlich deutlich umgrenzt und ausdrücklich als solche bezeichnet. Die Ausgestaltung der Fachgruppe OT wird vom Schutz der in Art. 9 Abs. 3 GG verankerten Satzungsautonomie erfasst.

d) Ergebnis

Die verbandsorganisatorischen Modelle sind zulässig.

3. Zusammenfassung der Ergebnisse bezüglich der Zulässigkeit tarifbindungsfreier Mitgliedschaften im Arbeitgeberverband

Die verbandsorganisatorischen Modelle einer Mitgliedschaft im Arbeitgeberverband ohne Tarifbindung sind zulässig. Die vorgebrachten rechtlichen Bedenken können insgesamt entkräftet werden. Innerhalb der verbandsorganisatorischen

190 Buchner, FS Arbeitsgerichtsbarkeit, 331, 339 f.; Löwisch/ Rieble, § 2 Rn. 111; Oetker, RdA 2001, 172, 174; Wiedemann/ Oetker, § 2 Rn. 426; Wiedemann/ Thüsing, RdA 1995, 280, 282.

191 So aber BAG, Beschluss vom 02.11.1960, SAE 1961, 80, 80.

192 Lembke, NZA 2007, 1333, 1337.

193 Buchner, FS Arbeitsgerichtsbarkeit, 329, 339.

194 A. a. O., 1. Teil, F. I. 2. b) cc), S. 50.

Modelle macht es dabei keinen Unterschied, ob es sich um das Parallelverbandsmodell oder das Aufspaltungsmodell handelt. Das Konstrukt der „gewollten Tarifunfähigkeit“ aus der Weimarer Republik findet sich in der Ausgestaltung der verbandsorganisatorischen Modelle wieder und muss nach heutigem Erkenntnisstand ebenfalls für zulässig erachtet werden.

Das Stufenmodell ist wirksam über die Begründung qualitativ verschiedener Mitgliedsformen in der Satzung auszugestalten. Das OT- Mitglied wird bei wirksamer Satzungsregelung Mitglied des Verbandes im vereinsrechtlichen Sinne, jedoch nicht Verbandsmitglied gemäß § 3 Abs. 1 TVG. Auch das BAG hat mit seiner Entscheidung vom 18.07.2006 die Zulässigkeit einer Mitgliedschaft OT im Stufenmodell über die Begründung verschiedener Mitgliedschaftsformen bestätigt. Die ursprünglichen Bedenken gegen die Zulässigkeit der OT- Mitgliedschaft konnten bereits vor dieser Entscheidung nicht durchgreifen.

Das Gastmitglied wird nicht Mitglied des Verbandes, weder im Sinne des Vereinsrechts noch gemäß § 3 Abs. 1 TVG. Es liegt nur ein Geschäftsbesorgungsvertrag gemäß § 675 Abs. 1 BGB vor. Die Zulässigkeit einer Gastmitgliedschaft wird von keiner Seite bestritten.

Das Fachgruppenmodell ist zwischen den verbandsorganisatorischen- und den mitgliedschaftlichen Modellen anzusiedeln. Rechtliche Einwände gegen die Konstruktion und Ausgestaltung dieser Form einer Mitgliedschaft im Arbeitgeberverband ohne Tarifbindung lassen sich noch schwerer aufrecht erhalten als bei bloßer Differenzierung der Mitgliedschaft, da satzungsrechtlich eine klare Trennung zwischen den Mitgliedsformen durch Bündelung entweder der OT- Mitglieder oder der Vollmitglieder in einer Fachgruppe vorgenommen wird.

II. Zahlen und Daten zur Entwicklung der Tarifbindung in der deutschen Metallindustrie

Am Beispiel der Metallindustrie in Deutschland lässt sich die zahlenmäßige Entwicklung der Tarifbindung darstellen. Seit 2004 haben alle Einzelverbände von Gesamtmetall[195] auch OT- Verbände eingeführt. Gesamtmetall selbst hat sich Anfang 2005 für OT- Verbände geöffnet und ist seitdem auch Spitzenverband für OT- Verbände.

Im Januar 2005 waren in der Metallindustrie bundesweit 2.000 Firmen mit ca. 200.000 Mitarbeitern in Verbänden organisiert, die keine Tarifbindung vermitteln, während die Tarifträgerverbände 5.000 Firmen mit knapp 2 Millionen

195 Der Arbeitgeberverband Gesamtmetall ist der Dachverband der regionalen Metallarbeitgeberverbände in Deutschland.

Beschäftigten vertraten[196]. Im Jahr 2005 unterlagen 22,7 % aller in den nordrhein-westfälischen Arbeitgeberverbänden organisierten Unternehmen und 10 % der Beschäftigten keiner Tarifbindung.

Aktuell sind in den Verbänden von Gesamtmetall rund 4.200 Unternehmen für rund 1.800.000 Beschäftigte in einem Tarifträgerverband organisiert, in den Verbänden ohne Tarifbindung insgesamt 1.900 Firmen mit 220.000 Beschäftigten[197]. Die Tendenz hin zur OT- Mitgliedschaft im Arbeitgeberverband ist steigend.

III. Ergebnis

Die durch die tarifpolitische Lage ausgelöste Mehrung von Verbandsaustritten hat dazu geführt, dass immer mehr Arbeitgeberverbände eine Mitgliedschaft ohne Tarifbindung anbieten. Diese Form der Mitgliedschaften ist in verschiedenen Ausgestaltungen möglich und rechtlich auch grundsätzlich zulässig[198]. Die Herausnahme einer Mitgliedergruppe aus der Tarifbindung wird durch eine entsprechende Satzungsänderung erreicht[199].

Die Mitgliedsunternehmen greifen in der Praxis häufig auf die Möglichkeit einer tarifbindungsfreien Mitgliedschaft – vor allem in Form des Stufenmodells – zurück und nehmen dabei weiterhin die sonstigen Serviceleistungen der Verbände in Anspruch.

G. Zusammenfassung

Die Mitgliedschaft im Arbeitgeberverband ohne Tarifbindung hat eine lange Entwicklung hinter sich. Sie ist immer Folge unzureichender Tarifpolitik gewesen. In der Weimarer Republik diente sie in Form der gewollten Tarifunfähigkeit als Ausweg aus den Folgen der staatlichen Zwangsschlichtung. Heute bieten Verbände sie an, um ihre Mitglieder zu halten. Die Unternehmen greifen auf sie zurück, um nicht den Regelungen der Flächentarifverträge zu unterliegen. Während der Ausschluss der Tarifbindung damals allein durch Abstreifen der Tariffähigkeit durch die Verbände erreicht wurde, haben sich heute verschiedene Gestaltungsmöglichkeiten herausgebildet.

---

196 Sowka/ Balg, 1. Auflage, S. 11.

197 Statistik der Metall- und Elektroindustrie unter www.gesamtmetall.de sowie Geschäftsbericht 2006/2007 von Gesamtmetall, Abrufdatum 20.09.2009.

198 Vgl. oben, 1. Teil, F. I., S. 31 ff.

199 Buchner, NZA 2006, 1377, 1379; Wilhelm/ Dannhorn, NZA 2006, 466, 467.

Die Zulässigkeit der tarifbindungsfreien Mitgliedschaft ist vor allem im Stufenmodell heftig umstritten. Die Rechtsprechung konnte die Frage lange Zeit offen lassen, sie hat die Zulässigkeit der OT- Mitgliedschaft letztlich aber grundsätzlich anerkannt. Ob die Mitgliedschaft OT im Einzelfall zulässig ist, hängt von der satzungsrechtlichen Ausgestaltung ab. Die zentrale Frage nach den genauen Anforderungen an die Satzung hat das BAG offen gelassen. Hier besteht weiterhin Diskussionsbedarf.

2. Teil: Ausgestaltung des Stufenmodells

Während die Gerichte sich zu den Folgeproblemen einer Mitgliedschaft OT und ihrer satzungsrechtlichen Ausgestaltung noch nicht abschließend geäußert haben, hat das BAG die tarifbindungsfreie Mitgliedschaft im Arbeitgeberverband im Stufenmodell letztlich für zulässig erachtet, nachdem sich diese Tendenz bereits in einzelnen Entscheidungen der Landesarbeitsgerichte[200] gezeigt hatte.

Sowohl der Vierte Senat[201] als auch der Erste Senat[202] des BAG haben jetzt zugunsten der Mitgliedschaft OT im Arbeitgeberverband entschieden und diese damit grundsätzlich anerkannt. Nach Klärung der grundsätzlichen Zulässigkeit der OT- Mitgliedschaft schließen sich wichtige Rechtsfragen an. Es ist zu untersuchen, wie sich der Wechsel zwischen den Mitgliedschaftsformen nach Eintritt in den Verband vollzieht sowie welche Fristen hierfür einzuhalten sind. Ferner ist zu überlegen, welche Folgen eine zahlenmäßige Überlegenheit der OT- Mitglieder im Verband hat. Erörtert werden muss, ob Aufklärungspflichten über den Status der einzelnen Verbandsmitglieder bestehen und ob Intransparenz in dieser Hinsicht Auswirkungen hat. Konsequenzen kann die Existenz der OT- Mitgliedschaft auch im Arbeitskampf haben, die es zu untersuchen gilt. Es ist zu prüfen, welche Rechte und Pflichten OT- Mitglieder im Verband haben. Die Liste der ungeklärten Fragestellungen ist lang.

Das BAG hat sich in seinem Beschluss vom 18.07.2006 nicht abschließend zu den aufgeworfenen Problemkreisen geäußert:

> *„Ob die Verbände in ihrer Satzung eine Mitgliedschaft ohne Tarifbindung einschränkungslos vorsehen können oder ob und gegebenenfalls in welchem Umfang die OT- Mitglieder von der tarifpolitischen Willensbildung des Verbandes ausgeschlossen sein müssen und welche Fristen etwa bei einem Statuswechsel zum Schutz der Funktionsfähigkeit der Tarifautonomie einzuhalten sind, bedurfte im Streitfall keiner Entscheidung.“*[203]

---

200 LAG Hamm v. 27.09.2005–19 Sa 1364/05;; LAG Düsseldorf v. 11.11.2005–18 TaBV 35/05, NZA- RR 2006, 200, 201; LAG Düsseldorf v. 11.11.2005–18 TaBV 26/05; LAG Düsseldorf v. 11.11.2005–18 TaBV 37/ 05; LAG Hamm v. 13.01.2006–10 TaBV 123/05; LAG Schleswig-Holstein v. 03.03.2006–6 Sa 158/05.

201 BAG, Urteil vom 23.02.2005, ZTR 2005, 635, 636.

202 BAG; Beschluss vom 18.07.2006, NZA 2006, 1225–1232.

203 BAG, Beschluss vom 18.07.2006, NZA 2006, 1225, 1231, Rz 61.

Es hat sich hinsichtlich einzelner Fragestellungen aber immerhin richtungweisend eingelassen[204]. Betroffen sind Aspekte, die von den Gegnern der OT- Mitgliedschaft als Einwände gegen deren Zulässigkeit herangezogen wurden. Die Gewerkschaften sind der Ansicht, das vermehrte Aufkommen tarifbindungsfreier Mitgliedschaften schränke ihre breitflächige Einwirkungsmöglichkeit auf die Arbeitsbedingungen ein, beeinträchtige ihre Verhandlungsparität im Arbeitskampf und destabilisiere das Tarifsystem[205]. Diese Bedenken tauchen auch nach der Stellungnahme des BAG zur grundsätzlichen Zulässigkeit des Stufenmodells als Anschlussfragen wieder auf. Teilweise handelt es sich um allgemeine Fragestellungen, teilweise steht die satzungsrechtliche Ausgestaltung im Vordergrund.

A. Kollektivrechtliche Ebene

Die OT- Mitgliedschaft und ihre Problemkreise sind vorwiegend im Bereich des kollektiven Arbeitsrechts anzusiedeln, sodass die Prüfung kollektivrechtlicher Anschlussfragen vor solchen anderer Prüfungsebenen stattfindet.

I. Rechte und Pflichten des OT- Mitglieds innerhalb des Verbandes

Nach Klärung der Zulässigkeit des Stufenmodells steht fest, dass das OT- Mitglied grundsätzlich nicht der Tarifmacht des Verbandes unterliegt. Vom Arbeitgeberverband abgeschlossene Tarifverträge entfalten gegenüber dem OT- Mitglied keine Wirkung.

Gemäß § 2 Abs. 1 TVG ist der einzelne Arbeitgeber dagegen immer tariffähig. Die Gewerkschaft kann gegen das OT- Mitglied den Arbeitskampf eröffnen, um mit ihm einen Haustarifvertrag abzuschließen[206]. Daran ändert die Mitgliedschaft des Arbeitgebers im Verband nichts, denn der Gesetzeswortlaut des § 2 Abs. 1 TVG stellt nicht darauf ab, ob der Arbeitgeber in einem Verband organisiert ist oder nicht.

Welche Rechte und Pflichten die Mitglieder eines Arbeitgeberverbandes haben, richtet sich nach der Satzung des jeweiligen Verbandes. Grundsätzlich sehen die Satzungen für alle Mitglieder ausdrücklich die gleichen Rechte und Pflichten vor. Für die OT- Mitglieder ergeben sich aber auch Ausnahmen.

---

204 Vgl. beispielsweise zu den Rechten und Pflichten der OT- Mitglieder unten, 2. Teil, A. 1., S. 63 ff.

205 ver.di in: BAG, Beschluss vom 18.07.2006, NZA 2006, 1225, 1226.

206 Buchner, NZA 1994, 2, 8.

1. Einschränkung der innerverbandlichen Abstimmungsrechte über tarifpolitische Themen

In den Satzungen, die gestufte Mitgliedschaften zulassen, wird durchgehend das Recht zur Abstimmung über tarifpolitische Themen eingeschränkt:

> *„Bei Beschlussfassung über tarifpolitische Angelegenheiten, (...), haben OT- Mitglieder, außerordentliche Mitglieder und Gastmitglieder nur beratende Stimme*[207]*."*

OT- Mitglieder erhalten anders als die Vollmitglieder des Verbandes bei Abstimmungen über tarifpolitische Fragen nur eine beratende Stimme.

a) Vereinsrechtlicher Gleichbehandlungsgrundsatz

In dem Ausschluss der OT- Mitglieder von den Abstimmungen über Tarifangelegenheiten könnte ein Verstoß gegen den vereinsrechtlichen Gleichbehandlungsgrundsatz gesehen werden[208]. Der vereinsrechtliche Gleichbehandlungsgrundsatz verpflichtet den Verein zur Gleichbehandlung seiner Mitglieder[209]. Der Anspruch der Mitglieder auf Gleichbehandlung geht dahin, dass von Seiten der Vereinsorgane eine ungerechtfertigte, sachwidrige Schlechterstellung eines Mitglieds oder einer Gruppe von Mitgliedern unterbleibt[210]. Unzulässig ist der sachlich nicht gerechtfertigte Entzug des Rechts der Mitglieder auf Mitwirkung an der Meinungs- und Willensbildung[211]. Ein solcher Verstoß ist zu verneinen, wenn die Ungleichbehandlung von Voll- und OT- Mitgliedern sachlich gerechtfertigt ist[212].

Die sachliche Rechtfertigung resultiert dem BAG zufolge daraus, dass die unterschiedlichen Rechte und Pflichten der Mitglieder das Resultat der freiwilligen Entscheidung der Mitglieder für ihren Status als Voll- oder OT-Mitglied sind[213].

Entscheidet sich der Arbeitgeber also für eine OT- Mitgliedschaft und damit gegen die Tarifgebundenheit[214], hat er kein mit den Vollmitgliedern vergleichbares berechtigtes Interesse an einer Abstimmung über Tariffragen, was eine Beschränkung seiner Stimmrechte rechtfertigt. Vielmehr liegt es im gemeinsamen Interesse des Verbandes und der Vollmitglieder, die OT- Mitglieder nicht

---

207 Auszug aus der Satzung des Arbeitgeberverbandes Ruhr/ Lenne e. V., Iserlohn mit Stand vom 29.04.1999.

208 Vgl. Schaub, BB 1994, 2005, 2007.

209 Palandt/ Heinrichs, § 35 Rn. 3; Reichert, Rn. 838 f.; Soergel/ Hadding, § 35 Rn. 7.

210 Soergel/ Hadding, § 38 Rn. 19.

211 Palandt/ Heinrichs, § 35 Rn. 3.

212 Reichert, Rn. 841 f.

213 BAG, Beschluss vom 18,07.2006, NZA 2006, 1225, 1231, Rz 58.

214 A. a. O., 1. Teil, F. I. 2. b) bb) (3), S. 50.

an Entscheidungen teilhaben zu lassen, deren Konsequenzen sie nicht tragen müssen. Der Ausschluss der OT- Mitglieder bewahrt die Abstimmungen über tarifpolitische Fragen vor einer Einmischung durch die ohnehin an dem Ausgang der Abstimmung nicht oder jedenfalls weniger interessierten OT- Mitglieder. Dieser sachliche Grund rechtfertigt die Ungleichbehandlung der beiden Mitgliedsformen[215].

Etwas anderes kann aber gelten, wenn es um den Arbeitskampf um einen Haustarifvertrag eines OT- Mitglieds geht. Hat das OT- Mitglied wie alle anderen Mitglieder in den Streikfonds eingezahlt[216], muss es auch das Recht haben, wie die Vollmitglieder über die Verwendung der Gelder zu entscheiden[217].

Die allgemeine Ansicht unterscheidet nicht, sondern hält den Ausschluss der OT- Mitglieder bei Abstimmungen einschränkungslos für zulässig[218]. *Reuter* hingegen möchte dem Beitrag leistenden OT- Mitglied zwingend in allen Bereichen – auch in Tariffragen – die gleichen Stimmrechte einräumen wie den Vollmitgliedern[219]. Eine andere Meinung zweifelt die Zulässigkeit des Stufenmodells im Arbeitgeberverband bei Einfluss der OT- Mitglieder auf die Tarifpolitik insgesamt an[220]. Teilweise wird sogar die nur beratende Stimme als schädigend angesehen[221].

b) Stellungnahme

Die Ansicht von *Reuter*[222], wonach zwingend geregelt werden muss, dass alle Mitglieder die gleichen Stimmrechte erhalten, um dem Gleichbehandlungsgrundsatz zu genügen, ist abzulehnen. Dagegen ist einzuwenden, dass die durch Art. 9 Abs. 3 GG gewährleistete Satzungsautonomie der Arbeitgeberverbände ein wichtiges Regelungsinstrument im Verband darstellt und gewahrt bleiben muss: Die Satzungen schaffen durch die einfließenden Interessen der Mitglieder ein Gleichgewicht, das sich hinsichtlich der Einhaltung des Gleichbehandlungsgrundsatzes selbst regelt. Die Dispositionsmöglichkeit der Mitglieder darf und braucht daher nicht durch eine Regelung, wie *Reuter* sie vorschlägt, ersetzt werden: Stimmen OT- Mitglieder über tarifpolitische Fragen ab, sind hiervon die tarifgebundenen

215 Buchner, NZA 1995, 761, 766; Thüsing/ Stelljes, ZfA 2005, 527, 552..

216 Vgl. zu der Problematik um die Leistung von Mitgliedsbeiträgen a. a. O., 2. Teil, A. I. 3., S. 68 ff.

217 Thüsing, ZTR 1996, 481, 484; Thüsing/ Stelljes, ZfA 2005, 527, 553.

218 Besgen, S. 123; Buchner, NZA 1995, 761, 766; Junker, SAE 1997, 172, 176; Ostrop, S. 109 f.; Röckl, DB 1993, 2382, 2384; Schlochauer, FS Schaub, S. 699, 712.

219 Reuter, RdA 1996, 201, 207.

220 Moll, S. 86; Röckl, DB 1993, 2382, 2384 f.

221 Danz, S. 89 f.; Kittner, AuR 1998, 469, 473 Wroblewski, NZA 2007, 421, 425.

222 Reuter, RdA 1996, 201, 207.

Vollmitglieder betroffen, da das Resultat der Abstimmung sich unmittelbar auf sie auswirkt und sie deren Folgen in Form des zustande kommenden Tarifvertrages zu tragen haben.

Zu überlegen ist, ob das Stimmrecht der OT- Mitglieder grundsätzlich zur Disposition der Vollmitglieder als von den Folgen Betroffene steht. Die Vollmitglieder könnten dann entscheiden, den OT- Mitgliedern das Stimmrecht in Tarifangelegenheiten einzuräumen, mit der Folge, dass die OT- Mitglieder Einfluss auf die Tarifpolitik des Verbandes ausüben würden. Dies könnte durch die Entscheidung der hierdurch Betroffenen gerechtfertigt sein. Die Entscheidung über das Stimmrecht der OT- Mitglieder wird durch Beschlussfassung der Mitgliederversammlung des Verbandes getroffen. Gemäß § 32 Abs. 1 Satz 3 BGB ist die einfache Mehrheit der erschienenden Mitglieder entscheidend. Dass bei der Abstimmung Minderheiten überstimmt werden, ist dem Mehrheitsgrundsatz, der einer flexiblen Verfolgung des Vereinszwecks bei wechselndem Mitgliederbestand dient[223], immanent. Ein Mehrheitsbeschluss der Mitgliederversammlung aber, der dem Anspruch eines Mitglieds oder einer Mitgliedergruppe auf Gleichbehandlung nicht genügt, ist unwirksam[224]. Die Grenze der Mehrheitsherrschaft der Mitgliederversammlung liegt also in der Pflicht des Vereins zur Gleichbehandlung seiner Mitglieder. Der verbandsrechtliche Gleichbehandlungsgrundsatz steht nicht zur Disposition seiner Mitglieder. Werden den OT- Mitgliedern Stimmrechte über tarifpolitische Angelegenheiten eingeräumt, hat dies zur Folge, dass sie Erwägungen in die Tarifpolitik einbringen können, ohne selbst der Tarifbindung und damit den Wirkungen ihrer Einflussnahme zu unterliegen. Die Ungleichbehandlung von Voll- und OT- Mitgliedern hinsichtlich der Tarifbindung würde nicht mehr ausgeglichen durch entsprechenden Stimmentzug über tarifpolitische Fragen für die OT- Mitglieder. Die Vollmitglieder würden sachwidrig schlechter gestellt, der Beschluss wäre unwirksam. Die wirksame Einräumung eines Stimmrechts der OT- Mitglieder über tarifpolitische Fragen durch die Vollmitglieder scheidet folglich aus.

Da es darüber hinaus meist nicht im Interesse der Vollmitglieder liegt, das Gewicht der eigenen Stimme zu schmälern und durch die Beteiligung nicht Betroffener sachfremde Erwägungen in die Entscheidung einfließen zu lassen, sind positive Beschlüsse über Satzungsgestaltungen, die ein Stimmrecht der OT-Mitglieder für Tariffragen vorsehen, praktisch nie zu finden.

Es muss gewährleistet sein, dass die tarifpolitischen Entscheidungen von den unmittelbar bzw. zumindest mittelbar hiervon Betroffenen getroffen werden. Stehen Haustarifabschlüsse bevor, sind die OT- Mitglieder unmittelbar davon

223 Soergel/ Hadding, § 32 Rn. 31.
224 Soergel/ Hadding, § 32 Rn. 19.

betroffen. Leisten die OT- Mitglieder zudem die gleichen Mitgliedsbeiträge wie die tarifgebundenen Arbeitgeber, könnte daraus gefolgert werden, dass die OT-Mitglieder auch eine entsprechende Entscheidungsbefugnis erhalten müssten. Zu beachten ist aber, dass Unterstützungsleistungen an OT- Mitglieder bei dem Arbeitskampf um einen Haustarifvertrag nur im Einzelfall erbracht werden[225]. Es handelt sich um eine freiwillige Verbandsleistung, auf die kein Anspruch besteht.

Dies ist auch interessengerecht. Mit der Wahl der OT- Mitgliedschaft verzichten solche Arbeitgeber nämlich konkludent auf ihr Stimmrecht in tariflichen Angelegenheiten[226]. Zwar handelt es sich bei dem Stimmrecht um ein wesentliches Vereinsrecht[227], auf das grundsätzlich nicht verzichtet werden kann. Vorliegend geht es jedoch nicht um den Entzug des Stimmrechts insgesamt, sondern um eine Beschränkung bei Abstimmungen über Tarifangelegenheiten. Das Stimmrecht ist an die jeweilige Mitgliedschaft gebunden[228], mit der Folge, dass qualitativ unterschiedliche Mitgliedschaften eine Differenzierung der Stimmrechte rechtfertigen können. Das OT- Mitglied ist Mitglied im Verband im vereinsrechtlichen Sinne und mit den entsprechenden Stimmrechten ausgestattet. Es ist jedoch nicht Mitglied des Verbands im tarifrechtlichen Sinne gemäß § 3 Abs. 1 TVG[229]. Das an die Mitgliedschaft nach § 3 Abs. 1 TVG gekoppelte Stimmrecht in tarifpolitischen Angelegenheiten steht dem OT- Mitglied somit nicht zu, ebenso wenig wie die Einräumung eines zusätzlichen Stimmrechts an ein Nichtmitglied[230]. Tritt ein Arbeitgeber also als OT- Mitglied dem Verband bei, verzichtet er wirksam konkludent auf eine Mitgliedschaft im Sinne des § 3 Abs. 1 TVG und damit insgesamt auf sein Stimmrecht über tarifpolitische Angelegenheiten.

Die Ungleichbehandlung ist damit sogar dann sachlich gerechtfertigt, wenn es um Tarifangelegenheiten der OT- Mitglieder geht[231], welche zudem nur im Einzelfall verbandlich unterstützt werden. Ein Ausschluss der OT- Mitglieder von Beschlussfassungen in ausnahmslos allen Tarifangelegenheiten ist nicht zu beanstanden und sogar erforderlich, um die Interessen der Vollmitglieder zu wahren.

Sehen die Satzungen die Entscheidungsbefugnis der OT- Mitglieder in Tarifangelegenheiten dennoch vor, bewirkt dies die Unzulässigkeit der konkreten OT-Mitgliedschaft[232].

---

225 Vgl. das Satzungsbeispiel a. a. O., 2. Teil, A. I. 3. b), S. 70.

226 Ebenso Melot de Beauregard, S. 158.

227 Palandt/ Heinrichs, § 35 Rn. 3; Reichert, Rn. 1487.

228 Soergel/ Hadding, § 32 Rn. 22.

229 A. a. O., 1. Teil, F. I. 2. b) bb) (1) (b), S. 46.

230 Vgl. Soergel/ Hadding, § 32 Rn. 22.

231 A. A.: Thüsing/ Stelljes, ZfA 2005, 527, 553.

232 Röckl, DB 1993, 2382, 2384 f.; gegen eine Unzulässigkeit Thüsing/ Stelljes, ZfA 2005, 527, 552.

Dem OT- Mitglied könnte aber eine rein beratende Stimme in tarifpolitischen Angelegenheiten zukommen. Zu untersuchen ist, ob eine beratende Stimme unzulässigen Einfluss auf die Tarifpolitik des Verbandes nehmen kann und somit ebenfalls ausgeschlossen werden muss, um dem verbandlichen Gleichbehandlungsgrundsatz zu genügen. Eine Einflussnahme durch Beratung kann nicht gänzlich ausgeschlossen werden. Allerdings wirkt sich der „Rat" eines OT- Mitglieds nicht unmittelbar auf die Entscheidung der Vollmitglieder aus. Eine mittelbare Einwirkung durch Stellungnahme ist zu unterscheiden von der direkten Einwirkung durch Stimmabgabe. Der Verband kann Ratschläge von verschiedenen Seiten einholen. Es kann nichts dagegen sprechen, dass auch Meinungen von außerhalb des Verbandes seine Willensbildung und damit auch mittelbar seine Tarifpolitik beeinflussen[233]. Zudem ist in der Praxis ein starker Einfluss sehr „mächtiger" OT- Mitglieder kaum denkbar, da hauptsächlich kleine und mittelständische Unternehmen auf eine Organisation als OT- Mitglied zurückgreifen[234]. Eine rein beratende Stimme der OT- Mitglieder in Tariffragen ist nach alldem unbedenklich[235].

2. Das OT- Mitglied als Vorstandsmitglied

In allen Verbänden mit differenzierter Mitgliedschaft sind auch OT- Mitglieder in den Organen vertreten. Die Zusammensetzung des Vorstandes beispielsweise wird unterschiedlich geregelt. Es heißt in den Satzungen[236]:

> *„Bei der Zusammensetzung des Vorstandes sollen die OT- Mitglieder unter Berücksichtigung ihrer Anzahl im Verband und der Anzahl der bei ihnen beschäftigten Mitarbeiter angemessen berücksichtigt werden."*

Der Vorstand hat im Verband verschiedene Aufgaben. Ihm obliegt unter anderem die Leitung des Verbandes. Hierzu gehören auch Entscheidungen über die tarifpolitischen Angelegenheiten des Verbandes. Sind OT- Mitglieder im Vorstand vertreten, könnten sie durch entsprechende Beschlussfassungen des Vorstandes Einfluss auf die tarifpolitischen Angelegenheiten des Verbands nehmen, obwohl sie hiervon nicht unmittelbar betroffen sind[237]. Das OT- Mitglied ist zwar Mitglied im Verband im vereinsrechtlichen Sinne gemäß § 38 BGB, jedoch nicht Verbandsmitglied im tarifrechtlichen Sinne nach § 3 Abs. 1 TVG, sodass es von

233 A. a. Kittner, AuR 1998, 469, 473.

234 Vgl. die Situation kleiner und mittelständischer Unternehmen 1. Teil, E., S. 28 f. sowie die Auswertung unter 1. Teil, F. II., S. 57 f.

235 Ebenso Deinert, RdA 2007, 83, 86.

236 Auszug aus der Satzung des Verbandes der Siegerländer Metallindustriellen e. V. in der Fassung vom 07.10.1999.

237 Vgl. a. a. O., 2. Teil, A. I. 1., S. 63 ff.

Entscheidungen über tarifpolitische Angelegenheiten ausgeschlossen werden muss[238]. Sein Einverständnis mit dieser Beschränkung hat es mit seinem Beitritt zum Verband als OT Mitglied konkludent erklärt[239].

Der Rechtsprechung[240] zufolge genügt es, dass die tarifpolitischen Entscheidungen einem tarifpolitischen Ausschuss zugeordnet werden, der nur aus Tarifmitgliedern besteht, bzw. dessen Beschlussfassung allein Tarifmitgliedern obliegt. Mangels unmittelbaren Einflusses wurde nicht bemängelt, dass OT- Vorstandsmitglieder mit beratender Stimme an den Sitzungen des tarifpolitischen Ausschusses teilnehmen konnten. Dem ist umfassend zuzustimmen. Die Grundsätze zur Beschlussfassung des Vorstandes richten sich gemäß § 28 Abs. 1 BGB nach den für die Beschlüsse der Mitglieder geltenden §§ 32, 34 BGB. Entscheidungen über tarifpolitische Angelegenheiten im Rahmen eines Vorstandsbeschlusses dürfen daher nicht anders behandelt werden als entsprechende Beschlüsse, die in der Mitgliederversammlung getroffen werden. Wegen der Nähe zu der abstimmungsrechtlichen Fragestellung deckt sich das Ergebnis mit der dort vertretenen Ansicht und die Ausführungen dort gelten entsprechend[241].

3. Beiträge und Unterstützungsleistungen

Nicht nur hinsichtlich der Stimmenverteilung bei innerverbandlichen Abstimmungen über tarifpolitische Fragen, sondern auch bei der Erhebung von Mitgliedsbeiträgen hat der Verband den vereinsrechtlichen Gleichbehandlungsgrundsatz zu beachten[242]. Erbringt er selbst gegenüber seinen Mitgliedern unterschiedliche Leistungen, kann er bezüglich der Beitragshöhe entsprechend differenzieren.

a) Verstoß gegen den vereinsrechtlichen Gleichbehandlungsgrundsatz bei der Erhebung von Mitgliedsbeiträgen

In den Satzungen der Metallindustrie, die eine gestufte Mitgliedschaft regeln, ist durchweg vorgesehen, dass die OT- Mitglieder die gleichen Mitgliedsbeiträge zu entrichten haben wie die Vollmitglieder. Entweder findet gar keine Differenzierung statt, oder es wird ausdrücklich von der gleichen Beitragshöhe ausgegangen bzw. davon, dass die Beiträge von OT- Mitgliedern die Beiträge ordentlicher Mitglieder in der Höhe nicht unterschreiten dürfen. Die OT- Mitglieder müssen einen Beitrag zum Streikfonds leisten, ohne selbst an die Verbandstarifverträge gebun-

238 A. a. O., 2. Teil, A. I. 1., S. 63 ff.
239 A. a. O., 2. Teil, A. I. 1. b), S. 65.
240 LAG Düsseldorf, Urteil vom 11.11.2005, NZA- RR 2006, S. 200, 203.
241 Vgl. a. a. O., 2. Teil, A. I. 1., S. 63 ff.
242 Reichert, Rn. 833.

den zu sein. Hierin wird teilweise ein Verstoß gegen den Gleichbehandlungsgrundsatz erkannt[243]. *Röckl* schlägt als Lösung eine Staffelung der Mitgliedsbeiträge vor[244].

Die Verbände sind den OT- Mitgliedern genauso wie den Vollmitgliedern gegenüber zur Erbringung allgemeiner Verbandsleistungen verpflichtet. Insoweit findet also keine Differenzierung zwischen den beiden Mitgliedsformen statt. Die Tarifnormen eines vom Verband ausgehandelten Flächentarifvertrages wirken dagegen nicht unmittelbar und zwingend für seine OT- Mitglieder, sondern nur für die Vollmitglieder. Hierin könnte eine Ungleichbehandlung zu erkennen sein, welche eine Differenzierung der Mitgliedsbeiträge erfordert. Fast 90 Prozent der OT- Mitglieder von Arbeitgeberverbänden wenden die Tarifverträge aber vollinhaltlich an[245]. Die restlichen greifen überwiegend auf sie zurück. 90 Prozent aller Arbeitsverträge enthalten so genannte Bezugnahme- oder Verweisungsklauseln auf Tarifverträge[246]. Solche Klauseln sind Vertragsabreden, nach welchen eine tarifliche Regelung ganz oder teilweise für das Arbeitsverhältnis anwendbar sein soll[247]. Bezugnahmeklauseln liegen häufig vor, da vor allem kleine und mittelständische Unternehmen keine Kenntnisse und Erfahrungen darüber haben, wie Tarifverhandlungen zu führen sind, wie ein Tarifvertrag geschlossen und wie er praktisch verwirklicht wird. Mit der Anwendung der Tarifverträge über Bezugnahmeklauseln wirkt sich die Tarifarbeit der Verbände zumindest mittelbar auf die OT- Mitglieder aus. Auch solchen OT- Mitgliedern, welche die Tarifverträge zurzeit nicht in Bezug nehmen, steht jederzeit die Möglichkeit offen, Bezugnahmeklauseln aufzunehmen und von den Tarifregelungen zu profitieren. Eine nicht beeinflussbare Ungleichbehandlung der OT- Mitglieder liegt also bezüglich der Wirkung der Tarifverträge nicht vor. Die Gleichbehandlung von Voll- und OT-Mitgliedern hinsichtlich der zu erbringenden Mitgliedsbeiträge ist vor diesem Hintergrund nicht zu beanstanden.

Weiter sehen die Satzungen Unterstützungsleistungen des Verbandes für die OT- Mitglieder im Arbeitskampf um einen Firmentarifvertrag jedenfalls im Einzelfall vor. Auch kann das OT- Mitglied jederzeit zur Vollmitgliedschaft wechseln[248] und so von den im Arbeitskampf ausgehandelten Tarifvertragsnormen unmittelbar erfasst werden.

---

243 Däubler, NZA 1996, 225, 230; Feger, AiB 1995, 490, 502; Reuter, RdA 1996, 201,207; Röckl, DB 1993, 2382, 2384 f.; Schaub, BB 1994, 2005, 2007.

244 Röckl, DB 1993, 2382, 2385.

245 Heinze, S. 11.

246 Hanau/ Kania, FS Schaub, S. 239, 239; Preis, I B Rn. 25.

247 Wiedemann/ Oetker, § 3 Rn. 260.

248 Siehe zu dem Statuswechsel in die Vollmitgliedschaft a. a. O., 2. Teil, A. III. 2., S. 105 f..

Die Gleichbehandlung hinsichtlich der Beitragshöhe ist damit gerechtfertigt und kann dem Stufenmodell nicht entgegengehalten werden[249].

b) Störung der Verhandlungsparität

Die Verhandlungsparität könnte einerseits dadurch gestört sein, dass die OT-Mitglieder durch Verbandsleistungen unterstützt werden.

In den Satzungen finden sich Formulierungen wie:

> *„OT- Mitglieder können bei einem Arbeitskampf im Zusammenhang mit dem Abschluss eines Haustarifvertrages auf Antrag eine Unterstützungsleistung des Verbandes erhalten, soweit sie Beiträge zur Gefahrengemeinschaft entrichtet haben.*
>
> *Hierüber entscheidet der Vorstand sowohl dem Grunde als auch der Höhe nach im Einzelfall.*
>
> *Eine Voraussetzung für die Leistung ist, dass der Verband beim Abschluss des Haustarifvertrages beteiligt ist."*[250]

Streikgeld für OT- Mitglieder wird nach dem Satzungswortlaut sowohl dem Grunde als auch der Höhe nach im Einzelfall gewährt. Fraglich ist, ob solche Regelungen zulässig sind, oder ob sie eine unzulässige Störung der Verhandlungsparität bewirken.

Unterstützen andererseits die OT- Mitglieder die Vollmitglieder zumindest mittelbar, indem sie finanzielle und sachliche Beiträge leisten, könnte auch hierin eine Störung der Verhandlungsparität zu erkennen sein.

Nach dem materiellen Paritätsverständnis wird zwischen Kampfparität und Verhandlungsparität unterschieden[251]. Die Kampfparität hat die Aufgabe, die Verhandlungsparität zu gewährleisten[252]. Der Arbeitskampf dient der Durchsetzung von Regelungszielen in Vereinbarungen[253]. Unter Parität auf der Verhandlungsebene wird das annähernde Gleichgewicht der beiden beim Arbeitskampf beteiligten Tarifvertragsparteien bei Einleitung, Ausübung und Beendigung des Arbeitskampfes verstanden, das unmittelbar aus Art. 9 Abs. 3 GG folgt[254]. Auf der Verhandlungsebene sollen möglichst gleiche Verhandlungschancen bestehen. Typische Kräfteverschiebungen dürfen über das Kampfmittelsystem ausgeglichen werden[255]. Verlangt wird ein „tatsächliches Gleichgewicht der sozialen

249 Im Ergebnis ebenso Deinert, RdA 2007, 83, 89; Otto, 624, 629.

250 Auszug aus der Satzung des Arbeitgeberverbandes für den Kreis Olpe e. V. mit Stand vom 04.06.2002.

251 Gumnior, S. 156; Rüthers, Jura 1970, 85, 105.

252 Gumnior, S. 156.

253 Gumnior, S. 156.

254 Kissel, § 32 Rn. 1.

255 Henssler/ Willemsen/ Kalb/ Hergenröder, Art. 9 GG Rn. 167.

Gegenspieler“ als Leitbild der Ausgestaltung des Arbeitskampfrechts, und zwar auf Verhandlungsebene[256].

aa) Auswirkungen der OT- Mitgliedschaft auf die Verhandlungsparität aus Sicht des BAG

Das BAG hat in seiner Entscheidung zur Zulässigkeit der OT- Mitgliedschaft ausgeführt, eine Störung der Verhandlungsparität zwischen Gewerkschaft und Verband liege nicht vor. Ein Ungleichgewicht sei nicht erkennbar, solange die Durchführung eines wirksamen Arbeitskampfes gewährleistet bleibe[257]. Von einer strukturellen Störung der Verhandlungsparität könne *„durch jede Form“* der OT- Mitgliedschaft *„nicht generell ausgegangen werden“*[258]. Eine nähere Begründung lieferte das BAG nicht.

bb) Störung der Verhandlungsparität aus Sicht der Literatur

In der Literatur wird teilweise angenommen, die Folgen des Vorhandenseins von OT- Mitgliedern störe die Verhandlungsparität der Tarifvertragsparteien[259]. Aus der Einbeziehung der OT- Mitglieder ergebe sich ein unzumutbares Verhandlungsungleichgewicht[260]: Die OT- Mitglieder könnten Verbandsleistungen in Form von logistischer Unterstützung und Zahlungen aus dem Streikfonds beanspruchen, sich den Wirkungen der Flächentarifverträge aber entziehen[261]. Dies bedeute eine Stärkung der OT- Mitglieder generell sowie im Arbeitskampf um einen Haustarifvertrag. Darüber hinaus könne die Gewerkschaft mit Abschluss eines Flächentarifvertrags nicht mehr möglichst viele Arbeitgeber abdecken[262], was das Ungleichgewicht zu ungunsten der Gewerkschaft noch vergrößere.

Da der Arbeitskampf eines OT- Mitglieds gerade nicht im Interesse des Verbands liege, wird für die Herstellung der Verhandlungsparität gefordert, dass die Mittel des Fonds nur für die tarifgebundenen Vollmitglieder verwendet werden[263].

Kritisiert wird weiter, dass die OT- Mitglieder die Vollmitglieder unterstützen, und zwar ideell durch ihre beratende Stimme sowie durch finanzielle Mittel[264].

256 Henssler/ Willemsen/ Kalb/ Hergenröder, Art. 9 GG Rn. 167.

257 BAG, Beschluss vom 18.07.2006, NZA 2006, 1225, 1231, Rz. 59.

258 BAG, Beschluss vom 18.07.2006, NZA 2006, 1225, 1231, Rz. 59.

259 Däubler, NZA 1996, 225, 231; Röckl, DB 1993, 2382, 2384; Schaub, BB 1994, 2005, 2007; Schaub/ Schaub, § 206 Rn. 29.

260 Däubler, NZA 1996, 225, 231; Schaub, BB 1994, 2005, 2007.

261 Deinert, RdA 2007, 83, 89.

262 Wroblewski, NZA 2007, 421, 424.

263 Röckl, DB 1993, 2382, 2384.

264 Schaub, BB 1994, 2005, 2007; Wroblewski, NZA 2007, 421, 424.

Zwar erhielten die OT.- Mitglieder ebenfalls Leistungen aus dem Streikfonds des Verbandes, dies jedoch nur im Einzelfall[265], sodass die eingezahlten Mitgliedsbeiträge jedenfalls teilweise auch den Vollmitgliedern im Arbeitskampf zugute kämen.

Die herrschende Meinung lehnt diese Gedanken ab[266]. Es stehe den Arbeitgebern nach Art. 9 Abs. 3 GG frei, sich zu einem Verband zusammenzuschließen, oder sich nicht zu organisieren[267]. Ebenso habe der Arbeitgeber die freie Wahl zwischen den Mitgliedschaftsformen. Die Gewerkschaft habe keinen Anspruch darauf, nur einem einzigen Verhandlungspartner gegenüber zu stehen statt mehreren einzelnen Arbeitgebern. Sie könne sich außerdem selbst durch einen *Sympathiestreik* gegenüber dem OT- Mitglied helfen[268], sofern der Sympathiearbeitskampf ausnahmsweise gerechtfertigt sei.

cc) Eigene Ansicht

Art. 9 Abs. 3 GG schreibt als Ziel der Vereinigungen die „Wahrung und Förderung der Arbeits- und Wirtschaftsbedingungen" vor. Dieses Ziel kann von den sozialen Gegenspielern nur erreicht werden, wenn sie ihre gegenläufigen Interessen und Vorstellungen zum Ausgleich bringen. Dies setzt Verhandlungsparität voraus. Die Anforderungen an die Verhandlungsparität dürfen dabei aber nicht zu hoch gesteckt sein. Gefordert werden kann nur ein „annäherndes Gleichgewicht"[269]. Absolut identische Verhandlungsstärke und Durchsetzungskraft der Tarifvertragspartner kann schon aufgrund variierender Mitgliederzahlen und finanzieller Ausstattung nicht vorliegen, zumal diese Größen oftmals unbekannt sind. Darüber hinaus ist offen, welche Faktoren in die Bewertung einbezogen werden sollen und welche ausgeklammert werden können.

Parität auf der Verhandlungsebene ist erforderlich, um eine funktionierende Tarifautonomie sicherzustellen[270]. Die Grenze zur Außerkraftsetzung der Tarifautonomie wird erst bei einem groben Missverhältnis überschritten[271]. Erforderlich für eine Störung der Tarifautonomie ist, dass das Arbeitsleben nicht mehr

---

265 Vgl. die Satzungsregelung a. a. O., 2. Teil, A. I. 3. b), S. 70.

266 Junker, SAE 1997, 172, 179f.; Kissel, § 7 Rn. 16; Melot de Beauregard, 149; Ostrop, 119f.; Reuter, RdA 1996, 201, 205; Schlochauer, FS Schaub, 699, 710; Thüsing/ Stelljes, ZfA 2005, 527, 554.

267 Deinert, AuR 2006, 217, 223.

268 Besgen, S. 121; Reuter, RdA 1996, 201, 205.

269 ErfK/ Dieterich, Art. 9 GG Rn. 113 verlangt Genauigkeit in abstrakt- typisierender Form; Henssler/ Kalb/ Willemsen/ Hergenröder, Art. 9 GG Rn. 168.

270 BVerfG 26.06.1991, BVerfGE 84, 212, 229; BVerfG, Urteil vom 04.07.1995, BVerfGE 92, 365, 394 f; ErfK/ Dieterich, Art. 9 GG Rn. 70.

271 Buchner, NZA 1995, 761, 768f.; Thüsing, S. 156; Thüsing, ZTR 1996, 481, 484.

frei und staatsunabhängig sinnvoll durch Tarifverträge geordnet und befriedigt werden kann[272]. Dies ist erst dann anzunehmen, wenn das Kräftegleichgewicht dauerhaft und evident zu Lasten einer Tarifpartei geht[273]. Solange nicht eine Seite ein längerfristiges Übergewicht erlangt, sind von verschiedenen Faktoren abhängige wirtschaftsbedingte Schwankungen des Kräftegleichgewichts hinzunehmen[274].

(1) Unterstützung der Vollmitglieder durch die OT- Mitglieder

Zu untersuchen ist, ob die Verhandlungsparität dadurch gestört wird, dass die OT- Mitglieder die Vollmitglieder durch Zahlungen in den Streikfonds unterstützen. Für die Parität ist wiederum ein „annäherndes Gleichgewicht" zwischen den Verhandlungspartnern zu fordern. Zahlen OT- Mitglieder in den Streikfonds des Arbeitgeberverbandes ein, so kann dies nicht zu einer Verschiebung des Kräftegleichgewichtes führen, wenn auf Gewerkschaftsseite ebenfalls Unterstützungsleistungen von Nichtmitgliedern zur Verfügung stehen und im Arbeitskampf genutzt werden. Gewerkschaften haben oft ausgeschiedene Mitglieder, zum Beispiel Arbeitslose oder Rentner[275], die Unterstützungsleistungen an die Gewerkschaft erbringen. Im Jahr 1998 befanden sich beispielsweise 30 % der Mitglieder der IG Metall nicht mehr in einem aktuellen Arbeitsverhältnis[276]. *Hensche*[277], der anführt, es handele sich bei gewerkschaftsangehörigen Beamten, Rentnern, Freiberuflern und Studierenden um nach § 3 Abs. 1 TVG tarifgebundene Gewerkschaftsmitglieder, ist nicht zuzustimmen. Denn es bestehen für die benannten Personenkreise keine Arbeitsverhältnisse, auf welche ein Flächentarifvertrag Anwendung finden kann[278]. Auf eine „gelegentliche" Tarifbindung beispielsweise bei der Ausübung einer zeitweisen Nebentätigkeit kann es für die Bewertung nicht ankommen[279]. Denn die Beiträge für eine Mitgliedschaft in der Gewerkschaft werden fortlaufend erhoben und differenzieren nicht zwischen Zeiträumen der Arbeitslosigkeit und solchen der Nebentätigkeit. Es ist jedenfalls nicht ausgeschlossen, dass die Gewerkschaft auf solche Mittel zurückgreifen kann. Eine Paritätsstörung wird in diesem Fall nicht angenommen[280]. Das entstehende annähernde Kräftegleichgewicht durch potentielle oder tatsächliche

272 Brox/ Rüthers/ Henssler, Rn. 644; Leinemann/ Kalb, 8.2 Rn. 114.
273 Gumnior, S. 156.
274 Gumnior, S. 163.
275 Vgl. BAG, Urteil vom 04.06.2008, NZA 2008, 1366, 1369; Konzen, FS Kraft, 291, 319
276 Franzke, S. 189 f.
277 Hensche, NZA 2009, 815, 816.
278 Diesen Umstand selbst anerkennend Hensche, NZA 2009, 518, 519.
279 So aber Hensche, NZA 2009, 518, 519.
280 Junker, SAE 1997, 169, 180; Thüsing/ Stelljes, ZfA 2005, 527, 555.

Fremdfinanzierung auf beiden Seiten wird von einigen Autoren als *„quantité négligeable"* bezeichnet[281]. Die Vertragsparteien haben zumindest die Möglichkeit, das Mittel der Fremdfinanzierung zu nutzen und zu einem annähernden Ausgleich der Unterstützungsleistungen und damit einer finanziellen Unterfütterung im Arbeitskampf insgesamt zu kommen.

Deinert[282] möchte das Argument der *„quantité négligeable"* nicht gelten lassen. Es müsse erst bewiesen werden, dass die Gewerkschaft über Unterstützungsleistungen von außen verfüge.

Selbst wenn man mit *Deinert* den Ausgleich über die *„quantité négligeable"* nicht zulassen möchte, lässt sich die Annahme einer Störung der Verhandlungsparität dennoch nicht aufrechterhalten:

Bringen finanzielle Beiträge der OT- Mitglieder im gemeinsamen Streikfonds eine Unterstützung der Vollmitglieder im Arbeitskampf mit sich, die tatsächlich zu einer Paritätsstörung führt[283], könnte die Gewerkschaft einen *Sympathiearbeitskampf* gegen die OT- Mitglieder anstrengen, sofern dieser zulässig ist.

Die Rechtmäßigkeit eines Sympathiestreiks ist umstritten. Die herrschende Meinung hielt den Sympathiearbeitskampf bislang für grundsätzlich rechtswidrig, weil er nicht auf den Abschluss eines Tarifvertrags mit dem Gegner abzielt und der bestreikte Arbeitgeber keine Einflussmöglichkeiten auf den Verlauf des Arbeitskampfes hat[284]. Rechtmäßig sei der Sympathiearbeitskampf aber, wenn der betroffene Arbeitgeber zuvor seiner „Neutralitätspflicht" im Hauptarbeitskampf – beispielsweise durch gezielte Übernahme der Produktion eines bestreikten Betriebes – nicht nachgekommen sei[285].

Es wird argumentiert, ein Verstoß gegen die Neutralitätspflicht sei gleichfalls gegeben bei Einzahlung in den Streikfonds des Verbandes durch die OT-Arbeitgeber während des Arbeitskampfes[286]. Wird ein Vollmitglied eines Arbeitgeberverbandes bestreikt, könnte das OT- Mitglied desselben Verbandes seine Neutralitätspflicht im Arbeitskampf dadurch verletzen, dass es Beiträge in den Streikfonds des Verbandes einzahlt und dadurch das Vollmitglied im Arbeitskampf unterstützt: Es ist den Arbeitgeberverbänden gestattet, ihre Mitglieder während der Dauer eines Arbeitskampfes finanziell zu unterstützen. Die finan-

281 Deinert, RdA 2007, 83, 88; Junker, SAE 1997, 172, 180; Thüsing/ Stelljes, ZfA 2005, 527, 555.
282 Deinert, RdA 2007, 83, 88.
283 Was praktisch nie der Fall sein wird, vgl. unten, 2. Teil, A. 3. b) dd), S. 77 f.
284 Brox/ Rüthers/ Henssler, Rn. 756; Henssler/ Willemsen/ Kalb/ Hergenröder, Art. 9 GG Rn. 270.
285 BAG, Urteil vom 05.03.1985, BAGE 48, 160, 168 ff; Besgen, S. 120; Henssler/ Willemsen/ Kalb/ Hergenröder, Art. 9 GG Rn. 271.
286 Besgen, S. 121; Däubler/ Bieback, Arbeitskampfrecht, Rn. 380; Reuter, RdA 1996, 201,205; Thüsing/ Stelljes, ZfA 2005, 527, 555; a. A. dagegen Thüsing, S. 157–163.

zielle Ausstattung des jeweiligen Arbeitgebers wirkt sich auf das Ergebnis des Arbeitskampfes aus, sodass der OT- Arbeitgeber hinsichtlich des Hauptarbeitskampfes seine „Neutralitätspflicht" verletzt haben könnte.

Dies ist abzulehnen. Das OT- Mitglied hat seine Neutralitätspflicht im Arbeitskampf nicht verletzt. Der Fall der Produktionsübernahme, welchen das BAG als Verletzung der Neutralitätspflicht wertete, ist nicht mit der Zahlung von Mitgliedsbeiträgen durch OT- Mitglieder in die Verbandskasse vergleichbar. Für die Verletzung der Neutralität ist Zielgerichtetheit der verletzenden Maßnahme erforderlich. Während die Übernahme der Produktion eines im Hauptarbeitskampf bestreikten Unternehmens durch ein an dem Streik nicht beteiligtes Unternehmen gezielt erfolgt, bezweckt das OT- Mitglied nicht unmittelbar die Unterstützung des Vollmitglieds im Arbeitskampf. Es verfolgt vielmehr ausschließlich eigene Interessen, nämlich die Inanspruchnahme der Verbandsleistungen[287]. Eine Verletzung der Neutralitätspflicht, welche einen der alten Rechtsprechung zufolge unzulässigen Sympathiearbeitskampf rechtfertigen würde, liegt somit nicht vor. Darüber hinaus müssten unter diesem Gesichtspunkt Sympathiearbeitskämpfe mit allen OT- Mitgliedern des Verbandes ausgetragen werden, da jedes OT- Mitglied über seine Beiträge mittelbar auch die Vollmitglieder des Verbandes unterstützt und eine Differenzierung praktisch nicht möglich ist.

Der Sympathiearbeitskampf gegen die in den Streikfonds einzahlenden OT-Arbeitgeber könnte aber nach der Rechtsprechungsänderung zulässig sein. Auf den Gesichtspunkt der Verletzung der Neutralitätspflicht im Arbeitskampf kommt es nicht mehr an. Die Rechtsprechung[288] hält – nachdem sie Unterstützungsstreiks zunächst für grundsätzlich unzulässig hielt[289] – Unterstützungsstreiks nunmehr für grundsätzlich zulässig. Voraussetzung sei aber, dass der Streik verhältnismäßig ist[290]. Er muss also geeignet, erforderlich und angemessen sein. Es ist nach der Entscheidung des BAG folglich nicht mehr notwendig, dass der betroffene Arbeitgeber die Forderung der Gewerkschaft erfüllen kann[291]. Der Gewerkschaft komme hinsichtlich der Geeignetheit und Erforderlichkeit des Streiks eine Einschätzungsprärogative zu[292].

Die neue Rechtsprechung bewirkt damit eine Lockerung der engen Konnexität von Forderung und Forderungsdurchsetzung derart, dass die bisherigen Beschränkungen des Streikrechts zunehmend aufgelöst werden. Zudem stellt die Verhältnismäßigkeit kein geeignetes Abgrenzungsmittel zur Feststellung

287 A. a. O., 1. Teil, E., S. 30.
288 BAG, Urteil vom 19.06.2007, AP Nr. 173 zu Art. 9 GG Arbeitskampf.
289 BAG, Urteil vom 05.03.1985, BAGE 48, 160, 168.
290 BAG, Urteil vom 19.06.2007, AP Nr. 173 zu Art. 9 GG Arbeitskampf, Rn. 9 und 17 ff.
291 BAG, Urteil vom 19.06.2007, AP Nr. 173 zu Art. 9 GG Arbeitskampf, Rn. 34.
292 BAG, Urteil vom 19.06.2007, AP Nr. 173 zu Art. 9 GG Arbeitskampf Rn. 33 und 36.

der Rechtmäßigkeit eines Sympathiestreiks dar. Entscheidet allein die Gewerkschaft über Geeignetheit und Angemessenheit des Streiks, ist eine Eingrenzung auf diesen Ebenen kaum möglich. Für die Angemessenheit hat das Gericht keine klaren Kriterien aufgestellt. Inwiefern hier eine Beschränkung stattfinden kann, ist damit offen.

Der Sympathiearbeitskampf gegen ein OT- Mitglied wäre demnach grundsätzlich zulässig, wenn er nicht zur Unterstützung des Hauptarbeitskampfes ungeeignet, unnötig oder unangemessen erscheint. Eine ausreichende Nähe zum Hauptarbeitskampf kann sich für das OT- Mitglied beispielsweise daraus ergeben, dass es jedenfalls über seine Mitgliedschaft im Arbeitgeberverband wirtschaftlich mit dem bestreikten Vollmitglied verbunden ist. Eine finanzielle Schwächung des OT- Mitglieds durch Bestreikung im Rahmen eines Sympathiearbeitskampfes könnte seinen Austritt aus dem Verband und damit die Verringerung von in den Streikfonds einfließenden Mitgliederbeiträgen bewirken. Der Verband würde damit finanziell geschwächt und könnte seine Vollmitglieder nur noch in geringerem Umfang finanziell im Arbeitskampf unterstützen. Gelangt die Gewerkschaft im Einzelfall zu dieser Einschätzung, wäre der Sympathiearbeitskampf insbesondere zur Wiederherstellung des annähernden Kräftegleichgewichtes geeignet, erforderlich und angemessen und damit zulässig.

Im Ergebnis ist entgegen der Ansicht von *Deinert*[293] über das Argument der *„quantité négligeable"* ein annäherndes Kräftegleichgewicht durch Fremdfinanzierung bei beiden Tarifvertragsparteien anzunehmen. Die Verhandlungsparität ist nicht gestört. Möchte man dies mit *Deinert* nicht gelten lassen, kann die Gewerkschaft unter den bezeichneten Umständen einen Sympathiearbeitskampf gegen die OT- Mitglieder führen. Damit gleichen sich Vor- und Nachteile auf beiden Seiten aus, die Kräfte befinden sich annähernd im Gleichgewicht. Eine Störung der Verhandlungsparität ist nicht gegeben.

(2) Unterstützung der OT- Mitglieder durch den Verband

Werden OT- Mitglieder im Arbeitskampf um einen Haustarifvertrag vom Arbeitgeberverband unterstützt, so wird teilweise auch hierin eine Verschiebung der Parität im Arbeitskampf gesehen[294]. Es sei nicht hinnehmbar, dass die OT- Arbeitgeber sich den Wirkungen der Flächentarifverträge entzögen, auf der anderen Seite aber Hilfestellung erhielten[295]. Der Arbeitskampf eines OT- Mitglieds liege

293 Deinert, RdA 2007, 83, 88.

294 Däubler, NZA 1996, 225, 230; Röckl, DB 1993, 2382, 2384.

295 Deinert, RdA 2007, 83, 89.

gar nicht im Interesse des Verbands, sodass die Mittel des Streikfonds auch nur für die Mitglieder mit Tarifbindung zu verwenden seien[296].

Dem ist nicht zuzustimmen. Die Höhe der an die Verbände zu leistenden Mitgliedsbeiträge hängt von der wirtschaftlichen Ertragslage der Unternehmen ab. Dies gilt auch für Zahlungen in den Streikfonds. Maßgebend ist die Lohnsumme der Unternehmen[297]. Arbeitgeberverbände sind daher generell auf die Überlebensfähigkeit und den Bestand ihrer Mitglieder im Arbeitskampf angewiesen, auch wenn diese nicht an den Verbandstarif gebunden sind. Dem Verband kann nicht daran gelegen sein, durch Firmentarifverträge mit hoch angesetzten Bedingungen den Verbandstarif zu präjudizieren. Zahlungen aus dem Streikfonds auch an OT- Mitglieder liegen also regelmäßig im tarifpolitischen Interesse des Verbandes.

Weiter haben OT- Mitglieder keinen generellen Anspruch auf Unterstützungsleistungen des Verbandes bei dem Arbeitskampf um einen Haustarifvertrag. Ob überhaupt Leistungen erbracht werden, muss in den Satzungen festgelegt sein. Die Satzungsausgestaltung muss im Einzelfall überprüft werden. Geht es um den Abschluss eines Haustarifvertrags, darf auch das betroffene OT- Mitglied im Einzelfall Streikgelder aus dem Streikfonds erhalten, sofern es zuvor Beiträge entrichtet hat[298]. Einen einzelfallunabhängigen Anspruch der OT- Mitglieder auf finanzielle Unterstützung im Arbeitskampf sehen die Satzungen durchweg nicht vor.

Geregelt ist dagegen, dass OT- Mitglieder ebenso wie die Vollmitglieder Mitgliedsbeiträge zu leisten haben[299]. Damit ist jedenfalls ein genereller Ausschluss von Unterstützung im Arbeitskampf um einen Haustarifvertrag nicht sachgerecht.

Eine Paritätsverschiebung kann aus der Hilfestellung des Verbandes für die OT- Mitglieder nicht gewonnen werden.

dd) Ergebnis

Sowohl der Arbeitgeberverband als auch die Gewerkschaft versuchen, so weit wie möglich ihre Kräfte zu „bündeln“ und ihre Interessen durchzusetzen. Einen Anspruch auf einen „bequemen“ Gegner im Arbeitskampf gibt es nicht[300].

296 Röckl, DB 1993, 2382, 2384.
297 Thüsing, S. 155 Fn 104.
298 Vgl. Satzungsausgestaltung a. a. O., 2. Teil, A. I. 3. b), S. 70.
299 Vgl. die Ausführungen dazu a. a. O., 2. Teil, A. I. 3., S. 68 ff.
300 Buchner, NZA 1995, 761, 769.

Im Einzelfall können OT- Mitglieder im Arbeitskampf um einen Haustarifvertrag Unterstützungsleistungen vom Verband erhalten, sofern die Satzung dies vorsieht und die OT- Mitglieder vorher in den Streikfonds eingezahlt haben.

Zudem wird es kaum gelingen, die Unzulässigkeit einer solchen Satzungsregelung wirksam geltend zu machen. Dazu müsste die Paritätsstörung nicht nur behauptet, sondern dargelegt und bewiesen werden. Das BVerfG hat in seiner Entscheidung zum „Streikparagraphen" § 116 AFG a. F. (jetzt § 146 SGB III) strenge Maßstäbe für den Nachweis einer Paritätsstörung gesetzt[301]. Es kommt auf die Feststellung der *tatsächlichen* Entwicklung an[302]. Welche Gesichtspunkte im Einzelnen für die Bewertung herangezogen werden müssen, ist nicht feststellbar[303]. Erforderlich ist jedenfalls ein evidentes Missverhältnis der auszugleichenden Kräfte[304]. Bislang ist kein Fall einer nachweislichen Paritätsstörung bekannt geworden. Ein Sympathiearbeitskampf ist mangels eines auszugleichenden Missverhältnisses schon gar nicht notwendig.

Im Ergebnis wird die Verhandlungsparität durch die von den OT- Mitgliedern erbrachten Mitgliedsbeiträge sowie durch Unterstützungsleistungen an die OT-Mitglieder nicht beeinträchtigt. Auf die möglichen Rechtsfolgen einer Paritätsstörung kommt es daher nicht an. Die Satzung ist im Zweifel zulässig[305].

c) Zusammenfassung

Die in den Verbandssatzungen gängigen Regelungen verstoßen weder gegen verbandsrechtliche noch gegen paritätische Gesichtspunkte. Gegenseitige Unterstützungsleistungen zwischen den einzelnen Mitgliedschaftsformen und dem Verband sowie Beiträge an den Verband ohne Staffelung sind zulässig.

4. Fazit

OT- Mitglieder sind im Arbeitgeberverband wirksam weitgehend mit den gleichen Rechten und Pflichten ausgestattet wie die Vollmitglieder. Allein von Entscheidungen über tarifliche Angelegenheiten müssen sie satzungsmäßig ausgenommen werden.

---

301 Vgl. BVerfG, Urteil vom 04.07.1995, BVerfGE 92, 365, 398ff.; hierzu Rüfner, RdA 1997, 130–134.

302 Blanke, AiB 2000, 260, 261 verweist darauf, dass die Gewerkschaft diese Frage im Arbeitskampf austesten müsse.

303 A. a. O., 2. Teil, A. I. 3. b) cc), S. 72f.

304 A. a. O., 2. Teil, A. I. 3. b) cc), S. 72f.

305 Thüsing/ Stelljes, ZfA 2005, 527, 555.

II. Keine Beherrschung des Verbands durch OT- Mitglieder

Stellen OT- Mitglieder die Mehrheit eines Verbands, ergeben sich weitere Diskussionspunkte. Es stellt sich auch erneut die Frage, ob es zu einer Störung der Verhandlungsparität kommen kann.

1. Literaturansicht zu den Folgen einer überwiegenden Anzahl von OT- Mitgliedern im Verband

Auch Stimmen in der Literatur, die eine Störung der Kampfparität allein aufgrund wechselseitiger Unterstützungsleistungen zwischen den Mitgliedergruppen und dem Verband grundsätzlich abgelehnt haben, ziehen teilweise die Möglichkeit eines Ungleichgewichts jedenfalls dann in Betracht, wenn die Zahl der OT- Mitglieder im Verband überwiegt[306]. Selbst bei einer Beschränkung auf allgemeine verbandsrechtliche Mitwirkungsrechte könnten die OT- Mitglieder dann mittelbar auch die Tarifpolitik beherrschen, da beispielsweise der Streikfonds maßgeblich über die Einzahlungen der OT- Mitglieder finanziert würde und die OT- Mitglieder in den Organen des Verbandes vermehrt vertreten wären.

Bayreuther fordert für die Annahme einer Paritätsstörung eine rechtsmissbräuchliche Verteilung der Mitglieder[307]. Für den Fall des Rechtsmissbrauchs bildet er den theoretischen Beispielsfall, dass eine Mehrheit finanzkräftiger OT- Mitglieder die schwachen Vollmitglieder in den Arbeitskampf vorschickt, um gleichfalls von den erzielten günstigen Tarifabschlüssen zu profitieren. Das finanziell schlecht ausgestattete Vollmitglied hätte dem Druck der Arbeitnehmer in einem Streik nicht viel entgegenzusetzen. Mit der finanziellen Unterstützung der OT- Mitglieder im Hintergrund ist es besser gestellt. Es käme zu einem für die Arbeitgeberseite günstigen Tarifabschluss. Die finanziell starken OT- Mitglieder könnten anschließend durch die Vereinbarung von Bezugnahmeklauseln von dem günstigen Tarifergebnis profitieren.

Thüsing[308] stellt auf die Funktionsfähigkeit der Tarifautonomie ab. Wäre diese nicht mehr gewährleistet, so wäre die Verschiebung des Kräftegleichgewichts im Tarif- und Arbeitskampfrecht unzulässig. Dies sei gegeben, wenn der OT- Anteil den Anteil an Vollmitgliedern übersteige. Bestreike die Gewerkschaft die T- Mitglieder, hätten diese aufgrund der Beitragszahlungen der OT- Mitglieder größere finanzielle Reserven. Hätte der Verband dagegen keine im Verbandsarbeitskampf

306 Berger- Delhey, ZTR 2006, 531, 532; Thüsing, S. 156.
307 Bayreuther, BB 2007, 325, 328.
308 Thüsing, S. 156.

unbestreikbaren Mitglieder, seien die Vollmitglieder finanziell dagegen schlechter gestellt. Je mehr OT- Mitglieder vorhanden seien, desto schwieriger werde eine wirksame Druckausübung der Gewerkschaft. Dies gelte jedenfalls, solange die OT- Mitglieder die gleichen Beiträge entrichteten wie die T- Mitglieder.

Ferner wird angenommen, der Verband büße im Falle der Majorisierung durch OT- Mitglieder seine Tariffähigkeit ein[309]. Diese Wertung ergebe sich aus dem Schutzzweck des Tarifvertrags und seiner gesamtwirtschaftlichen Ordnungsfunktion[310].

Dem wird entgegen gehalten, dass die Tariffähigkeit des Arbeitgeberverbandes zwar Tarifwilligkeit, nicht aber soziale Mächtigkeit voraussetze[311]. Daher entfalle die Tariffähigkeit eines Arbeitgeberverbandes nicht durch eine Majorisierung der OT- Mitgliedschaften[312].

2. Eigene Ansicht

Zu untersuchen ist zunächst, ob eine Majorisierung durch OT- Mitglieder die Tariffähigkeit des Verbandes beeinträchtigen kann. Wird der Verband tarifunfähig, stellen sich weitere Fragen in diesem Zusammenhang nicht mehr.

a) Tariffähigkeit

Beeinträchtigt es die Tariffähigkeit nicht, wenn der Verband sich in seinem Mitgliederbestand ausschließlich aus OT- Mitgliedern zusammensetzt, kann allein eine Mehrheit erst recht nicht zu einer Tarifunfähigkeit des Verbands führen.

§ 2 TVG behandelt die Tarifvertragsparteien und damit die „Tariffähigkeit", ohne dass der Begriff selbst genannt wird. Eine Definition findet sich auch in anderen Gesetzen nicht[313]. Die Rechtsprechung definiert die Tariffähigkeit als

> *„die Fähigkeit, durch Vereinbarung mit dem sozialen Gegenspieler unter anderem die Arbeitsbedingungen des Einzelarbeitsvertrags mit der Wirkung zu regeln, dass sie für die tarifgebundenen Personen unmittelbar und unabdingbar wie Rechtsnormen gelten"*[314].

309 Glaubitz, NZA 2003, 140, 142f.; Kempen/ Zachert/ Stein, § 2 Rn. 90; Kissel, § 7 Rn. 15; Otto, NZA 1996, 624, 627; Schlochauer, FS Schaub, 1998, 699, 705.

310 Kissel, § 7 Rn. 15.

311 Bayreuther, NZA 2007, 325, 328; Wroblewski, NZA 2007, 421, 425.

312 Thüsing/ Stelljes, ZfA 2005, 527, 544f.; Wroblewski, NZA 2007, 421, 425.

313 Der Begriff der Tariffähigkeit wird genannt in §§ 2 Abs. 1 Nr. 2, 2a Abs. 1 Nr. 4, 97 ArbGG; 74 Abs. 2 S. 1 BetrVG; 66 Abs. 2 S. 3 BPersVG.

314 BVerfG, Beschluss vom 19.10.1966, E 20, 312, 313; BAG, Urteil vom 28.03.2006, BAGE 117, 308, 315.

Die Tariffähigkeit ist die Fähigkeit, Tarifverträge mit normativer Wirkung gegenüber den Tarifgebundenen abzuschließen. Gemäß § 3 Abs. 1 TVG sind tarifgebunden die Mitglieder der Tarifvertragsparteien sowie der einzelne Arbeitgeber, der selbst Partei des Tarifvertrages ist. Im Umkehrschluss kann Tarifbindung also nur bei Abschluss eines Tarifvertrages durch eine Tarifvertragspartei gemäß § 2 Abs. 1 TVG erzeugt werden, und zwar entweder für das Mitglied des Verbandes oder den Arbeitgeber als Tarifvertragspartei selbst. Wie bereits erläutert ist für die Tarifbindung nach § 3 Abs. 1 TVG die Tarifwilligkeit des Verbandes erforderlich[315].

Die Tariffähigkeit ist bei Abschluss eines Tarifvertrags Voraussetzung für dessen Rechtswirksamkeit[316]. Erlangt eine Partei erst nach Abschluss des Tarifvertrags Tariffähigkeit, kann eine Heilung des Vertrages nicht stattfinden[317]. Der Tarifvertrag wird ex nunc unwirksam[318], die Tarifbindung gemäß § 3 Abs. 1 TVG entfällt. Denkbar ist, dass die schuldrechtlichen Wirkungen des Vertrags nach bürgerlichem Recht aufrechterhalten bleiben[319]. Umgekehrt ergibt sich daraus aber nicht, dass die Tariffähigkeit zwangsläufig entfällt, wenn der Verband zwar weiterhin tarifwillig ist, aber keine Mitglieder hat, die der Tarifbindung unterliegen. Denn die Bindung an den Verbandstarifvertrag trifft nach § 3 Abs. 1 TVG nur die Verbandsmitglieder im tarifrechtlichen Sinne. Für die Tarifbindung gemäß § 3 Abs. 1 muss der jeweilige Arbeitgeber also zusätzlich „Mitglied“ im Sinne des Tarifrechts sein[320].

In dem hypothetischen Fall, in welchem ein Arbeitgeberverband ausschließlich OT- Mitglieder hat, kommt der Abschluss eines Flächentarifvertrages mit der Gewerkschaft mangels tarifgebundener Mitglieder im Sinne des § 3 Abs. 1 TVG zwar nicht in Betracht[321]. Der Verband kann in seiner Satzung aber dennoch den Abschluss von Tarifverträgen als Zweck vorsehen und damit tarifwillig sein. Die Regelung hat nur tatsächlich keine Folgen. Die Tariffähigkeit ist nicht beeinflussbar durch die Anzahl und die Qualität der Mitglieder eines Arbeitgeberverbandes. Die Satzungsautonomie und damit die Entscheidung für und gegen die Tariffähigkeit liegen allein beim Verband, selbst wenn der Zweck „Tarifvertrag“ in dem Fall leer läuft. Der Verband kann freiwillig durch Satzungsände-

---

315 A. a. O., 1. Teil, F. I. 2. b) bb) (2), S. 49.

316 Däubler, TVR, Rn. 47; ErfK/ Franzen, § 2 TVG Rn. 5; Gamillscheg, § 14 I 4, S. 526; Henssler/ Willemsen/ Kalb/ Henssler, § 2 TVG Rn. 3; Löwisch/ Rieble, § 2 TVG Rn. 178.

317 Löwisch/ Rieble, § 2 TVG Rn. 179; Wiedemann/ Oetker, § 2 TVG Rn. 15.

318 ErfK/ Franzen, § 2 TVG Rn. 5.

319 Löwisch/ Rieble, § 2 TVG Rn. 184; ErfK/ Franzen, § 2 TVG Rn. 5.

320 Vgl. zu den drei Voraussetzungen der Tarifbindung gemäß § 3 Abs. 1 TVG a. a. O., 1. Teil, F. I. 2. b) bb) (1), (2) und (3), S. 44 ff.

321 Der Mitgliedsbegriff im Sinne des § 3 Abs. 1 TVG wird behandelt a. a. O., 1. Teil, F. I. 2. b) bb) (1), S. 44 ff.

rung seine Tarifwilligkeit aufgeben und sich für tarifunfähig erklären oder eines der verbandsorganisatorischen Modelle errichten[322]. Ein automatischer Wegfall der Tariffähigkeit ist abzulehnen. Unschädlich ist auch, wenn der Verband über einen längeren Zeitraum hinweg keinen Tarifvertrag abschließt[323]. Tritt ein einziges Vollmitglied in den Verband ein, oder wechselt es vom Status der OT- Mitgliedschaft zur Vollmitgliedschaft, kann der Zweck des Abschlusses eines Flächentarifvertrags wieder verfolgt werden. Diesem Ergebnis entsprechend wird für die Koalitionseigenschaft eines Verbandes dessen soziale Mächtigkeit nicht gefordert, da auch der einzelne Arbeitgeber stets tariffähig ist[324]. Sozialer Gegenspieler der Gewerkschaft ist dann das Einzelunternehmen, mit dem sie Vereinbarungen über Regelungen für die Arbeitsverträge treffen kann.

Behält der Verband seine Tariffähigkeit, wenn ausschließlich OT- Mitglieder vorhanden sind, dann kann nur eine Mehrheit an OT- Mitgliedern noch weniger zum Wegfall der Tariffähigkeit führen. Die Tariffähigkeit ist unteilbar[325]. Die Verbandssatzung kann daher nur zwischen voller Tariffähigkeit oder Tarifunfähigkeit wählen[326]. Eine auf einzelne Mitglieder „beschränkte Teiltariffähigkeit" ist nicht möglich. Der Abschluss von Tarifverträgen muss in der Satzung als Zweck vorgesehen sein. Dann ist klar bestimmbar, ob der Verband tariffähig ist. Die Tariffähigkeit kann nicht allein davon abhängig gemacht werden, ob die tarifgebundenen Mitglieder durch die OT- Mitglieder unterstützt werden. Vergleichsweise würde sich auch eine Unterstützung durch Außenstehende nicht auf die Tariffähigkeit des Verbandes auswirken[327].

Entscheidend ist somit für die Tariffähigkeit, ob der Verband in seiner Satzung den Abschuss von Tarifverträgen vorsieht und damit tarifwillig ist. Da OT- Mitglieder für die Gewerkschaft stets als Einzelarbeitgeber einen tariffähigen sozialen Gegenspieler darstellen und es für die Tariffähigkeit des Verbandes nicht auf seine soziale Mächtigkeit ankommt, ist die tatsächliche Durchsetzbarkeit des Tarifabschlusses nicht ausschlaggebend. Eine Mehrheit an OT- Mitgliedern im Verband hindert nicht seine Tariffähigkeit.

---

322 Zulässigkeit der Aufgabe der Tariffähigkeit a. a. O., 1. Teil, F. I. 1. S. 32 f.

323 Wiedemann/ Oetker, § 2 Rn. 369.

324 BAG, Urteil vom 20.11.1990, AP TVG § 2 Nr. 40 zu B. II. 2. c) der Gründe; Gamillscheg, § 9 IV 3 f), S. 438.

325 Buchner, NZA 1994, 2, 4; Däubler, NZA 1996, 225, 231; Deinert, AuR 2006, 217, 220; Wiedemann/ Oetker, § 2 Rn. 19.

326 Wiedemann/ Oetker, § 2 Rn. 19.

327 So auch Thüsing/ Stelljes, ZfA 2005, 527, 545.

b) Störung der Verhandlungsparität

Weiter stellt sich die Frage, ob eine Majorisierung durch OT- Mitglieder zu einer Störung der Parität zwischen Verband und Gewerkschaft führen kann.

Je mehr OT- Mitglieder im Verband vertreten sind, desto größer wird ihr mittelbarer Einfluss auf die Tarifpolitik. Denn OT- Mitglieder sind unter Berücksichtigung ihrer Anzahl im Verband im Vorstand[328] und in der Mitgliederversammlung vertreten. Selbst wenn sie nur eine beratende Stimme in tarifpolitischen Angelegenheiten erhalten, könnte die verstärkte Präsenz in den Entscheidungsgremien vermehrt auf die Willensbildung Einfluss nehmen. Denkbar ist darüber hinaus, dass die große Zahl der OT- Mitglieder im Gegensatz zu der kleinen Anzahl an Vollmitgliedern nur eine verhältnismäßig kleine Zahl an Arbeitnehmern repräsentiert[329]. Auch die Anzahl der repräsentierten Arbeitnehmer hat Einfluss auf die Zusammensetzung des Vorstandes[330] und der Mitgliederversammlung. Gerade dann könnte ein zu großer Einfluss der OT- Mitglieder auf tarifpolitische Fragen beanstandet werden, da dieser sich auf die verhältnismäßig größere Zahl der organisierten Arbeitnehmer auswirkt. Stehen dagegen hinter den OT- Mitgliedern verhältnismäßig viele Arbeitnehmer, leuchtet es eher ein, dass die OT- Mitglieder Einfluss nehmen können, sind die OT- Mitglieder doch zumindest mittelbar von der Tarifpolitik betroffen[331]. Zur Bemessung des mittelbaren Einflusses auf die tarifliche Willensbildung durch die beratende Stimme sollten also die hinter dem Arbeitgeber stehenden Arbeitnehmer nicht gänzlich außer Acht gelassen werden. Es kann rechnerisch nicht nur auf die Anzahl der OT- Mitglieder im Verband abgestellt werden.

Zumindest das Vorhandensein von OT- Mitgliedern in der Minderzahl verschiebt das Verhandlungsgleichgewicht nicht[332]. Ein geringer Einfluss der OT- Mitglieder auf die Tarifpolitik kann nicht beanstandet werden[333]. Erst ein wirkliches Beherrschen der tariflichen Angelegenheiten könnte schaden. Ein „Beherrschen" könnte beispielsweise anzunehmen sein, wenn der Verband ohne die Existenz der OT- Mitglieder sich nicht finanzieren könnte und somit darauf angewiesen wäre, den beratenden Stimmen der OT- Mitglieder nachzukommen, um Verbandsaustritte der OT- Mitglieder zu vermeiden. Die Grenze hierzu ist

328 Vgl. das Satzungsbeispiel a. a. O., 2. Teil, A. I. 2., S. 67.

329 Vor allem kleine und mittelständische Unternehmen greifen auf eine OT- Mitgliedschaft im Arbeitgeberverband zurück, vgl. die Situation kleiner und mittelständischer Unternehmen 1. Teil E., S. 28 f. sowie die Auswertung unter 1. Teil, F. II, S. 57 f.

330 Vgl. Satzungsbeispiel a. a. O., 2. Teil, A. I. 2., S. 67.

331 A. a. O., 2. Teil, A. I. 3. a), S. 69.

332 Vgl. dazu das Ergebnis a. a. O., 2. Teil, A. I. 3. b) dd), S. 77 f.

333 Vgl. zur „beratenden Stimme" a. a. O., 2. Teil, A. I. 1. b), S. 67.

fließend, sie kann nicht eindeutig abgesteckt werden. Ein Beherrschen könnte bereits vorliegen, wenn die Anzahl der OT- Mitglieder die Anzahl der Vollmitglieder um eine Person übersteigt. Oder es könnte vertreten werden, dass mindestens zwei Drittel der Mitglieder OT- Mitglieder sein müssen, um den von *Bayreuther*[334] bezeichneten „missbräuchlichen Zustand" zu erreichen.

Durch die Beiträge der OT- Mitglieder zum Streikfonds und die dadurch bedingte finanzielle Unterstützung der Vollmitglieder im Verbandsarbeitskampf wird die Tarifpolitik nur mittelbar beeinflusst[335]. Die Leistung von Beiträgen durch OT- Mitglieder ist in vielerlei Hinsicht gerechtfertigt[336]. Eine Finanzierung des Arbeitskampfes auf Arbeitgeberseite durch Gelder der OT- Mitglieder kann daher nicht beanstandet werden, selbst wenn die Beiträge einen großen Teil des Gesamtbetrages ausmachen.

Es muss darüber hinaus gewährleistet sein, dass die unmittelbar von der Tarifbindung erfassten Vollmitglieder alleinige Entscheidungsmacht über tarifpolitische Angelegenheiten ausüben können. Zumindest muss gefordert werden, dass die Vollmitglieder in den tarifpolitischen Entscheidungsgremien den OT-Mitgliedern zahlenmäßig überlegen sind. Die OT- Mitglieder sind generell von Abstimmungen zu tarifrechtlichen Fragen ausgeschlossen[337]. Der Verband muss also mindestens so viele Vollmitglieder haben, dass die Gremien entsprechend besetzt werden können und Beschlüsse möglich bleiben. Die beratende Stimme der OT- Mitglieder kann sich dann nicht entscheidend auswirken[338].

Die Verbandsstruktur darf nicht bewusst zum „falschen Spiel" im Arbeitskampf ausgenutzt werden[339]. Nicht zulässig wäre es beispielsweise, wenn die OT- Mitglieder ihre zahlenmäßige Übermacht ohne eine entsprechende Satzungsregelung zur Erzwingung einer über die Beratung hinausgehenden Stimme nutzen würden, um dann die schwachen Vollmitglieder mit festen tarifpolitischen Vorgaben und finanzieller Unterstützung in den Arbeitskampf zu schicken. Dann handelt es sich schon nicht um arbeitskampfrechtlich zulässige Verhaltensweisen, sodass es zur Prüfung einer Paritätsverschiebung gar nicht mehr kommen kann. Der Grundsatz eines fairen Arbeitskampfes muss gewahrt bleiben, damit der Arbeitskampf überhaupt rechtmäßig ist[340]. Maßgebend für die Beurteilung ist dann aber der konkrete Einzelfall. Allein der Umstand, dass OT- Mitglieder im Verband in der Überzahl vorhan-

---

334 Bayreuther, BB 2007, 325, 328; vgl. oben, 2. Teil, A. II. 1., S. 79.

335 Vgl. zur Problematik um die Beitragsleistungen a. a. O., 2. Teil, A. I. 3., S. 68ff.

336 Vgl. a. a. O., 2. Teil, A. I. 3. b) cc), S. 72ff.

337 Vgl. zu den Stimmrechten a. a. O., 2. Teil, A. I. 1., S. 63ff.

338 A. a. O., 2. Teil, A. I. 1. b), S. 64ff.

339 Vgl. Bayreuther, BB 2007, 325, 328.

340 BAG, Urteil vom 21.04.1971- AP Nr. 43 zu Art. 9 GG Arbeitskampf zu Teil III, A. 1. b) der Gründe.

den sind, kann nicht die Annahme eines generellen Missbrauchs rechtfertigen. Die „Missbrauchsgefahr" alleine genügt nicht, um eine Majorisierung des Verbandes durch OT- Mitglieder zu verbieten. Es kommt vielmehr auf den Einzelfall an.

Um ein Überschreiten der noch tragbaren Grenze vor allem hinsichtlich der Besetzung der Gremien zu vermeiden, können die Satzungen eine Begrenzung der Anzahl an OT- Mitgliedern vorsehen. Nach den aufgeführten Gesichtspunkten kann auch eine Mehrzahl an OT- Mitgliedern nicht schaden. Die Verbandsgremien müssen aber zahlenmäßig so mit Vollmitgliedern besetzt werden, dass Beschlussfassungen über tarifpolitische Angelegenheiten möglich bleiben. Gemäß § 28 Abs. 1 BGB und § 32 Abs. 1 Satz 3 BGB ist ein Mehrheitsbeschluss erforderlich. Die Satzung kann dabei eine bestimmte Mitgliederzahl als Erfordernis einer gültigen Beschlussfassung vorsehen. Fehlt eine Satzungsbestimmung, so genügt die Anwesenheit eines einzelnen Mitglieds und ein Beschluss dieses anwesenden Mitglieds als „einstimmiger Beschluss".[341] Ausreichend ist somit, dass zumindest ein Vollmitglied im Verband vertreten ist. Legt die Satzung jedoch eine Mindestanzahl stimmberechtigter Mitglieder zur Beschlussfassung fest, ist auf diese Zahl als Grenze abzustellen.

Zu prüfen ist, welche Konsequenz sich aus der Begrenzung ergibt. Wegen ihrer „überragenden Machtstellung" und des grundlegenden Interesses der Arbeitgeber an der Mitgliedschaft[342] dürfen Arbeitgebervereinigungen die Aufnahme eines Bewerbers nur ablehnen, wenn dies sachlich gerechtfertigt ist[343]. Ein hinreichend gewichtiger Ablehnungsgrund liegt im Fall des Erreichens der maximalen OT- Aufnahmegrenze vor. Es tritt eine zeitweilige Aufnahmesperre ein[344]. Möchte ein Arbeitgeber einem Verband als OT- Mitglied beitreten, obwohl dessen Aufnahmekapazität schon ausgeschöpft ist, muss der Verband den Arbeitgeber also ablehnen. Es steht dem Unternehmen dann weiter offen, Vollmitglied des Verbandes zu werden, sodass die Ablehnung nicht unzumutbar weit in das Recht der Arbeitgeber auf Organisation in einem Arbeitgeberverband eingreift.

3. Ergebnis

Die Tariffähigkeit eines Arbeitgeberverbandes kann bei einer übermäßigen Anzahl an OT- Mitgliedern nicht in Frage gestellt werden. Die Entscheidung über

---

341 Soergel/ Hadding, § 32 Rn. 29.

342 BGH, Urteil vom 23.11.1998, BGHZ 140, 74, 77; Löwisch/ Rieble, § 3 Rn. 37; die Formulierung hat jetzt auch Niederschlag in § 18 Abs. 1 Nr. 2 AGG gefunden. In § 18 Abs. 1 Nr. 1 AGG wird die Tarifvertragspartei zusätzlich ausdrücklich benannt.

343 Diese Rechtsprechung wurde für den Beitritt zu einer Gewerkschaft entwickelt und gilt entsprechend für die Aufnahme in einen Arbeitgeberverband, vgl. Reichert, Rn. 5568 f.

344 Vgl. hierzu auch Sauter/ Schweyer/ Waldner, Rn. 70.

die Tarifwilligkeit und damit über die Tariffähigkeit liegt allein beim Verband. Er kann sich in seiner Satzung für tariffähig erklären oder die Tariffähigkeit insgesamt abstreifen.

Auch ansonsten schadet eine Mehrheit an OT- Mitgliedern im Verband nicht ohne weiteres. Allein die gezielte Ausnutzung der Verbandsstruktur führt zum unzulässigen Missbrauch des Vorhandenseins von OT- Mitgliedern. Dabei kommt es auf den Einzelfall an.

Zeichnet sich die Majorisierung eines Verbandes durch OT- Mitglieder ab, sollten die Verbände in ihren Satzungen Regelungen treffen, die verhindern, dass OT- Mitglieder die Tarifpolitik beherrschen können. Die Grenze liegt dort, wo die Funktionsfähigkeit der Tarifautonomie nicht mehr gewährleistet ist. Entscheidend sind wiederum der Einzelfall und die tatsächliche Spürbarkeit einer Paritätsverschiebung[345]. Dabei kommt es auch darauf an, wie viele Arbeitnehmer hinter den jeweiligen OT- und Vollmitgliedern stehen.

Eine Begrenzung der vorhandenen OT- Mitgliedschaften durch Festsetzung der für die Beschlussfassung über tarifpolitische Angelegenheiten verhältnismäßig erforderlichen Vollmitgliederzahl im Verband ist sachgerecht und gefährdet nicht die Tarifautonomie. Eine solche Satzungsregelung ist jedoch nicht zwingend zu treffen. Für die Beschlussfassung reicht es aus, wenn ein Vollmitglied im Verband vertreten ist.

III. Wechsel zwischen den Mitgliedschaftsformen

Auf die rechtlichen Fragestellungen eines Statuswechsels des Verbandsmitglieds innerhalb des Verbandes ist das BAG in Einzelfällen eingegangen[346]. Das Schrifttum hat sich hierzu ebenfalls vereinzelt geäußert[347].

1. Statuswechsel von der Voll- zur OT- Mitgliedschaft

Ist die Mitgliedschaft im Arbeitgeberverband ohne Tarifbindung im Stufenmodell zulässig, kann der Verband in der Satzung regeln, dass bislang tarifgebundene Mitglieder in die OT- Mitgliedschaft überwechseln können. Sieht die Satzung hierzu nichts vor, vollzieht sich der Wechsel durch den Austritt aus

345 Zu den strengen Anforderungen vgl. a. a. O., 2. Teil, A. I. 3. b) dd), S. 78.

346 BAG, Urteil vom 04.06.2008, NZA 2008, 1366, 1373; BAG, Urteil vom 22.04.2009–4 AZR 111/08, Pressemitteilung 40/09.

347 Bayreuther, BB 2007, 325, 326; Buchner, NZA 1994, 2, 9; Buchner, NZA 2006, 1377, 1381; Däubler, NZA 1996, 225, 231 f.; Deinert, RdA 2007, 83, 84; Otto, NZA 1996, 624, 630 f.; Reuter, RdA 1996, 201, 208; Thüsing/ Stelljes, ZfA 2005, 527, 569.

dem Verband und den Widereintritt als OT- Mitglied[348]. An der grundsätzlichen Zulässigkeit eines in der Satzung manifestierten Statuswechsels von der Voll- zur OT- Mitgliedschaft gibt es daher keinen Zweifel.

Der Statuswechsel eines Mitglieds von der Voll- zur OT- Mitgliedschaft hat die gleichen tarifrechtlichen Folgen wie der Austritt aus dem Arbeitgeberverband.

a) Nachbindung gemäß § 3 Abs. 3 TVG

Für ein Unternehmen, das aus dem die Tarifbindung vermittelnden Arbeitgeberverband austritt, entfällt die Tarifbindung aus § 3 Abs. 1 i. V. m. § 2 Abs. 1 TVG nicht sofort mit dem Austritt, sondern erst, sobald der einschlägige Tarifvertrag gemäß § 3 Abs. 3 TVG endet.

Das gleiche gilt bei einem Wechsel in die OT- Mitgliedschaft. Es mangelt in gleicher Weise an der Tarifbindung kraft Mitgliedschaft. Das Mitglied, das zur OT Mitgliedschaft wechselt, bleibt aber – genau wie das ausscheidende Mitglied nach § 3 Abs. 3 TVG, allerdings in analoger Anwendung[349] – an bestehende Tarifbestimmungen unmittelbar und zwingend im Sinne des § 4 Abs. 1 TVG gebunden, und zwar solange, bis der Tarifvertrag endet[350]. Dagegen finden nach dem Zeitpunkt des Austritts abgeschlossene Tarifverträge auf das Unternehmen keine Anwendung[351].

Damit kommt dem Zeitpunkt des Abschlusses eines Tarifvertrags sowie dem des Verbandsaustritts in der Praxis eine erhebliche Bedeutung zu. Liegt der Abschlusszeitpunkt eines neuen Tarifvertrags nach dem Zeitpunkt des Verbandsaustritts des Mitglieds, kann das ehemalige Mitglied nicht mehr von der Tarifwirkung des neuen Tarifvertrages erfasst werden: Da jedes Mitglied nach seinem Ausscheiden aus dem Verband jederzeit als OT- Mitglied in den Verband wieder eintreten könnte, ohne der Tarifbindung eines nach seinem Austritt neu abgeschlossenen Tarifvertrages zu unterliegen, wird das direkt in den OT- Status wechselnde Mitglied ebenso wie der aus- und wieder eintretende Arbeitgeber nicht von der Tarifbindung des neu abgeschlossenen Tarifvertrags erfasst.

Tarifverträge sind dann im Sinne des TVG abgeschlossen, wenn sich die Tarifvertragsparteien verbindlich über den Tarifvertrag im Sinne der §§ 145 ff.

---

348 Bayreuther, BB 2007, 325, 326.

349 Buchner, NZA 1994, 2, 9; Däubler, NZA 1996, 225, 231; Deinert, RdA 2007, 83, 84; Otto, NZA 1996, 630 f.; Reuter, RdA 1996, 201, 208; Thüsing/ Stelljes, ZfA 2005, 527, 569; Willemsen/ Mehrens, NZA 2009, 169, 170..

350 BAG, Urteil vom 23.02.2005, ZTR 2005, 635, 636; ErfK/ Franzen, § 3 TVG Rn. 25.

351 ErfK/ Franzen, § 3 TVG Rn. 25; Gamillscheg, § 17, S. 729; Löwisch/ Rieble, § 3 Rn. 94; Melot de Beauregard, S. 57.

BGB durch Angebot und Annahme geeinigt haben[352]. Eine verbindliche Einigung kommt zustande, wenn alle zuständigen Gremien der Tarifkoalitionen dem Tarifvertrag zugestimmt haben. In der Praxis kann dies durch eine entsprechende Erklärung erfolgen oder konkludent durch widerspruchslosen Ablauf einer gesetzten Erklärungsfrist[353]. Der Zeitpunkt des Abschlusses eines Tarifvertrags richtet sich demnach nach allgemeinen zivilrechtlichen Grundsätzen[354] und ist vom Zeitpunkt seines In-Kraft- Tretens zu unterscheiden.

Der Zeitpunkt eines Verbandsaustritts bestimmt sich nach der Satzung des jeweiligen Verbandes. Ist hierin für den Austritt eine Frist vorgesehen, so liegt erst mit deren Ablauf ein wirksamer Austritt vor.

An den erfolgreichen Austritt aus dem Arbeitgeberverband schließt sich bis zum Ende des alten Tarifvertrages der Nachbindungszeitraum an. Die Nachbindung bewirkt, dass trotz des Verbandsaustritts die §§ 77 Abs. 3 und 87 Abs. 1 BetrVG weiterhin Sperrwirkung entfalten, sodass abschließende Tarifbestimmungen nicht durch Betriebsvereinbarungen abgelöst werden können. Auch Individualvereinbarungen zum Nachteil des Arbeitnehmers sind als Abweichung vom Tarifvertrag ausgeschlossen.

b) Nachwirkung gemäß § 4 Abs. 5 TVG

An die Nachbindung gemäß § 3 Abs. 3 TVG schließt sich die Nachwirkung des Tarifvertrags nach § 4 Abs. 5 TVG an, wenn ein Tarifvertrag durch Kündigung, Befristung oder einen Aufhebungsvertrag beseitigt worden ist und seine Tarifnormen daher nicht mehr gelten. Danach ist der Arbeitgeber so lange an die tariflichen Bestimmungen des nachwirkenden Tarifvertrags gebunden, wie diese Regelungen nicht verändert worden sind. Arbeitnehmer und Arbeitgeber können eine solche Veränderung selbst herbeiführen, indem sie mit einem neuen Arbeitsvertrag oder einer Änderungsvereinbarung etwas anderes „abmachen“[355]. Eine zeitliche Begrenzung der Nachwirkung ist im Gesetz nicht vorgesehen[356].

aa) Anwendbarkeit des § 4 Abs. 5 TVG auf den Fall des Verbandsaustritts

Da das in den OT- Status wechselnde und dadurch die Tarifbindung abstreifende Mitglied tarifrechtlich behandelt wird wie ein aus dem Verband austretendes Mitglied, kommt es auf die Handhabe bei einem Verbandsaustritt an.

352 ErfK/ Franzen, § 1 TVG Rn. 23; Henssler/ Willemsen/ Kalb/ Henssler, § 1 TVG Rn. 14.
353 ErfK/ Franzen, § 1 TVG Rn. 23; Henssler/ Willemsen/ Kalb/ Henssler, § 1 TVG Rn. 14.
354 ErfK/ Franzen, § 1 TVG Rn. 23.
355 Melot de Beauregard, DB 2005, 2307, 2308.
356 BAG, Urteil vom 15.10.2003, BAGE 108, 114..

Umstritten ist, ob die Nachwirkungszeit nach § 4 Abs. 5 TVG sich auch im Fall eines Verbandsaustritts an die Nachbindung nach § 3 Abs. 3 TVG anschließt[357]. Die Nachwirkung erfüllt zwei Funktionen. Erstens soll sie den Zeitraum bis zum Abschluss eines neuen Tarifvertrags überbrücken[358], zweitens soll sie den Schutz des Inhaltes der Arbeitsverhältnisse bis zum Abschluss eines neuen Tarifvertrages gewährleisten[359]. Die Überbrückungsfunktion verhindert den Eintritt eines rechtlichen Leerraums, der Inhaltsschutz gewährleistet die zumindest dispositive Weitergeltung der bisherigen Regelungen, um den arbeitsrechtlichen Standard aufrechtzuerhalten[360].

Teilweise[361] wird angenommen, dass die Nachwirkung im Fall eines Verbandsaustritts nicht eintritt. § 3 Abs. 3 TVG bedeute bereits ein absolutes Ende des Tarifvertrages[362].

Lieb[363] meint, sofern nicht der Abschluss eines neuen Tarifvertrages angestrebt werde, entfalle auch die Überbrückungsfunktion der Nachwirkung.

Löwisch/ Rieble[364] schlagen als Höchstdauer der Nachwirkung analog § 613 a Abs. 1 S. 2 BGB eine einjährige Frist vor, wenn der Abschluss eines neuen Tarifvertrages gar nicht mehr in Betracht kommt.

bb) Stellungnahme

Will man die Nachwirkung auch im Fall eines Verbandsaustritts anerkennen, so ergibt sich für das austretende Mitglied ein sehr langer Zeitraum, in welchem die Tarifnormen weiter gelten, obwohl es sich durch seinen Austritt aus dem Verband gerade hiervon lösen wollte. Hierin könnte ein Verstoß gegen die negative Koalitionsfreiheit des Arbeitgebers aus Art. 9 Abs. 3 GG zu erkennen sein[365].

In der Nachwirkungsphase gelten die Tarifnormen zwar noch unmittelbar, aber nicht mehr zwingend[366]. Der Arbeitgeber kann jederzeit einzelvertragliche

357 Wiedemann/ Oetker, § 4 Rn. 338 f.

358 ErfK/ Franzen, § 4 TVG Rn. 50; Löwisch/ Rieble, § 4 Rn. 372; Wiedemann/ Oetker, § 4 Rn. 327.

359 ErfK/ Franzen, § 4 TVG Rn. 50; Löwisch/ Rieble, § 4 Rn. 375; Wiedemann/ Oetker, § 4 Rn. 327.

360 Wiedemann/ Wank, § 4 Rn. 327.

361 Lieb, NZA 1994, 337, 338; Thüsing/ Lambrich, RdA 2002, 193, 203; Schwab, BB 1994, 781, 781;.

362 Thüsing/ Lambrich, RdA 2002, 193, 203.

363 Lieb, NZA 1994, 337, 338.

364 Löwisch/ Rieble, § 4 Rn. 399.

365 So Wiedemann/ Oetker, § 4 Rn. 339.

366 Wiedemann/ Oetker, § 4 Rn. 323.

oder kollektive „andere Abmachungen" treffen[367]. Sein Recht zum Austritt aus dem Arbeitgeberverband selbst wird durch die Nachwirkung nicht beeinträchtigt. In seine Koalitionsfreiheit wird nicht direkt eingegriffen. Zwar sind vom Tarifvertrag abweichende Individualvereinbarungen mit den Arbeitnehmern schwer zu erzielen und erzwingbare Betriebsvereinbarungen kommen nur selten in Betracht, nämlich nur dann, wenn die Betriebsvereinigung in mitbestimmungspflichtigen Angelegenheiten abgeschlossen wird, bei der die fehlende Einigung zwischen Arbeitgeber und Betriebsrat durch Beschluss der Einigungsstelle ersetzt werden kann[368].

Doch könnte dem Arbeitgeber das Mittel der Änderungskündigung als „andere Abmachung" offen stehen. Es ist streitig, ob eine Änderungskündigung überhaupt eine „andere Abmachung" im Sinne des § 4 Abs. 5 TVG sein kann. *Kempen*[369] nimmt an, der Begriff der „Abmachung" fordere ein einverständliches Zusammenwirken der Parteien und verbiete einseitig vom Arbeitgeber auferlegte Änderungswünsche.

Eine Änderungskündigung besteht nach § 2 KSchG aus zwei Elementen: der Kündigung des Arbeitsverhältnisses und dem Angebot des Arbeitgebers auf dessen Fortsetzung zu geänderten Bedingungen. Im Zusammenhang mit der schriftlichen Kündigung muss der Arbeitgeber ein Angebot im Sinne des § 145 BGB zur Fortsetzung des Arbeitsverhältnisses zu geänderten Bedingungen erklären[370]. Der Arbeitnehmer kann das Änderungsangebot vorbehaltlos annehmen. Die Änderung tritt dann entsprechend dem Änderungsangebot in Kraft. Nimmt der Arbeitnehmer das Änderungsangebot unter Vorbehalt an, bewirkt dies gemäß § 2 i. V. m. § 4 Satz 2 und § 8 KSchG, dass der durch die Annahme zustande gekommene Änderungsvertrag unter der mit Rückwirkung ausgestatteten auflösenden Bedingung steht, dass die Sozialwidrigkeit der Änderung der Arbeitsbedingungen gerichtlich festgestellt wird[371]. In beiden Fällen kommt eine Änderung der Vertragsbedingungen durch Angebot und Annahme nach §§ 145 ff. BGB zustande. Diese Änderung steht im letzteren Fall zwar noch unter Vorbehalt ihrer Wirksamkeit, sie tritt jedoch jedenfalls vorläufig ein. Die Vereinbarung verdrängt die nachwirkende Tarifnorm[372]. Das von *Kempen*[373] geforderte „einverständliche Zusammenwirken" der

367 Vgl. BVerfG, Beschluss vom 03.07.2000, NZA 2000, 947, 948.

368 Beispielsweise bei einer Betriebsvereinbarung nach §§ 87, 94 f., 97 Abs. 2 BetrVG oder einem Sozialplan gemäß § 112 BetrVG.

369 Kempen/ Zachert/ Kempen, § 4 TVG Rn. 570.

370 ErfK/ Oetker, § 2 KSchG Rn. 10.

371 ErfK/ Oetker, § 2 KSchG Rn. 33.

372 BAG, Urteil vom 27.09.2001, AP Nr. 40 zu § 4 TVG zu B. I. 3. der Gründe; BAG, Urteil vom 15.10.2003, AP Nr. 41 zu § 4 TVG Nachwirkung zu I. 3. c) der Gründe; Däubler/ Bepler, § 4 Rn. 910; Gamillscheg, S. 878; Hromadka, FS Wlotzke, S. 333, 349; Löwisch/ Rieble, § 4 Rn. 386; Schwab, BB 1994, 781, 782.

373 Kempen/ Zachert/ Kempen, § 4 TVG Rn. 570.

Beteiligten ist in der durch Angebot und Annahme zustande gekommenen Vereinbarung zu erkennen, sodass jedenfalls für diese Fälle keine Argumente gegen eine Änderungskündigung als „andere Abmachung" sprechen.

Lehnt der Arbeitnehmer das Änderungsangebot dagegen ab, besteht nur noch Streit über die Wirksamkeit der Beendigung des Arbeitsverhältnisses. Wird die Klage abgewiesen, weil der Arbeitgeber mit der Änderungskündigung nicht sozialwidrig gehandelt hat, verliert der Arbeitnehmer seinen Arbeitsplatz. Die Vertragsfreiheit des Arbeitnehmers bleibt dabei gewahrt, er kann wählen zwischen der Annahme der Änderung oder dem Verlust des Arbeitsplatzes[374]. Obsiegt hingegen der Arbeitnehmer, bleibt der Arbeitsvertrag unverändert bestehen. In den Fällen, in welchen der Arbeitnehmer das Änderungsangebot ablehnt, liegt also kein einverständliches Übereinkommen der Parteien vor.

Entgegen der Ansicht von *Kempen* kommt es aber auf das Vorliegen einer „Einigung" nicht an. Für die Einordnung der Änderungskündigung als „andere Abmachung" spricht, dass § 4 Abs. 5 TVG auf die allgemeinen vertragsrechtlichen Änderungsmöglichkeiten Bezug nimmt, indem die Norm die Tarifnormen zur Disposition der Tarifparteien stellt[375]. Wollte man die Änderungskündigung und speziell die Änderungsvereinbarung nicht als „andere Abmachung" im Sinne des § 4 Abs. 5 TVG anerkennen, bliebe dem Arbeitnehmer die Lösung von den Tarifnormen im Nachwirkungszeitraum immer dann verwehrt, wenn der Arbeitnehmer sich nicht auf eine abweichende Individualvereinbarung einlässt. Dies würde vor allem den aus dem Verband austretenden bzw. den zur OT- Mitgliedschaft wechselnden Arbeitgeber derart binden, dass ein Verstoß gegen seine negative Koalitionsfreiheit nach Art. 9 Abs. 3 GG gegeben wäre. Ihm muss die Möglichkeit offen stehen, einer „ewigen Nachwirkung" aufgrund eigener Initiative zu entgehen. Die Änderungskündigung kann also eine „andere Abmachung" im Sinne des § 4 Abs. 5 TVG sein.

Weiter stellt der Wortlaut des § 4 Abs. 5 TVG auf den Ablauf des Tarifvertrages und damit auf das Ende der Normwirkung ab. Die Tarifregelungen gelten dann nicht mehr, wenn eine Voraussetzung der Tarifgeltung entfällt[376]. Davon wird auch das Ende der Nachbindung des § 3 Abs. 3 TVG erfasst[377].

Zusätzlich wird die Nachwirkung nicht dadurch sinnentleert, dass kein neuer Tarifabschluss erfolgen soll. Sie erfüllt immer noch eine „Überbrückungsfunktion", wenn die Tarifnormen weiter gelten, bis der Arbeitgeber „andere Abmachungen" ausgehandelt hat. Die Fortwirkung der tariflichen Ordnung kann nur im Interesse des Arbeitgebers liegen, da es ihm kaum möglich sein wird, kurzfristig ein neues

374 So auch Schwab, BB 1994, 781, 782.

375 Wiedemann/ Oetker, § 4 Rn. 356.

376 Rieble, Bitburger Gespräche, S. 109f.

377 Vgl. BAG, Urteil vom 13.12.1995, AP Nr. 3 zu § 3 TVG Verbandsaustritt zu I. 1.3.2.3 der Gründe.

Regelwerk auf- und umzusetzen[378]. Wäre zum Zeitpunkt der Beendigung des Tarifvertrags nach § 3 Abs. 3 TVG ein neues Regelwerk noch nicht fertig gestellt, würde dies bei einem Fehlen der Nachwirkung dazu führen, dass die entfallenden Tarifnormen durch dispositives Gesetzesrecht ergänzt werden müssten. Das Arbeitsentgelt beispielsweise müsste sich in der Zwischenzeit wieder nach § 612 Abs. 2 BGB berechnen und der Urlaub wäre auf die 24 Werktage des BUrlG zurückgeworfen. Tarifnormen sind gegenüber dispositivem Gesetzesrecht vorteilhaft, da die Eigenheiten der Branche und die wirtschaftliche Situation bei der Aushandelung und dem Abschluss des Tarifvertrags berücksichtigt wurden[379]. Die Funktion des Inhaltsschutzes der konkreten Arbeitsverhältnisse besteht als die zweite wichtige Funktion der Nachwirkung[380] ohnehin fort.

Es steht der Nachwirkung der Tarifnormen bei einem Verbandsaustritt auch nicht entgegen, dass der Arbeitgeber dem Verband durch seinen Austritt konkludent die Legitimation zum Setzen von Tarifnormen entzogen hat. Schließt der Verband nach dem Austritt des Arbeitgebers einen neuen Tarifvertrag ab, gilt dieser für den Arbeitgeber nicht mehr.

Schwab[381] meint, die Legitimation erfasse auch die Festlegung der Laufzeit eines Tarifvertrages und die Festlegung des Kündigungstermins durch die Tarifpartner. Mangels Legitimation der Tarifparteien nach dem Austritt für den Arbeitgeber gelte der nächstmögliche Kündigungstermin.

Entgegen der Ansicht von *Schwab* entzieht der Arbeitgeber dem Verband durch seinen Austritt aber lediglich die Befugnis zum „Setzen" von Tarifnormen. Ihm ist bei seinem Eintritt in den Verband als Vollmitglied bewusst, dass die Tarifnormen – sind sie ihm gegenüber einmal wirksam geworden – nach seinem Austritt Nachbindung und Nachwirkung entfalten. Im Rahmen der Verbandsautonomie hatte der Arbeitgeber als Mitglied im Verband zudem selbst Einfluss auf die Modalitäten des Tarifvertrages[382]. Er legt das weitere Schicksal des Tarifvertrages gleichsam unwiderruflich in die Hände des Verbandes.

cc) Ergebnis

Der Geltungsbereich des § 4 Abs. 5 TVG ist nach alldem auch auf den Fall des Austritts eines Mitglieds aus dem Arbeitgeberverband anzuwenden[383].

---

378 Vgl. Wiedemann/ Oetker, § 4 Rn. 328.

379 Ebenso Däubler/ Bepler, § 4 TVG Rn. 817.

380 Vgl. a. a. O., 2. Teil, A. III. 1. b) aa), S. 93.

381 Schwab, BB 1994, 781, 781.

382 So auch Zachert, RdA 1996, 140, 150.

383 BVerfG, Beschluss vom 03.07.2000, NZA 2000, 947, 948; BAG, Urteil vom 13.12.1995, AP Nr. 3 zu § 3 TVG Verbandsaustritt zu I. 1.3.2.1. der Gründe; BAG, Urteil vom 17.05.2000, AP

Das in den OT- Status wechselnde Verbandsmitglied muss hinsichtlich der Nachwirkung behandelt werden wie ein aus dem Verband austretendes Mitglied. Wird der beendete Tarifvertrag nicht durch einen neuen Tarifvertrag ersetzt, so gilt auch für den Arbeitgeber, der vor Beendigung des Tarifvertrags in den OT- Status gewechselt ist, die Nachwirkung des alten Tarifvertrags gemäß § 4 Abs. 5 TVG[384].

c) Bestreikbarkeit eines übergewechselten Unternehmens

Mit dem Wechsel in die OT- Mitgliedschaft wird das Unternehmen selbständiger Ansprechpartner der Gewerkschaft bei der Gestaltung von Arbeitsbedingungen, was die mögliche Forderung der Gewerkschaft zum Abschluss eines Haustarifvertrages zur Folge haben kann.

Bis heute ungeklärt ist die Frage, ab welchem Zeitpunkt ein in die OT- Mitgliedschaft übergewechseltes Unternehmen bestreikt werden darf.

Der einzelne Arbeitgeber ist gemäß § 2 Abs. 1 TVG stets tariffähig. Seine Organisation in einem Arbeitgeberverband ändert hieran nichts[385]. Auch ein tarifgebundenes Unternehmen kann von einer Gewerkschaft zu Verhandlungen, gerichtet auf den Abschluss eines Tarifvertrages, aufgefordert werden, soweit die Friedenspflicht des geltenden Flächentarifvertrages nicht gilt[386]. Gehören die Ziele zum Regelungsbereich des Verbandstarifvertrages, dann fallen sie unter die relative Friedenspflicht der Tarifvertragsparteien. Unbestritten ist daher ein Arbeitskampf um einen Firmentarifvertrag verboten, der mit einem mit derselben Gewerkschaft abgeschlossenen Verbandstarifvertrag inhaltlich konkurriert oder darüber hinausgeht[387].

Da das zur OT- Mitgliedschaft wechselnde Mitglied– ebenso wie das ausscheidende Mitglied- von der Nachbindung des Tarifvertrags gemäß § 3 Abs. 3 TVG analog betroffen ist[388], gilt die tarifliche Friedenspflicht während der Nachbindungsphase ebenfalls für das OT- Mitglied, soweit es hierdurch begünstigt

Nr. 8 zu § 3 TVG Verbandsaustritt zu I. 4. a) der Gründe; BAG, Urteil vom 15.10.2003, AP Nr. 41 zu § 4 TVG Nachwirkung zu I. 3. b) und c) der Gründe; Däubler/ Bepler, § 4 Rn. 880; Zachert, RdA 1996, 140, 150.

384 BAG Urteil vom 23. 02. 2005, 4 AZR 186/04, DB 2005, 2305, 2306f.; Berg, AuR 2001, 393, 396; Berg/ Platow/ Schoof/ Unterhinninghofen, AKR Rn. 127; Besgen, S. 107; Besgen, DB 2005, 2307, 2308; Buchner, NZA 1994, 2, 9; Däubler, NZA 1996, 225, 232; Däubler/ Peter, § 2 TVG Rn. 126; Ostrop, S. 130.

385 Vgl. a. a. O., 1. Teil, F. I. 1. c), S. 22.

386 BAG, Urteil vom 21.12.1982, AP Nr. 76 zu Art. 9 GG Arbeitskampf zu A. II. 1. a) der Gründe; BAG, Urteil vom 05.03.1985, BAGE 48, 160, 166; BAG, Urteil vom 27.06.1989, BAGE 62, 171, 178f.; Bartz, S. 156; Päuser, S. 224.

387 Päuser, S. 314; Wiedemann/ Oetker, § 2 Rn. 178.

388 Vgl. a. a. O., 2. Teil, A. III. 1. a), S. 90.

wird[389]. Erst wenn die Nachbindung des alten Tarifvertrags beendet ist, endet auch die Friedenspflicht, soweit sie nicht anderweitig verlängert wird[390]. Nach diesem Zeitpunkt kann das OT- Mitglied dann ohne inhaltliche Einschränkung mit dem Ziel des Abschlusses eines Haustarifvertrages von der Gewerkschaft bestreikt werden. Ein Firmentarifvertrag, der während der Nachwirkungsphase gemäß § 4 Abs. 5 TVG mit der zuständigen Gewerkschaft abgeschlossen wird, ist eine „andere Abmachung", deren Normen die Regelungen des nachwirkenden Tarifvertrages ablösen[391].

d) Wechselfristen

Es ist zu thematisieren, welche Fristen für einen Statuswechsels einzuhalten und wie die Satzungen diesbezüglich auszugestalten sind.

aa) Der kurzfristige Wechsel in Anlehnung an die Austrittsfrist

In den Satzungen variieren die Regelungen zwischen einem sofortigen Wechsel und einer Sechs- Monats- Frist. Beispielsweise heißt es:

> *„Der Wechsel von der ordentlichen Mitgliedschaft in eine OT- Mitgliedschaft ist unter Berücksichtigung einer Frist von 6 Monaten zum Schluss eines Kalendermonats schriftlich zu beantragen. Über einen Antrag auf Statuswechsel entscheidet der Vorstand[392]."*

oder

> *„Ein Wechsel von einem Mitgliederstatus mit Tarifbindung in einen solchen ohne Tarifbindung und umgekehrt ist auf schriftlichen Antrag unter Einhaltung einer Frist von einem Monat möglich. Über den Antrag entscheidet der Vorstand[393]."*

(1) Beendigungsfristen aus Sicht des BAG

Zur Beendigung der Verbandsmitgliedschaft hat das BAG[394] weder eine satzungsmäßig vorgesehene dreimonatige Frist noch den „Blitzaustritt" aus dem Arbeit-

---

389 Bauer, FS Schaub, S. 19, 22 f.; Hromadka/ Maschmann, Arbeitsrecht II, § 13 Rn. 79 i. V. m. 248; Matthes, FS Schaub, S. 477, 478; Wiedemann/ Oetker, § 3 Rn. 79; Zachert, FS Kehrmann, S. 335, 341 f.; a. A. Berg, AuR 2001, 393, 397; Kempen/ Zachert/ Kempen, § 3 TVG Rn. 66.

390 Gamillscheg, § 17 IV 4. a), S. 769 und S. 727; vgl. auch Waas, S. 32, der die Meinung vertritt, aus dem Willen der Tarifvertragsparteien selbst ergebe sich das Bestehen der Friedenspflicht.

391 Vgl. Feger, AiB 1995, 491, 498.

392 Auszug aus der Satzung des Arbeitgeberverbandes der Metall- und Elektro- Industrie Lüdenscheid e. V. vom 20. April 1948 in der Fassung vom 27. April 2001.

393 Auszug aus der Satzung der Unternehmerschaft der Metall- und Elektroindustrie zu Mönchengladbach e. V. in der Fassung vom 28. April 2004.

394 BAG, Urteil vom 20.02.2008, NZA 2008, 946–950.

geberverband innerhalb von drei Tagen beanstandet. Da der Verband als Träger der Koalitionsfreiheit aber für die Funktionsfähigkeit der Tarifautonomie mitverantwortlich sei, ergebe sich für den „Blitzaustritt“ aus dem Verband im Vorfeld eines Tarifabschlusses jedoch die Besonderheit, dass er der anderen Tarifvertragspartei vor Abschluss des neuen Tarifvertrages mitgeteilt bzw. ihr bekannt werden müsse, um die Grundlagen von Tarifverhandlungen nicht zu stören[395].

Bezüglich der Dreitagesfrist für den Verbandsaustritt hatten laut Sachverhalt der Verband und der Arbeitgeber eine wirksame Vereinbarung getroffen. Dem BAG zufolge handelte es sich bei der Dreitagesfrist nur deshalb nicht um ein satzungsmäßiges Austrittsrecht, weil der Beschluss hierüber nicht ins Vereinsregister eingetragen war. Demnach kann jedenfalls der Rechtsprechung zufolge für den Austritt aus dem Verband eine Drei- Tages- Frist in der Satzung grundsätzlich vorgesehen werden.

(2) Wechselfristen aus Sicht des BAG

Hinsichtlich eines Wechsels von der Voll- zur OT- Mitgliedschaft hat das BAG die Frage in seiner Entscheidung vom 18.07.2006 über die Zulässigkeit der OT-Mitgliedschaft offen gelassen und nur ausgeführt:

> *„(...) welche Fristen etwa bei einem Statuswechsel zum Schutz der Funktionsfähigkeit der Tarifautonomie einzuhalten sind, bedurfte im Streitfall keiner Entscheidung.“*[396]

Anschließend hat die Rechtsprechung in zwei Entscheidungen den fristlosen Wechsel für unbedenklich gehalten:

> *„Selbst ein während laufender Tarifverhandlungen erfolgter einvernehmlicher, mit sofortiger Wirkung erfolgter Wechsel von der T- Mitgliedschaft in die OT- Mitgliedschaft ist zulässig. Das einer funktionierenden Tarifautonomie zugrunde liegende Kräftegleichgewicht wird dadurch nicht verschoben, denn es besteht für die Tarifver-tragsparteien weder ein Verhandlungsanspruch geschweige denn ein Anspruch auf Abschluss eines Tarifvertrags. Das tarifverhandlungs- akzessorische Arbeitskampfrecht sichert die Funktionalität der Tarifautonomie ab.“*[397]

Das LAG München[398] hat sich anschließend ähnlich geäußert:

> *„Auch wenn die Satzung einen Wechsel in eine OT- Mitgliedschaft ohne Einhaltung einer Frist zulässt, macht dies den Wechsel nicht unwirksam.“*

395 BAG, Urteil vom 20.02.2008, NZA 2008, 946, 950.

396 BAG, Beschluss vom 18.07.2006, NZA 2006, 1225, 1231.

397 LAG BaWü, Urteil vom 19.01.2007–7, DB 2007, 1092–1092.

398 LAG München, Urteil vom 10.05.2007, 2 Sa 1244/ 06 Leitsatz 2.

Das BAG hat sowohl in seiner Entscheidung vom 20.02.2008[399] zum Verbandsaustritt als auch in derjenigen vom 23.02.2005[400] zum Statuswechsel angedeutet, dass die Funktionsfähigkeit der Tarifautonomie bei der Fristenregelung nicht völlig außer Acht gelassen werden darf. Die Fristen für einen Wechsel stehen demzufolge nicht zur vollständigen Disposition des Verbandes[401]. Die Grenze liegt dort, wo die Ausübung der Tarifautonomie nicht mehr gewährleistet ist.

In Anlehnung an seine Entscheidung zum „Blitzaustritt" vom 20.02.2008 hat das BAG unter dem 04.06.2008 auch für den kurzfristigen Wechsel in eine OT- Mitgliedschaft während laufender Tarifverhandlungen entschieden, dass der Übertritt zur Wahrung der Funktionsfähigkeit der Tarifautonomie dann unwirksam sei, wenn die andere Vertragspartei nicht vor dem endgültigen Abschluss der Tarifverhandlungen hierüber informiert worden ist[402]. Dies solle sicherstellen, dass OT- Mitglieder keinen direkten Einfluss auf tarifpolitische Entscheidungen nehmen könnten und schließe gleichzeitig den kurzfristigen Wechsel nicht aus. Gewährleistet sein müsse ein „Gleichklang von Verantwortung und Betroffenheit". Die Satzungsregelung, welche den Blitzwechsel vorsehe, sei zwar an sich wirksam, die Tarifautonomie müsse darüber hinaus jedoch auch im konkreten Einzelfall gewahrt werden. Der Übertritt während laufender Tarifverhandlungen gefährde die Tarifautonomie mangels Kenntnis der Gewerkschaft hierüber und führe zur Bindung des überwechselnden Mitglieds an den zur Zeit des Wechsels ausgehandelten Tarifvertrag.

(3) Wechselfristen aus Sicht der Literatur

Ein Teil des Schrifttums hält vor allem die fristlose sowie die kurzfristige Wechselmöglichkeit für rechtswidrig. Teilweise[403] wird hierin wiederum eine unzulässige Paritätsverschiebung im Arbeitskampf erkannt, die die Funktionsfähigkeit der Tarifautonomie gefährde.

Deinert spricht außerdem an, dass der bewusste Missbrauch des Wechsels zwischen Voll- und OT- Mitgliedschaft dem arbeitskampfrechtlichen Fairnessgebot widerspreche[404]. Für die Beurteilung der Fristen seien daher auch an dieser Stelle die Regelungen über die Beendigung der Mitgliedschaft analog heranzu-

399 BAG, Urteil vom 20.02.2008, NZA 2008, 946–950.

400 BAG, Urteil vom 23.02.2005, ZTR 2005, 635–637.

401 Berg, AuR 2001, 393, 395.

402 BAG, Urteil vom 04.06.2008, NZA 2008, 1366, 1373.

403 Deinert, RdA 2007, 83, 87.

404 Deinert, RdA 2007, 83, 88.

ziehen[405]. Es komme darauf an, welche Frist die Satzung für ein Ausscheiden aus dem Verband vorsehe[406].

In den Satzungen heißt es beispielsweise:

> *„Die Mitgliedschaft endet durch schriftliche Kündigung des Mitglieds mit 6- monatiger Frist zum Schluss eines Kalendermonats[407].“*

Die Sechs- Monats- Frist wäre entsprechend auf den Wechsel von der Voll- zur OT- Mitgliedschaft anzuwenden.

(4) Stellungnahme zur Übertragbarkeit der Fristenregelungen zur Beendigung der Verbandsmitgliedschaft auf den Statuswechsel

In seinem Urteil zum Wechsel in die OT- Mitgliedschaft bezieht sich das BAG ausdrücklich auf seine frühere Entscheidung zum Blitzaustritt[408]. Indessen ist fraglich, ob Wechselfristen wie Beendigungsfristen behandelt werden können. Dann wären für den Wechsel zur OT- Mitgliedschaft die gleichen Maßstäbe heranzuziehen wie für einen Austritt aus dem Verband. Ist ein „Blitzaustritt“ rechtlich möglich, bedeutete dies die Zulässigkeit auch eines „Blitzwechsels“.

Gegen eine entsprechende Anwendung der Fristenregelungen für eine Beendigung der Mitgliedschaft kann argumentiert werden, dass die Gewerkschaft keinen Anspruch auf einen im Mitgliederbestand kalkulierbareren Tarifpartner hat. Die Kalkulierbarkeit entfällt aber ohnehin, wenn auch ein sofortiger Austritt wirksam geregelt werden kann. Möglicherweise sind aber zur Wahrung der Tarifautonomie Mindestfristen einzuhalten.

Für eine analoge Anwendung der Austrittsfristen spricht, dass das zur OT-Mitgliedschaft wechselnde Mitglied mit dem endgültig ausscheidenden Arbeitgeber tarifrechtlich gleich behandelt wird. Es gelten gleichermaßen die Normen über die Nachbindung und Nachwirkung von Tarifverträgen gemäß §§ 3 Abs. 3, 4 Abs. 5 TVG[409]. Das Vollmitglied könnte seinen Wechsel zur OT- Mitgliedschaft auch durch die Rechtsakte „Austritt“ und „Wiedereintritt“ in den Verband als OT- Mitglied vollziehen[410]. Der Statuswechsel in die OT- Mitgliedschaft ist rechtlich somit ebenso zu behandeln wie der Verbandsaustritt.

405 Berg, AuR 2001, 393, 395; Wroblewski, NZA 2007, 421, 425.

406 Berg, AuR 2001, 393, 395.

407 Auszug aus der Satzung des Arbeitgeberverbandes der Metall- und Elektro- Industrie Lüdenscheid e. V. vom 20. April 1948 in der Fassung vom 27. April 2001.

408 BAG, Urteil vom 04.06.2008, NZA 2008, 1366, 1372 f.

409 Vgl. a. a. O., 2. Teil, A. III. 1. a) und b), S. 87 ff.

410 A. a. O., 2. Teil, A. III. 1., S. 86 f.

(5) Zulässigkeit eines „Blitzwechsels"

Zu untersuchen ist, ob ein sofortiger Wechsel in die OT- Mitgliedschaft wirksam geregelt werden kann. Im Hinblick auf die Funktionsfähigkeit der Tarifautonomie ist der Verband nicht gehalten, die Nachbindungsphase überdauernde Austrittsfristen vorzusehen[411]. Selbst der fristlose und der anderen Tarifvertragspartei nicht bekannte Wechsel in die OT- Mitgliedschaft kann damit nicht die Funktionsfähigkeit der Tarifautonomie gefährden. Werden die Satzungsregelungen über die Beendigung analog für den Wechsel zur OT- Mitgliedschaft herangezogen, so kann auch eine kurze Drei- Tages- Frist nicht beanstandet werden[412] und beeinträchtigt nicht die Tarifautonomie. Die Möglichkeit, in der Verbandssatzung kurze Wechselfristen vorzusehen, ist vielmehr gewährleistet aufgrund der Satzungsautonomie des Verbandes. Die Koalitionsfreiheit gemäß Art. 9 Abs. 3 GG umfasst die Freiheit des Verbandes zu seiner organisatorischen Ausgestaltung[413].

Der kurzfristige Wechsel von der Voll- zur OT- Mitgliedschaft hindert den Abschluss des Tarifvertrages selbst grundsätzlich nicht. Auch hat die Gewerkschaft ihre Möglichkeit zur Druckausübung auf das wechselnde Mitglied nicht verloren. Sie kann durch Aufforderung zum Abschluss eines Firmentarifvertrages Einfluss auf den Arbeitgeber nehmen. Das vor dem Wechsel bestehende Mitbestimmungsrecht in Tariffragen des jetzigen OT- Mitglieds schadet ebenfalls nicht. Geschützt werden muss nur der Bestand der Tarifautonomie, nicht der Flächentarifvertrag. Die Tarifautonomie wird nicht durch eine Satzungsregelung gestört, welche einen „Blitzwechsel" erlaubt. Eine solche Bestimmung ist durch die in der Koalitionsfreiheit nach Art. 9 Abs. 3 GG verankerte autonome Gestaltungsfreiheit des Verbandes abgesichert. Vielmehr kommt es auf die Feststellung einer konkreten Störung des Tarifvertrages und damit auf den Einzelfall an[414].

(6) „Blitzwechsel" während laufender Tarifverhandlungen

Eine Gefährdung der Tarifautonomie kann sich auch nicht daraus ergeben, dass es dem Mitglied ermöglicht wird, zunächst als Vollmitglied auf die Tarifpolitik Einfluss zu nehmen und dann doch noch kurz vor Abschluss des neuen Tarifvertrags in die OT- Mitgliedschaft zu wechseln[415].

411 Buchner, NZA 2006, 1377, 1381.
412 Vgl. BAG, Urteil vom 20.02.2008, NZA 2008, 946, 950.
413 A. a. O., 1. Teil, F. I. 1. c), S. 34.
414 Ebenso BAG, Urteil vom 04.06.2008, NZA 2008, 1366, 1371.
415 So auch Bauer/ Haußmann, RdA 2009, 99, 106.

Entgegen der Ansicht des BAG[416] verbleibt es nicht bei einer Tarifbindung des wechselnden Mitglieds, wenn die Gegenseite von dem Wechsel keine Kenntnis erlangt. Das BAG geht in seiner Entscheidung davon aus, der kurzfristige Statuswechsel in die OT- Mitgliedschaft sei tarifrechtlich nur wirksam, wenn die Gewerkschaft über den Wechsel in Kenntnis gesetzt werde und die Möglichkeit erhalte, auf den Wechsel zu reagieren. Erlange die Gewerkschaft keine Kenntnis von dem kurzfristigen Wechsel eines Mitglieds in die OT- Mitgliedschaft während laufender Tarifverhandlungen, bleibe das wechselnde Mitglied als Rechtsfolge statisch an den zustande kommenden Tarifvertrag gebunden. Das BAG begründet damit eine Obliegenheit des Arbeitgeberverbandes zur Information der Gegenseite über den kurzfristigen Wechsel seiner Mitglieder zur OT- Mitgliedschaft während laufender Tarifverhandlungen. Unterlässt der Verband die Aufklärung, sollen die Folgen in Form der fortbestehenden Tarifbindung den Arbeitgeber treffen. Damit begründet das BAG letztlich auch eine Auskunftsobliegenheit des Arbeitgebers selbst im Falle seines Statuswechsels.

Dem ist nicht zu folgen. Erkennt das BAG den kurzfristigen Wechsel auch während laufender Tarifverhandlungen zwar als wirksam erfolgt an, lehnt die Lösung von der Tarifbindung jedoch ab, so ist dieser Widerspruch dogmatisch nicht tragbar. Denn eine Verpflichtung zur Einhaltung von Tarifnormen besteht schon nach dem Gesetz erst nach dem Abschluss des Tarifvertrages. Tarifgebunden gemäß § 3 Abs. 1 TVG kann nur derjenige sein, der bei Wirksamwerden des Tarifvertrages noch Mitglied des Verbandes im Sinne des § 3 Abs. 1 TVG ist. Die Mitgliedschaft darf also weder beendet noch in eine OT- Mitgliedschaft umgewandelt worden sein[417]. Denn das OT- Mitglied ist zwar Mitglied des Verbandes im vereinsrechtlichen Sinne, nicht jedoch nach § 3 Abs. 1 TVG[418]. Es mangelt an der mitgliedschaftlichen Legitimation der Tarifbindung. Auch hatte der Arbeitgeber nach seinem Wechsel aufgrund des Ausschlusses aus der Tarifkommission[419] keine Möglichkeit mehr, auf die weiteren Tarifverhandlungen und letztlich das Tarifergebnis Einfluss zu nehmen. Hat die Gewerkschaft keine Kenntnis über den kurzfristigen Statuswechsel während laufender Tarifverhandlungen, stellt dies keine Gefährdung der Funktionsfähigkeit der Tarifautonomie dar[420], sondern nur eine von der Gewerkschaft hinzunehmende Beeinträchtigung ihrer

416 Das BAG, Urteil vom 20.02.2008, NZA 2008, 946, 950, geht davon aus, dass eine pflichtwidrig unterlassene Unterrichtung zu der tarifrechtlichen Unwirksamkeit der Mitgliedschaftsbeendigung führen kann.

417 Bauer/ Haußmann, RdA 2009, 99, 102.

418 A. a. O., 1. Teil, F. I. 2. b) bb) (1) (b), S. 46.

419 Vgl. zum Ausschluss des OT- Mitglieds aus allen Ämtern mit Tarifbezug a. a. O., 2. Teil, A. III. 1. f), S. 104 f.

420 A. a. BAG, Urteil vom 20.02.2008, NZA 2008, 946, 950.

Koalitionsinteressen. Einen Die entstehende Unsicherheit beeinträchtigt nicht die Tarifautonomie. Hat der Verband wirksam eine kurzfristige Wechselmöglichkeit zur OT- Mitgliedschaft in seiner Satzung geregelt[421], muss die Gewerkschaft sich darauf einstellen, dass die Verbandsmitglieder von ihrem Recht Gebrauch machen werden. Die Verbandssatzungen sind beim Amtsgericht einsehbar, sodass die Gewerkschaft sich Kenntnis über die vorgesehenen Fristen verschaffen und sich hierauf einstellen kann. Das kurzfristig während laufender Tarifverhandlungen zur OT- Mitgliedschaft wechselnde Verbandsmitglied ist nicht zur Wahrung der Tarifautonomie an einen neu abgeschlossenen Tarifvertrag gebunden, wenn die Gewerkschaft vor dem Tarifabschluss keine Kenntnis von dem Wechsel erlangt hat. In Betracht kommt vielmehr eine Anfechtung des Tarifvertrages selbst gemäß § 119 Abs. 2 BGB wegen eines Eigenschaftsirrtums der Gewerkschaft über den Mitgliederbestand des Arbeitgeberverbandes[422]. Für eine wirksame Anfechtung kommt es dann auf das Merkmal der „Wesentlichkeit" des Mitgliederbestandes und des konkreten Wechsels für den Tarifabschluss an. Damit wird diese Lösung dem Einzelfall besser gerecht als die Lösung über die Obliegenheit des Arbeitgeberverbandes mit der möglichen Folge der Tarifbindung für den Arbeitgeber.

(7) Ergebnis

Eine Satzungsregelung, die den fristlosen Wechsel in die OT- Mitgliedschaft vorsieht, gefährdet nicht die Tarifautonomie und ist nach alldem rechtlich unbedenklich. Das während laufender Tarifverhandlungen zur OT- Mitgliedschaft wechselnde Mitglied ist nicht an den neu zustande kommenden Tarifvertrag gebunden, selbst wenn die Gewerkschaft über den Wechsel keine Kenntnis erlangt hat. Ob der konkrete Tarifvertrag infolge eines „Blitzwechsels" anfechtbar ist, ist anhand des Einzelfalls zu entscheiden.

bb) Maximalfrist

Zu untersuchen ist, welche Höchstdauer für eine Kündigungsfrist in der Verbandssatzung geregelt werden kann und ob die gefundenen Grundsätze auf den Statuswechsel übertragbar sind.

Tritt eine größere Zahl von Mitgliedern mit sofortiger Wirkung aus einem Verband aus, so kann das fehlende Beitragsaufkommen den Verband in eine finanziell schwierige Lage bringen. Um dem vorzubeugen, können in den Satzungen längere Austrittsfristen von mehreren Monaten festgelegt werden.

421 An der grundsätzlichen Wirksamkeit einer solchen Satzungsregelung zweifelt auch das BAG nicht, vgl. BAG, Urteil vom 20.02.2008, NZA 2008, 946, 950.

422 Vgl. ebenso Bauer/ Haußmann, NZA 2009, 99, 105.

Der BGH[423] hat für Gewerkschaften eine Austrittsfrist von drei Monaten anerkannt, von über sechs Monaten aber beanstandet. Der Schutz der Gewerkschaften durch Art. 9 Abs. 3 GG führe dazu, dass dem Mitglied die Einhaltung einer mäßigen Kündigungsfrist zuzumuten sei. Die nach § 39 Abs. 2 BGB zulässige Kündigungsfrist von zwei Jahren würde das Mitglied, das die Koalition wechseln wolle, von einer Wahrnehmung seiner geschützten Interessen für einen Zeitraum fernhalten, der zu lang ist, um durch berechtigte Belange der alten Organisation gerechtfertigt zu sein. Die Frist reiche jedem Verein, um die aufgrund des Austritts notwendigen Maßnahmen zu treffen.

Nach Ansicht der herrschenden Lehre kann für den Austritt des Arbeitgebers nichts anderes gelten als für den Austritt des Arbeitnehmers aus einer Gewerkschaft, die Rechtsprechung des BGH sei daher auf den Arbeitgeberverbandsaustritt übertragbar[424].

Dem ist zuzustimmen. Eine diesbezügliche Differenzierung zwischen Gewerkschaften und Arbeitgeberverbänden lässt sich aus Art. 9 Abs. 3 GG nicht herleiten. Darüber hinaus dient die Angemessenheit der Kündigungsfrist dem Ausgleich der Interessen des jeweiligen Vereins einerseits und seinen Mitgliedern andererseits. Die Entscheidungen des BGH zum Austritt aus einer Gewerkschaft sind also auf den Verbandsaustritt übertragbar.

Lehnen sich Wechselfristen an die Regelungen über Austrittsfristen an, könnte dies auch bei der Bestimmung ihrer maximalen Länge zu berücksichtigen sein. Anders als bei einem Austritt aus dem Verband entstehen bei einem Wechsel zur OT- Mitgliedschaft zwar keine finanziellen Schwierigkeiten, da die OT- Mitglieder weiterhin Beiträge in gleicher Höhe leisten wie zuvor als Vollmitglied[425]. Dennoch muss der Verband mit der Zusammensetzung seines Mitgliederbestandes kalkulieren können. Liegen beispielsweise Anträge von Unternehmen über die Aufnahme als OT- Mitglied vor, muss der Verband ersehen können, ob zu dem Aufnahmezeitpunkt die Aufnahmekapazität noch nicht erschöpft ist. Die Regelung von längeren Wechselfristen ermöglicht eine solche Einschätzung und liegt damit im Interesse der Verbände.

Das BAG hat die Frage nach der maximalen Länge einer Kündigungsfrist der Verbandsmitgliedschaft bislang offen gelassen[426]. Von den Landesarbeitsgerichten wurde sogar eine Kündigungsfrist von sechs Monaten zum Schluss eines

423 Vgl. zu der Drei- Monats- Frist für den Austritt aus einer Gewerkschaft BGH, Urteil vom 04.07.1977, DB 1977, 2226, 2228; zu der halbjährigen Frist BGH, Urteil vom 22.09.1980, DB 1981, 1403, 1403.

424 Bauer/ Diller, DB 1993, 1085, 1085; Däubler, NZA 1996, 225, 226; Feger, AiB 1995, 490, 491; Löwisch/ Rieble, § 3 Rn. 46f.

425 Vgl. a. a. O., 2. Teil, A. I. 3., S. 68ff.

426 Vgl. nur BAG, Urteil vom 01.12.2004, BAGE 113, 45, 48.

Kalenderjahres gebilligt[427]. Ob darüber hinausgehende Zeiträume festgelegt werden können, ist bislang nicht entschieden worden.

Eine Frist von sechs Monaten als maximal zulässige Kündigungsfrist stellt einen angemessenen Ausgleich der Interessen der Beteiligten her[428]. § 39 Abs. 2 S. 2 BGB, der für Vereine allgemein bestimmt, dass das Austrittsrecht aus einem Verein nicht unter eine längere Frist als zwei Jahre gestellt werden darf, ist nicht auf den Austritt auf den Arbeitgeberverband anwendbar. Die Fristenregelung passt im Hinblick auf die negative Koalitionsfreiheit der Arbeitgeber aus Art. 9 Abs. 3 GG, der auch die Austrittsfreiheit gewährleistet[429], nicht. § 39 Abs. 2 BGB ist mit Blick auf Art. 9 Abs. 3 GG verfassungskonform dahingehend auszulegen, dass eine kürzere Austrittsfrist als die vorgesehene Zwei-Jahres-Frist geboten ist[430]. Ist das Unternehmen Vollmitglied im Verband, muss es die Möglichkeit haben, dem Verband die Befugnis zum Setzen von Tarifnormen mit Wirkung für und gegen das Unternehmen zu entziehen. Es muss möglichst schnell aus dem Verband austreten können. Da die Maßstäbe über den Austritt aus dem Verband auf den Statuswechsel übertragbar sind[431], muss es entsprechend kurzfristig zur OT- Mitgliedschaft wechseln können. Auf der anderen Seite müssen aber auch die Interessen des Verbandes berücksichtigt werden. Wie bereits oben[432] erläutert, muss der Verband mit seiner Mitgliederstärke kalkulieren können. Eine Kündigungsfrist von sechs Monaten bringt die Interessen der beiden Parteien unter Berücksichtigung des Art. 9 Abs. 3 GG zu einem angemessenen Ausgleich. Insgesamt darf die Frist daher einen sechs- Monats- Zeitraum nicht überschreiten, das heißt zwischen Zugang der Austrittserklärung und dem satzungsmäßigen Statuswechsel dürfen nicht mehr als sechs Monate liegen[433].

Ist die Frist zu lang bemessen, ist für das allgemeine Vereinsrecht anerkannt, dass sie nicht ersatzlos wegfällt, sondern die Frist des § 39 Abs. 2 BGB gilt[434]. Als maßgeblich wird zu Recht der mutmaßliche Wille der Parteien sowie die durch Art. 9 Abs. 3 GG geschützte Erwartung des Mitglieds angesehen. Im Wege der ergänzenden Auslegung wird eine zu lang bemessene und daher rechtswidrige

---

427 Vgl. LAG Saarland, Urteil vom 21.04.2004, 2 Sa 110/03.

428 Kühnel, S. 25.

429 BVerfG, Urteil vom 01.03.1979, BVerfGE 50, 290, 367; BVerfG, Urteil vom 14.06.1983, BVerfGE 64, 208, 213; BAG, Urteil vom 10.12.2003, BAGE 104, 155, 171; BAG, Beschluss vom 19.09.2006, DB 2007, 120, 120.

430 Ebenso Wilhelm, S. 51.

431 A. a. O., 2. Teil, A. III. 1. b) cc), S. 93.

432 A. a. O., 2. Teil, A. III. 1. d) aa) (6), S. 99 f.

433 Ebenso Bauer/ Diller, DB 1993, 1085, 1085; Feger, AiB 1995, 490, 491; Löwisch/ Rieble, § 3 Rn. 48.

434 RG, Urteil vom 26.05.1937, JW 1937, 3236; Soergel/ Hadding, § 39 Rn. 4.

Kündigungsregelung in der Verbandssatzung auf das zulässige Maß, nach dem gefundenen Ergebnis also auf sechs Monate, reduziert[435].

cc) Ergebnis

Die Gesamtschau zeigt, dass kurzfristige und sogar sofortige Wechsel zwar möglich sind. Da die Verbände selbst aber ein großes Interesse an länger gehaltenen Fristen haben, werden sie zukünftig wohl kaum Gebrauch hiervon machen. Auch die Möglichkeit zur Regelung von bis zu sechs Monate langen Fristen werden sie nicht ausschöpfen, da solche Fristen nicht im Interesse der Arbeitgeber liegen und von einem Eintritt in den Verband abhalten können. Die Verbände werden vorzugsweise ein mittleres Maß wählen. In der Praxis hat der Streit um die maximale und minimale Dauer von Wechsel- und Austrittsfristen damit nur geringe Relevanz.

e) Wechsel entgegen einer Mitgliedschaftsgarantie

Einem Statuswechsel von der Voll- zur OT- Mitgliedschaft kann entgegenstehen, dass der Arbeitgeber sich gegenüber dem Betriebsrat zu einer dauerhaften Beibehaltung seiner Mitgliedschaft im Arbeitgeberverband mit Tarifbindung im Rahmen einer Betriebsvereinbarung verpflichtet hat.

Eine solche Mitgliedschaftsgarantie müsste wirksam sein. Dem Betriebsrat steht kein erzwingbares Mitbestimmungsrecht über die Mitgliedschaft des Arbeitgebers im Verband zu. § 87 BetrVG ist insoweit abschließend[436]. Nach § 88 BetrVG können darüber hinaus in allen anderen sozialen Angelegenheiten Betriebsvereinbarungen freiwillig abgeschlossen werden. Da der Katalog des § 88 BetrVG nicht abschließend ist[437], kommt die Regelung einer Mitgliedschaftsgarantie im Rahmen einer Betriebsvereinbarung jedenfalls in Betracht.

Der Wirksamkeit einer Mitgliedschaftsgarantie kann aber die durch Art. 9 Abs. 3 GG verfassungsrechtlich geschützte Koalitionsfreiheit des Arbeitgebers entgegenstehen. Art. 9 Abs. 3 GG schützt nicht nur das Recht des Arbeitgebers zum Zusammenschluss in einer Koalition, sondern im Rahmen der negativen Koalitionsfreiheit auch das Recht auf den Austritt[438]. Darf die Freiheit, eine Koalition zu verlassen, schon nicht unangemessen durch zu lang bemessene zeit-

435 Löwisch/ Rieble, § 3 Rn. 49; Reichert, Rn. 5575.

436 ErfK/ Kania, § 88 BetrVG Rn. 1

437 ErfK/ Kania, § 88 BetrVG Rn. 1.

438 BVerfG, Urteil vom 01.03.1979, BVerfGE 50, 290, 367; BVerfG, Urteil vom 14.06.1983, BVerfGE 64, 208, 213; BAG, Urteil vom 10.12.2003, BAGE 104, 155, 171; BAG, Beschluss vom 19, 09.2006, DB 2007, 120, 120.

liche Austrittshindernisse erschwert werden[439], so kann ein Arbeitgeber durch eine Vereinbarung mit dem Betriebsrat erst recht nicht endgültig auf einen Austritt verzichten.

Art. 9 Abs. 3 S. 2 GG fordert als einziges Grundrecht unmittelbare Drittwirkung in den Rechtsverhältnissen privater Rechtssubjekte[440]. Danach ist es verfassungsrechtlich verboten, die Betätigungsfreiheit durch privatrechtliche Vereinbarungen zu behindern. Dieses Verbot betrifft auch Betriebsvereinbarungen[441]. Garantiert ein Arbeitgeber dem Betriebsrat, dass er seine Vollmitgliedschaft im Verband dauerhaft beibehalte, so ist diese Vereinbarung wegen des Verstoßes gegen Art. 9 Abs. 3 S. 1 GG nach Art. 9 Abs. 3 S. 2 GG nichtig[442].

Da der Statuswechsel die gleichen Konsequenzen nach sich zieht wie ein Verbandsaustritt und rechtlich gleich zu behandeln ist[443], kann eine Mitgliedschaftsgarantie auch einem Wechsel des Arbeitgebers von der Voll- zur OT- Mitgliedschaft nicht entgegen stehen.

f) Verlust der Ämter

Mit dem Wechsel von der Voll- zur OT-Mitgliedschaft kann zur Gewährleistung des Gleichklangs von Verantwortung und Betroffenheit der verschiedenen Mitgliedsformen und zum Schutz der Tarifautonomie ein Amtsverlust verbunden sein[444]. War das Vollmitglied beispielsweise im Vorstand vertreten, muss überprüft werden, ob es als OT- Vorstands- Mitglied gewählt werden kann oder aus dem Vorstand ausscheiden muss. Dies bestimmt sich satzungsgemäß nach der Anzahl der im Verband vorhandenen OT- Mitglieder insgesamt und der Anzahl der bei ihnen beschäftigten Mitarbeiter[445]. Die Satzung muss außerdem vorsehen, dass den OT- Mitgliedern nach der Umstufung kein aktives oder passives Wahlrecht zu Tarifkommissionen mehr zukommt und auch kein Teilnahmerecht an Urabstimmungen mehr gegeben ist[446]. Waren die zur OT- Mitgliedschaft wechselnden Vollmitglieder beispielsweise ursprünglich als Vollmitglied in den für Tarifangelegenheiten zuständigen Ausschuss gewählt, müssen sie nach dem Wechsel aus dem Ausschuss ausscheiden, denn nur so wird vermieden, dass OT-

439 Vgl. oben, 2. Teil, A. III. 1. d) bb), S. 101.
440 ErfK/ Dieterich, Art. 9 GG Rn. 43.
441 BAG, Beschluss vom 19.09.2006, DB 2007, 120, 120.
442 BAG, Beschluss vom 19.09.2006, DB 2007, 120, 120.
443 Vgl. oben zur Nachbindung und Nachwirkung 2. Teil, A. III. 1. a) und b), S. 87 ff.
444 Deinert, RdA 2007, 83, 86; Löwisch/ Rieble, § 2 Rn. 34.
445 Vgl. das Beispiel einer Satzungsgestaltung a. a. O., 2. Teil, A. I. 2., S. 67.
446 Löwisch/ Rieble, § 2 Rn. 34.

Mitglieder unmittelbaren Einfluss auf die tarifpolitischen Entscheidungen ausüben können[447].

2. Statuswechsel von der OT- zur Vollmitgliedschaft

Für einen Wechsel von der OT- zur Vollmitgliedschaft heißt es in den Satzungen:

> *„Der Wechsel in eine ordentliche Mitgliedschaft ist jederzeit möglich. Über einen Antrag auf Statuswechsel entscheidet der Vorstand*[448]*."*

Die Rechtsfolgen eines Statuswechsels zur Vollmitgliedschaft sind vergleichbar mit den Folgen eines Eintritts in den Arbeitgeberverband. Auch über die Erstaufnahme in den Verband entscheidet den Satzungen zufolge der Vorstand[449]. Fristen für eine Aufnahme sind nicht vorgesehen. Das BAG betrachtet auch für den Wechsel zur Vollmitgliedschaft die Funktionsfähigkeit der Tarifautonomie als Grenze der Dispositionsfreiheit des Verbands[450].

Fraglich ist, ob eine Gefährdung der Tarifautonomie darin gesehen werden kann, dass das OT- Mitglied sich mit einem sofortigen Wechsel in die Vollmitgliedschaft unter den Schutz der Friedenspflicht begeben kann. Dem ist entgegen zu halten, dass auch der tarifgebundene Arbeitgeber selbst nach § 2 Abs. 1 TVG tariffähig bleibt und einen Firmentarifvertrag mit der Gewerkschaft abschließen kann. Die Friedenspflicht ist nur eine relative, sodass nur solche Gegenstände nicht neu umkämpft werden können, die unter den Regelungsbereich des Flächentarifvertrags fallen. Noch ungeregelte Bereiche können dagegen jederzeit Gegenstand eines ergänzenden Firmentarifvertrags werden[451].

Hat die Gewerkschaft mit dem Arbeitgeberverband einen Flächentarifvertrag ausgehandelt, so kann sie weder den Eintritt in den Verband noch den sofortigen Wechsel in die Vollmitgliedschaft mit dem Argument verwehren, dass der Arbeitgeber sich unzulässigerweise unter die Friedenspflicht flüchte, um den Abschluss eines für ihn ungünstigen Firmentarifvertrags zu verhindern. Die Friedenspflicht

447 Vgl. zu den Gründen des Ausschlusses von tarifpolitischen Entscheidungen a. a. O., 2. Teil, A. I. 62 ff.

448 Auszug aus der Satzung des Arbeitgeberverbandes der Metall- und Elektro- Industrie Lüdenscheid e. V. vom 20. April 1948 in der Fassung vom 27. April 2001.

449 Vgl. nur § 4 Ziff. 6 der Satzung des Arbeitgeberverbandes Ruhr/ Lenne e. V., Iserlohn in der Fassung vom 29.04.2999; § 4 Ziff. 3 der Satzung des Verbandes der Siegerländer Metallindustriellen e. V. in der Fassung vom 07.10.1999.

450 BAG, Beschluss vom 18.07.2006, NZA 2006, 1225, 1231.

451 BAG, Urteil vom 27.06.1989, BAGE 62, 171, 178 f.- AP Nr. 113 zu Art. 9 GG Arbeitskampf zu II. 2. a) der Gründe; BAG, Urteil vom 05.03.1985, BAGE 48, 160,166- AP Nr. 85 zu Art. 9 GG Arbeitskampf zu II. 1. der Gründe; BAG, Urteil vom 21.12.1982, 1 AZR 411/80- AP Nr. 76 zu Art. 9 GG Arbeitskampf zu A. II. 1. a) der Gründe; Bartz, S. 156; Päuser, S. 224.

ist als Ausgleich für die Bindung an die Regelungen des Flächentarifvertrags zu verstehen und daher gerade ein wichtiger Bestandteil der funktionierenden Tarifautonomie. Eine Paritätsverschiebung ist in dem sofortigen Wechsel zur Vollmitgliedschaft nicht zu erkennen.

3. Schnelles Hin- und Her- Wechseln zwischen Voll- und OT- Mitgliedschaft

Möglicherweise ist die Tarifautonomie jedenfalls dann gefährdet, wenn den Arbeitgebern ermöglicht wird, zwischen den Mitgliedschaftsformen so kurzfristig hin und her zu wechseln, dass ihnen jeweils nur die Vorteile der Voll- und der OT- Mitgliedschaft zugute kommen, nämlich einerseits die Friedenspflicht als Vollmitglied und andererseits die Tarifbindungslosigkeit als OT- Mitglied. *Deinert*[452] bezeichnet den Wechsel als Nutzung einer „Tarnkappe". *Blanke*[453] spricht von einer „chamäleonhaft wechselnden Tarifbindung" und von einem „Hase- und- Igel- Spiel" des einzelnen Arbeitgebers.

Einwände gegen einen sofortigen Wechsel zur Vollmitgliedschaft sind nicht ersichtlich. Dass das frühere OT- Mitglied bei dem Wechsel zur Vollmitgliedschaft der Friedenspflicht unterfällt, kann hinsichtlich der damit einhergehenden Tarifbindung nicht als unberechtigter Vorteil angesehen werden. Hinsichtlich des Wechsels zur OT- Mitgliedschaft besteht der Vorteil darin, dass ein neu abgeschlossener Tarifvertrag für das OT- Mitglied keine Wirkung mehr entfalten kann. Hinsichtlich der alten Tarifregelungen bestehen aber weiterhin Nachbindung und Nachwirkung im Sinne der §§ 3 Abs. 3, 4 Abs. 5 TVG. Kann unter diesen Gesichtspunkten der schnelle Ein- und Austritt aus dem Verband nicht beanstandet werden[454] und gelten für einen Statuswechsel die gleichen Voraussetzungen und Folgen, können für den kurzzeitigen Statuswechsel in beide Richtungen keine anderen Maßstäbe angelegt werden.

4. Ergebnis

Der Wechsel von der Voll- in die OT- Mitgliedschaft und umgekehrt ist zulässig und kann in den Satzungen der Arbeitgeberverbände geregelt werden. Ist keine Regelung vorgesehen, vollzieht sich der Wechsel durch Austritt aus dem Verband und Wiedereintritt als OT- Mitglied.

452 Deinert, RdA 2007, 83, 84.
453 Blanke, AiB 2000, 260, 267 f.
454 Vgl. a. a. O., § 2 A. III. 1. d) aa), S. 94 ff.

Für die Rechtsfolgen eines Statuswechsels zwischen Voll- und OT- Mitgliedschaft gelten die gleichen Grundsätze wie für das Ausscheiden und den Wiedereintritt in den Verband. Insbesondere unterliegen das zur OT- Mitgliedschaft wechselnde Mitglied der Nachbindung und Nachwirkung des Tarifvertrags und das zur Vollmitgliedschaft wechselnde Mitglied der Friedenspflicht.

Ein fristloser Wechsel in beide Richtungen kann in den Satzungen vorgesehen werden. Eine Gefährdung der Tarifautonomie ist darin nicht zu erkennen.

IV. Auskunftserteilung über den Mitgliedsstatus im Arbeitgeberverband

Während die Frage nach der Zulässigkeit einer tarifbindungsfreien Mitgliedschaft im Arbeitgeberverband heftig diskutiert wurde, blieb die Problematik möglicher Auskunftspflichten oder Auskunftsobliegenheiten betreffend die Mitgliedschaftsform eines Arbeitgebers weitgehend unbehandelt. Nachfolgend wird untersucht, ob, inwieweit und wem gegenüber der Arbeitgeber verpflichtet ist, über seinen Mitgliedsstatus im Verband Auskunft zu erteilen. Des Weiteren ist zu erörtern, ob und in welchem Rahmen den Arbeitgeberverband Auskunftspflichten über den Mitgliedsstatus seiner Mitglieder und ihren Wechsel zur OT-Mitgliedschaft treffen. Solche Auskunftspflichten sind denkbar gegenüber dem Arbeitnehmer, dem Betriebsrat, dem Wirtschaftsausschuss, dem Aufsichtsrat und der Gewerkschaft. Auskunftspflicht meint dabei die Pflicht, den Arbeitnehmer oder einen Dritten über bestimmte, das Arbeitsverhältnis betreffende Vorgänge oder Tatsachen zu informieren[455]. Daneben könnten sich für den Arbeitgeber oder den Arbeitgeberverband Auskunftsobliegenheiten hinsichtlich des Mitgliedsstatus′ des Arbeitgebers im Verband ergeben.

1. Verpflichtung des Arbeitgebers gegenüber dem Arbeitnehmer

Eine allgemeine Aufklärungspflicht des Arbeitgebers gegenüber dem Arbeitnehmer über sämtliche für das Arbeitsverhältnis bedeutsamen Umstände besteht nicht[456]. Erforderlich ist stets eine Anspruchsgrundlage[457].

455 Henssler/ Willemsen/ Kalb/ Thüsing, § 611 BGB, Rn. 242; MüKo/ Müller-Glöge, § 611 BGB Rn. 992.
456 Henssler/ Willemsen/ Kalb/ Thüsing, § 611 BGB, Rn. 245.
457 Gaumann/ Schafft, NZA 2001, 1125, 1126.

a) Auskunftspflicht aus § 8 TVG

Eine Auskunftspflicht des Arbeitgebers über seine Stellung im Arbeitgeberverband kann sich aus § 8 TVG ergeben. Danach ist der Arbeitgeber zur Auslage der für sein Unternehmen geltenden Tarifverträge im Betrieb verpflichtet. Eine Auskunftspflicht über den Mitgliedsstatus des Arbeitgebers im Verband folgt nicht unmittelbar aus dem Wortlaut des § 8 TVG. Aus der Pflicht zur Auslage der Tarifverträge kann sich aber mittelbar für den Arbeitgeber die Pflicht zur Auskunft über seinen Mitgliedsstatus ergeben. Da § 8 TVG die Auslage der Tarifverträge nur vorschreibt, wenn diese für den Betrieb maßgebend sind, besteht die Pflicht zur Auslage nur dann, wenn der Arbeitgeber gemäß § 3 Abs. 1 TVG an die Tarifverträge gebunden ist[458]. Da es demnach allein auf die tarifrechtliche Bindung ankommt, besteht die Auslagepflicht nicht, wenn die Regelungen aufgrund arbeitsvertraglicher Bezugnahmeklauseln Bestandteil des Arbeitsvertrages werden[459]. Liegen im Betrieb also Tarifverträge aus, kann der Arbeitnehmer zwar mittelbar über ihren Inhalt darauf schließen, ob der Arbeitgeber im Sinne des § 3 Abs. 1 TVG als Vollmitglied eines Verbandes oder als Partei eines Haustarifvertrages an die Tarifverträge gebunden ist. Nicht ersichtlich ist für ihn jedoch, ob der Arbeitgeber einen Haustarifvertrag als OT- Mitglied eines Verbandes oder als nicht organisierter Arbeitgeber abgeschlossen hat. Liegen keine Tarifverträge aus, ist der Arbeitnehmer unwissend darüber, ob der Arbeitgeber die Tarifverträge nicht anwendet, weil er nicht organisiert ist, oder weil er OT-Mitglied ist. Eindeutige Rückschlüsse des Arbeitnehmers auf den Mitgliedsstatus des Arbeitgebers in einem Arbeitgeberverband sind nicht möglich. Es besteht somit weder unmittelbar noch mittelbar eine Auskunftspflicht des Arbeitgebers über seinen Mitgliedsstatus im Arbeitgeberverband aus § 8 TVG.

Darüber hinaus ist zweifelhaft, ob § 8 TVG überhaupt eine Anspruchsgrundlage liefern kann.

Ist § 8 TVG eine reine Ordnungsvorschrift[460], die weder arbeitsvertragliche Verpflichtungen des Arbeitgebers vorgibt, noch als Schutzgesetz im Sinne des § 823 Abs. 2 BGB angesehen werden kann[461], dann kann die Norm auch nicht als Anspruchsgrundlage dienen. Es handelt sich bei ihr nicht um eine Voraussetzung für die Wirksamkeit des Tarifvertrags[462].

458 Henssler/ Willemsen/ Kalb/ Henssler, § 8 TVG Rn. 2; Wiedemann/Oetker, § 8 Rn. 15.

459 Löwisch/Rieble, § 8 Rn. 3; Wiedemann/Oetker, § 8 Rn. 16.

460 BAG, Urteil vom 08.01.1970, BAGE 22, 241, 243 zu § 7 TVG a. F.; BAG, Urteil vom 06.07.1972, DB 1972, 1273; BAG, Urteil vom 23.01.2002, AP NachwG § 2 Nr. 5 zu 5. b) aa) bbb) der Gründe; BAG, Urteil vom 27.01.2004, AP BetrVG 1972 § 112 Nr. 166 zu .III. 6. der Gründe.

461 ErfK/ Franzen, § 8 TVG Rn. 4; Wiedemann/ Oetker, § 8 Rn. 22.

462 ErfK/ Franzen, § 8 TVG Rn. 1; Wiedemann/ Oetker, § 8 Rn. 21.

Dem wird entgegengehalten, die arbeitnehmerschützende Dimension des § 8 TVG mache die Norm zu einem Schutzgesetz[463]. § 8 TVG stelle eine Obliegenheit des Arbeitgebers dar und bewirke, dass der Arbeitgeber bei Verstoß gegen die Norm Schadensersatz leisten müsse[464].

Fraglich ist, ob an dieser Auffassung auch nach dem Inkrafttreten des NachwG festgehalten werden kann. § 2 Abs. 1 S. 2 Nr. 10 NachwG regelt, dass ein in allgemeiner Form gehaltener Hinweis auf die Tarifverträge notwendig ist. Nach § 2 Abs. 3 NachwG können die Auskünfte über die in § 2 Abs. 1 S. 2 Nr. 6–9 NachwG aufgezählten Arbeitsbedingungen durch einen pauschalen Hinweis auf die geltenden Tarifverträge ersetzt werden. Hält der Arbeitgeber sich an diese Vorgaben, ist dem Arbeitnehmer im eigenen Interesse aufgegeben, sich über den Inhalt der Tarifverträge und möglicher tariflicher Ausschlussfristen zu informieren[465].

Zumindest nach dem Inkrafttreten des NachwG kann § 8 TVG demnach nur noch als reine Ordnungsvorschrift aufgefasst werden. Die Norm liefert keine Anspruchsgrundlage für den Arbeitnehmer auf Auskunft über den Status des Arbeitgebers im Verband.

b) § 3 S. 1 i. V. m. § 2 Abs. 1 Satz 2 Nr. 10 NachwG als Anspruchsgrundlage

Als spezielle Anspruchsgrundlage für eine Auskunftspflicht des Arbeitgebers gegenüber dem Arbeitnehmer kommt § 3 S. 1 NachwG in Betracht. Danach ist dem Arbeitnehmer eine Änderung der wesentlichen Vertragsbedingungen spätestens einen Monat nach der Änderung schriftlich mitzuteilen. Der Statuswechsel des Arbeitgebers innerhalb des Arbeitgeberverbandes müsste eine Änderung der wesentlichen Vertragsbedingungen sein. Vertragsbedingungen sind dann wesentlich im Sinne des NachwG, wenn der Arbeitnehmer sie kennen muss, um seine Rechte geltend zu machen[466]. Die wesentlichen Vertragsbedingungen hat der Arbeitgeber schriftlich niederzulegen. Zu dem in § 2 Abs. 1 S. 2 NachwG enthaltenen Mindestkatalog einer Niederschrift gehört nach Nr. 10 ein in allgemeiner Form gehaltener Hinweis auf die Tarifverträge, die auf das Arbeitsverhältnis anzuwenden sind. Die auf das Arbeitsverhältnis anzuwendenden Tarifverträge gehören also zu den wesentlichen Vertragsbedingungen.

Während § 2 Abs. 1 Satz 1 NachwG eine Hinweispflicht auf die wesentlichen Vertragsbedingungen nach Beginn des Arbeitsverhältnisses regelt, besteht bei

463 Däubler/ Reinecke, § 8 Rn. 18.

464 Däubler/ Reinecke, § 8 Rn. 19; Kempen/ Zachert/ Zachert, § 8 Rn. 10;.

465 Löwisch/ Rieble, § 8 Rn. 14.

466 Henssler/Willemsen/Kalb/Kliemt, § 2 NachwG Rn. 3.

einer späteren Änderung der wesentlichen Vertragsbedingungen nach § 3 Satz 1 NachwG eine Mitteilungspflicht.

Die wesentlichen Vertragsbedingungen ändern sich im Sinne des § 3 Satz 1 NachwG nur, wenn die Änderung auch für den einzelnen Arbeitgeber relevant wird. Ein Statuswechsel muss sich auf die Anwendbarkeit der Tarifvorschriften im Arbeitsverhältnis auswirken. Die Anwendbarkeit der Tarifvorschriften wiederum ist abhängig von der Tarifbindung des einzelnen Arbeitnehmers. Für die weitere Untersuchung ist daher auch zwischen den tarifgebundenen- und tarifbindungslosen Arbeitnehmern zu differenzieren[467].

aa) Neu in den Betrieb eintretende Arbeitnehmer

Zu prüfen ist zunächst, ob der Arbeitgeber dem neu in den Betrieb eintretenden Arbeitnehmer Auskunft über seinen Mitgliedsstatus im Arbeitgeberverband erteilen muss. Der Arbeitnehmer, der bislang nicht in dem betreffenden Betrieb beschäftigt war, führt vor Beginn des Arbeitsverhältnisses mit dem Arbeitgeber ein Einstellungsgespräch. In den Situationen „Einstellungsgespräch" und „Beginn des Arbeitsverhältnisses" kann jeweils ein eigenständiger Anspruch des Arbeitnehmers auf Auskunft über den Mitgliedsstatus des Arbeitgebers im Verband bestehen.

(1) Zeitpunkt des Einstellungsgespräches

Es könnte sich bereits zum Zeitpunkt des Einstellungsgespräches ein Anspruch des Arbeitnehmers gegen den Arbeitgeber auf Auskunft über dessen Status im Arbeitgeberverband ergeben.

Nach Ansicht des BAG darf der Bewerber den Arbeitgeber im Vorstellungsgespräch nach dessen Mitgliedschaft im Arbeitgeberverband fragen, der Arbeitgeber hingegen nicht den Bewerber nach dessen Gewerkschaftszugehörigkeit[468]. Einen sachlichen Grund für die Ungleichbehandlung von Arbeitnehmer und Arbeitgeber bezüglich des Fragerechts nach der Organisation des jeweils anderen nennt das BAG nicht.

Ein Fragerecht des Bewerbers ist aber entgegen der Ansicht der Rechtsprechung dann zu verneinen, wenn Art. 9 Abs. 3 GG entgegensteht[469]. Möglicherweise schützt Art. 9 Abs. 3 GG den Arbeitgeber vor Fragen des Arbeitnehmers beim Einstellungsgespräch[470]. Grundrechtsträger ist „jedermann", wovon Arbeit-

467 Gaumann/ Schafft, NZA 2001, 1125, 1126.

468 BAG, Urteil vom 19.03.2003, BAGE 105, 284, 288.

469 So Boemke, NZA 2004, 142, 144.

470 So ebenfalls Boemke, NZA 2004, 142, 144; im Ergebnis auch Lembke, S. 193.

nehmer und Arbeitgeber gleichermaßen erfasst werden[471]. Die individuelle Koalitionsfreiheit aus Art. 9 Abs. 3 GG bewirkt für den Arbeitnehmer, dass seine gewerkschaftliche Betätigung nicht zu Sanktionen führen darf[472]. Bei der Einstellung stellt die Frage nach der Gewerkschaftszugehörigkeit des Arbeitnehmers daher regelmäßig ein sachfremdes Motiv dar und ist unzulässig[473]. Die in Art. 9 Abs. 3 S. 1 GG enthaltene negative Koalitionsfreiheit normiert aber auch das Recht, aus einer Koalition ohne Nachteile auszutreten oder ihr fernzubleiben. Entscheidet sich der Stellenbewerber wegen des OT- Status' des Arbeitgebers im Verband gegen den Antritt einer Stelle, so ist dies ebenso als sachfremdes Motiv einzustufen wie ein Abstellen des Arbeitgebers auf die Gewerkschaftszugehörigkeit des Arbeitnehmers.

Es kann aber hinsichtlich des Arbeitsverhältnisses ein berechtigtes Interesse des Arbeitnehmers an dem Status des Arbeitgebers im Verband bestehen. Als Nichtmitglied in der Gewerkschaft geht das berechtigte Interesse des Arbeitnehmers dahin, die Qualität einer Bezugnahmeklausel einordnen zu können, und als Gewerkschaftsmitglied hat er ein berechtigtes Interesse daran, zu erfahren, ob der Tarifvertrag normativ gilt.

Ebenso hat aber auch der Arbeitgeber ein berechtigtes Interesse daran, ob der Arbeitnehmer Gewerkschaftsmitglied ist oder nicht, da der Umstand über § 4 Abs. 1 i. V. m. § 3 Abs. 1 TVG für die Ausgestaltung des Arbeitsverhältnisses wichtig ist. Gemäß § 4 Abs. 1 TVG gelten die Rechtsnormen des Tarifvertrages, die den Inhalt, den Abschluss oder die Beendigung von Arbeitsverhältnissen ordnen, unmittelbar und zwingend zwischen den beiderseits Tarifgebundenen, die unter den Geltungsbereich des Tarifvertrages fallen. Gemäß § 3 Abs. 1 TVG sind die Mitglieder der Tarifvertragsparteien und der Arbeitgeber, der selbst Partei eines Tarifvertrages ist, tarifgebunden. Die Tarifgebundenheit des Arbeitnehmers entscheidet also darüber, wie das Arbeitsverhältnis ausgestaltet wird.

Das berechtigte Interesse des Arbeitgebers an dem Umstand der Gewerkschaftszugehörigkeit liegt vor, genauso wie das berechtigte Interesse des Stellenbewerbers für die Frage nach dem Mitgliedsstatus im Verband. Beidem steht aber Art. 9 Abs. 3 GG als vorrangige gesetzliche Regelung entgegen. Danach dürfen weder Arbeitnehmer noch Arbeitgeber ihre Einstellungsentscheidung von Umständen abhängig machen, die das Arbeitsverhältnis nicht betreffen. Spiegelbildlich zu dem Frageverbot des Arbeitgebers nach der Gewerkschaftszugehörigkeit des Arbeitnehmers darf der Arbeitnehmer vor Beginn des Arbeitsverhältnisses nicht nach der Verbandszugehörigkeit des Arbeitgebers fragen. Der neu

---

471 ErfK/ Dieterich, Art. 9 GG, Rn. 27; Henssler/ Willemsen/ Kalb/ Hergenröder, Art. 9 GG Rn. 26.

472 ErfK/ Dieterich, Art. 9 GG, Rn. 30; Zachert, AuR 2003, 370, 372.

473 ErfK/ Dieterich, Art. 9 GG Rn. 30; Gamillscheg, S. 196.

in einen Betrieb eintretende Arbeitnehmer hat also entgegen der Auffassung des BAG kein uneingeschränktes Fragerecht[474].

Für dieses Ergebnis spricht auch § 2 Abs. 1 S. 2 Nr. 10 NachwG, der eine Hinweispflicht des Arbeitgebers zur Geltung der Tarifverträge erst für einen Zeitpunkt nach Beginn des Arbeitsverhältnisses vorsieht. Das NachwG ist im Jahr 1995 in Kraft getreten. Hätte der Gesetzgeber ein Fragerecht des Arbeitnehmers beim Einstellungsgespräch gewollt, hätte er die Hinweispflicht des Arbeitgebers aus § 2 Abs. 1 S. 2 Nr. 10 NachwG auf einen Zeitpunkt vor Beginn des Arbeitsverhältnisses gesetzt.

(2) Beginn des Arbeitsverhältnisses

Bei neu in den Betrieb eintretenden Arbeitnehmern kommt eine Änderung der wesentlichen Vertragsbedingungen im Sinne des § 3 Satz 1 NachwG nicht in Betracht. Vielmehr gilt § 2 Abs. 1 NachwG. Danach hat der Arbeitgeber spätestens einen Monat nach Beginn des Arbeitsverhältnisses die wesentlichen Vertragsbedingungen schriftlich niederzulegen. Hierzu gehört nach Nr. 10 auch ein Hinweis auf die für das Arbeitsverhältnis geltenden Tarifverträge. Eine Pflicht zur Auskunft über seinen Mitgliedsstatus im Verband trifft den Arbeitgeber darüber hinaus dem Wortlaut nach nicht. Auch kann der Arbeitnehmer nicht mittelbar von dem Hinweis auf die geltenden Tarifverträge bzw. aus ihrem Inhalt auf den Mitgliedsstatus des Arbeitgebers schließen[475]. Aus § 2 Abs. 1 S. 2 Nr. 10 NachwG ergibt sich weder unmittelbar noch mittelbar eine Pflicht des Arbeitgebers auf Auskunft über seinen Mitgliedsstatus im Arbeitgeberverband gegenüber dem Arbeitnehmer.

bb) Tarifgebundene Arbeitnehmer des Betriebes

Nachdem der Arbeitnehmer in den Betrieb eingetreten ist und der Hinweis auf die wesentlichen Vertragsbedingungen gemäß § 2 Abs. 1 Satz 2 NachwG erteilt wurde, kann sich eine Auskunftspflicht über den Mitgliedsstatus im Verband nur noch bei einer Änderung der wesentlichen Vertragsbedingungen aus § 3 Satz 1 NachwG ergeben.

In Betracht kommt die Änderung der wesentlichen Vertragsbedingungen dadurch, dass der Arbeitgeber seinen Mitgliedsstatus im Arbeitgeberverband wechselt.

474 So auch Boemke, NZA 2004, 142, 144; a. A. BAG, Urteil vom 19.03.2003, BAGE 105, 284, 288.

475 Vgl. Argumentation a. a. O., 2. Teil, A. IV. I. a), S. 108.

(1) Nachbindungsphase gemäß § 3 Abs. 3 TVG

Eine Änderung der Anwendbarkeit des Tarifvertrages als wesentliche Vertragsbedingung im Sinne des § 3 Satz 1 NachwG könnte unmittelbar nach einem Wechsel des Arbeitgebers in die OT- Mitgliedschaft vorliegen. Gemäß § 3 Abs. 3 TVG endet die Tarifgebundenheit eines ausscheidenden Verbandsmitglieds erst mit Ende des Tarifvertrags[476]. Ebenso ist ein Arbeitgeber zu behandeln, der in den OT- Status gewechselt ist[477].

Die Tarifnormen gelten für den Arbeitnehmer unmittelbar und zwingend im Sinne des § 4 Abs. 1 S. 1 TVG fort. Der Wechsel des Arbeitgebers in den OT-Status lässt die Tarifgebundenheit des Arbeitnehmers bis zum Ablauf des Tarifvertrags unberührt. Nach § 3 Abs. 3 TVG gelten die Tarifnormen unmittelbar und zwingend weiter. Die zwingende Wirkung kann während des Nachbindungszeitraums nicht durch Maßnahmen des Arbeitgebers oder des Arbeitnehmers beendet werden[478]. Die Aussicht auf eine künftige Änderung der Arbeitsbedingungen nach Ende des Nachbindungszeitraums stellt noch keine unmittelbare Änderung der wesentlichen Vertragsbedingungen dar[479]. Selbst wenn der Arbeitgeber im Hinblick auf zukünftige untertarifliche Arbeitsbedingungen zum OT-Status gewechselt ist, kann er dennoch jederzeit wieder Vollmitglied im Verband werden[480]. Mangels einer Änderung der wesentlichen Vertragsbedingungen fehlt es in der Nachbindungsphase nach § 3 Abs. 3 TVG an einem Auskunftsanspruch des Arbeitnehmers aus § 3 S. 1 NachwG.

(2) Nachwirkungsphase und „andere Abmachungen" i. S. d. § 4 Abs. 5 TVG

Endet der Tarifvertrag im Sinne des § 3 Abs. 3 TVG, beginnt gemäß § 4 Abs. 5 TVG die Nachwirkung des Tarifvertrages[481]. Die Tarifvertragsnormen wirken nicht mehr zwingend. Sie können durch eine „andere Abmachung" ersetzt werden[482].

Zwar sind die bisherigen tariflichen Arbeitsbedingungen im Zeitraum der Nachwirkung nach Ende ihrer zwingenden Wirkung weniger stark geschützt

---

476 A. a. O., 2. Teil, A. III. 1. a), S. 87.

477 A. a. O., 2. Teil, A. III. 1. a), S. 87.

478 Wiedemann/ Oetker, § 3 Rn. 45f.

479 Gaumann/ Schafft, NZA 2001, 1125, 1126.

480 A. a. O., 2. Teil, A. III. 2., S. 105f.

481 Vgl. zur Anwendbarkeit der Nachwirkung auf den Fall des Statuswechsels oben, 2. Teil, A. III. 1. b) aa) bis cc), S. 88ff.

482 ErfK/ Franzen, § 4 TVG Rn. 50; Henssler/ Willemsen/ Kalb/ Henssler, § 4 TVG Rn. 5; Löwisch/ Rieble, § 4 Rn. 384; vgl. zu der Anwendbarkeit des § 4 Abs. 5 TVG auf den Fall des Austritts aus dem Verband bzw. auf den Wechsel zur OT- Mitgliedschaft a. a. O., 2. Teil, A. III. 1. b) aa), S. 88ff.

und können leichter geändert werden. Dennoch bewirken die Überbrückungsfunktion des § 4 Abs. 5 TVG sowie der sich ebenfalls auf die Norm stützende Inhaltsschutz[483], dass die Tarifnormen zunächst weiter gelten. Eine Änderung der Arbeitsbedingungen tritt nur ein, sofern eine „andere Abmachung“ getroffen wird. Ohne eine solche „andere Abmachung“ bleiben die Tarifnormen als wesentliche Vertragsbedingungen unverändert bestehen. Eine Änderung der wesentlichen Vertragsbedingungen folgt allein aus dem Übergang in das Nachwirkungsstadium nicht. Daher ergibt sich auch in der Nachwirkungsphase keine generelle Auskunftspflicht aus § 3 S. 1 NachwG.

Macht der Arbeitgeber aber von seinen Änderungsmöglichkeiten Gebrauch, ergreift er also beispielsweise die Initiative zum Abschluss einer arbeitsvertraglichen Vereinbarung oder einer Betriebsvereinbarung, kann sich die Verpflichtung zur Auskunft über den OT- Status gegenüber den tarifgebundenen Arbeitnehmern ergeben, sofern hierin eine Änderung der wesentlichen Vertragsbedingungen zu erkennen ist. Wann eine Änderung im Sinne des § 3 Satz 1 NachwG tatsächlich eintritt, bemisst sich danach, ob und wann die andere Abmachung Wirkung auf die wesentlichen Vertragsbedingungen entfaltet. Zur Bestimmung des Zeitpunktes der Änderung und damit der Beurteilung der Auskunftspflicht kommt es also auf die Art der „anderen Abmachung“ an.

(a) Individualvereinbarung

Soll eine vom Tarifvertrag abweichende Individualvereinbarung zwischen Arbeitnehmer und Arbeitgeber über einzelne Modalitäten des Arbeitsverhältnisses geschlossen werden, beispielsweise über den zukünftigen Urlaubsanspruch des Arbeitnehmers, hat der Arbeitnehmer bereits vor seiner Einwilligung ein hinsichtlich §§ 3 Abs. 1, 4 Abs. 1 S. 1 TVG schützenswertes Interesse zu erfahren, ob die Vereinbarung rechtlich zulässig ist und ob eine eventuelle Klage auf Aufrechterhaltung der aufgrund der Tarifverträge geltenden Arbeitsbedingungen erfolgreich sein kann. Er muss entscheiden können, ob er in die Änderung einwilligt, gerichtlich dagegen vorgeht oder das Arbeitsverhältnis beendet. Dies ist abhängig von der Kenntnis über den OT- Status des Arbeitgebers. Der Arbeitgeber hat den Arbeitnehmer also gemäß § 3 Satz 1 NachwG bereits vor Erteilung seiner Einwilligung über seinen Wechsel in die OT- Mitgliedschaft zu informieren.

(b) Betriebsvereinbarung

Soll dagegen eine Betriebsvereinbarung, das heißt eine Vereinbarung zwischen Arbeitgeber und Betriebsrat im Rahmen der gesetzlichen Aufgaben des Betriebs-

483 A. a. O., 2. Teil, A. III. 1. b) aa), S. 89.

rates zur Regelung von Rechten und Pflichten bezüglich des Inhalts, des Abschlusses oder der Beendigung des Arbeitsverhältnisses[484] als „andere Abmachung“ im Sinne des § 4 Abs. 5 TVG geschlossen werden, kommt es erst auf den Zeitpunkt des Wirksamwerdens der Betriebsvereinbarung an[485]. Betriebsvereinbarungen entfalten erst mit ihrem Wirksamwerden unmittelbare und zwingende Wirkung im Sinne des § 77 Abs. 4 S. 1 BetrVG, sodass auch erst zu diesem Zeitpunkt die Änderung der Arbeitsbedingungen angenommen werden kann. Die Bekanntgabe der Betriebsvereinbarung gemäß § 77 Abs. 2 S. 3 BetrVG ist nur eine Ordnungsvorschrift, keine Wirksamkeitsvoraussetzung[486]. Auf deren Vorliegen kommt es zur Beurteilung daher nicht an. Eine Auskunftspflicht über den Mitgliedsstatus besteht für den Arbeitgeber ab Wirksamwerden der Betriebsvereinbarung, da der Arbeitnehmer dann ein berechtigtes Interesse daran hat, zu erfahren, ob die Tarifnormen weiterhin vorrangig gelten und ob gerichtliche Schritte Aussicht auf Erfolg haben.

(c) Änderungskündigung

Eine Änderungskündigung als „andere Abmachung“[487] könnte eine Änderung der wesentlichen Vertragsbedingungen darstellen und damit zur Auskunftspflicht des Arbeitgebers über seinen Status im Arbeitgeberverband nach § 3 Satz 1 NachwG führen.

Zu untersuchen ist, ob und zu welchem Zeitpunkt die Änderungskündigung als „andere Abmachung“ zu einer Änderung der wesentlichen Vertragsbedingungen im Sinne des § 3 Satz 1 NachwG führt. Erhält der Arbeitnehmer ein Änderungskündigungsschreiben und ist in der Änderungskündigung eine „andere Abmachung“ gemäß § 4 Abs. 5 TVG enthalten, so muss der Arbeitnehmer innerhalb der in § 2 S. 2 KSchG vorgesehenen Drei- Wochen- Frist entscheiden können, ob er das Angebot nur unter dem Vorbehalt annimmt, dass die Änderung der Arbeitsbedingungen sozial gerechtfertigt ist und eine Kündigungsschutzklage Aussicht auf Erfolg hat. Ob ein gerichtliches Vorgehen gegen die Kündigung Erfolg verspricht, hängt vom Mitgliedsstatus des Arbeitgebers im Verband ab. Die Drei- Wochen- Frist beginnt dabei nach § 2 S. 2 KSchG mit dem Zugangszeitpunkt der Änderungskündigung. Der Arbeitgeber ist also verpflichtet, seinem Kündigungsschreiben einen Hinweis über seinen OT- Status beizufügen. Eine Auskunftspflicht aus § 3 Satz 1 NachwG besteht somit zum Zeitpunkt des Ausspruchs der Kündigung.

---

484 ErfK/ Gaul, § 77 BetrVG Rn. 1.

485 Gaumann/ Schafft, NZA 2001, 1125, 1126.

486 Schaub/ Koch, § 231 Rn. 16; Stege/ Weinspach/ Schiefer, § 77 Rn. 6.

487 Vgl. a. a. O., 2. Teil, A. III. 1. b) bb), S. 89f.

Findet das KSchG auf einen betroffenen Arbeitnehmer keine Anwendung, so kann er seine Rechte hinsichtlich der Änderungskündigung jedenfalls verwirken. Die Berechnungsfrist zur Feststellung der Verwirkung beginnt ebenfalls mit dem Zugang des Kündigungsschreibens, sodass auch in diesem Fall der Zugangszeitpunkt für die Kenntnis über den OT- Status maßgeblich ist.

(3) Zwischenergebnis

Einen generellen Anspruch auf Auskunft aus § 3 S. 1 NachwG allein durch den Eintritt der Nachwirkungsphase hat der Arbeitnehmer nicht. Der Status des Arbeitgebers im Verband ist für den Arbeitnehmer nur dann interessant, wenn und sobald er sich auf die für ihn geltenden Arbeitsbedingungen auswirkt, das heißt, wenn im Sinne des § 3 S. 1 NachwG eine Änderung der wesentlichen Vertragsbedingungen eintritt. Dies ist der Fall, wenn „andere Abmachungen" gemäß § 4 Abs. 5 TVG beschlossen und wirksam werden und die Unkenntnis hierüber sich nachteilig für den Arbeitnehmer auswirken kann. Der Arbeitnehmer muss erkennen können, ob sich ein gerichtliches Vorgehen gegen eine solche Abmachung lohnt. Ist der Arbeitnehmer hierzu an Fristen gebunden, kommt es auf den für den Beginn der Frist maßgeblichen Zeitpunkt für die Mitteilung über den OT- Status an.

cc) Tarifungebundene Arbeitnehmer des Betriebes

Für die Annahme einer Auskunftspflicht nach § 3 Satz 1 NachwG des zunächst tarifgebundenen Arbeitgebers über seinen Statuswechsel gegenüber dem nicht tarifgebundenen Arbeitnehmer kommt es darauf an, ob der Arbeitsvertrag dynamische Bezugnahmeklauseln auf den geltenden Flächentarifvertrag beinhaltet oder nicht. Denn nach § 2 Abs. 1 Satz 2 Nr. 10 NachwG ist in die Niederschrift, welche auf die wesentlichen Vertragsbedingungen hinweist, ein Hinweis auf die Tarifverträge, die auf das Arbeitsverhältnis *anzuwenden* sind, aufzunehmen. Dabei handelt es sich um diejenigen Tarifverträge, die unmittelbar und zwingend gelten[488]. Hierzu gehören auch konstitutiv in Bezug genommene Tarifverträge, beispielsweise bei fehlender beiderseitiger Tarifgebundenheit[489].

Wird in dem Arbeitsvertrag nicht Bezug auf einen Tarifvertrag genommen, sind ein vorhandener Tarifvertrag und damit die Tarifgebundenheit des Arbeitgebers für die Arbeitsbedingungen des Arbeitnehmers von vorneherein irrelevant. Der Arbeitnehmer hat keinen Anspruch auf Auskunft.

Zu untersuchen ist, ob der Statuswechsel des Arbeitgebers eine Änderung der wesentlichen Vertragsbedingungen gemäß § 3 Satz 1 NachwG bewirkt, wenn dyna-

488 ErfK/ Preis, § 2 NachwG Rn. 24.
489 ErfK/ Preis, § 2 NachwG Rn. 24.

mische Bezugnahmeklauseln in den Arbeitsverträgen zu finden sind. Dynamische Bezugnahmeklauseln bewirken, dass der darin benannte Tarifvertrag durch eine Verweisung im Vertrag einzelvertraglich Bestandteil des Arbeitsvertrages wird, und zwar in seiner jeweils gültigen Fassung[490]. Das BAG hat entsprechend seiner Ankündigung im Jahr 2005[491] seine Rechtsprechung zu der Wirkungsweise dynamischer Bezugnahmeklauseln dahingehend geändert, dass sie nicht mehr nur die Ungebundenheit des Arbeitnehmers überbrücken, sondern auch die Tarifbindungslosigkeit des Arbeitgebers[492]. Wegen der seit des Inkrafttretens des Schuldrechtsmodernisierungsgesetzes über § 310 Abs. 4 S. 2 BGB anwendbaren Unklarheitenregelung des § 305 c Abs. 2 BGB sei eine vorformulierte Bezugnahmeklausel für nach dem 1. Januar 2002 abgeschlossene Verträge nicht mehr ohne weiteres nur als Gleichstellungsabrede zu verstehen[493]. Vielmehr gingen Zweifel bei der Auslegung zu Lasten des Arbeitgebers, sodass es nun auf eine klare Formulierung der Klausel im Arbeitsvertrag ankomme. Nunmehr werden nur noch Altklauseln, das heißt vor dem 01. Januar 2002 abgeschlossene Klauseln als Gleichstellungsabrede ausgelegt[494]. Bei Wegfall der zwingenden normativen Wirkung des in Bezug genommenen Tarifvertrags bei kraft Verbandszugehörigkeit tarifgebundenen Arbeitgebern folgerte das BAG bislang aus dem Gleichstellungszweck dynamischer Bezugnahmeklauseln, dass die arbeitsvertragliche Verweisung von da an nur noch statisch auf den im Zeitpunkt des Wegfalls geltenden Tarifvertrag Bezug nahm. Dynamische Bezugnahmeklauseln in Neuverträgen bewirken im Fall des Verbandsaustritt dagegen jetzt, dass es trotz des Austritts bei der dynamischen Bindung an den geltenden Tarifvertrag bleibt, da die Klausel nicht mehr nur als Gleichstellungsabrede die Ungebundenheit des Arbeitnehmers überbrückt, sondern grundsätzlich auch die Tarifbindungslosigkeit des Arbeitgebers[495]. Die Unterscheidung zwischen organisierten und nicht organisierten Arbeitgebern ist damit entfallen.

Die Grundsätze sind übertragbar auf den Wechsel des Arbeitgebers in die OT-Mitgliedschaft[496].

In dem Fall des zunächst tarifgebundenen Arbeitgebers überbrückt die Klausel zunächst die Ungebundenheit des Arbeitnehmers. Ein Auskunftsanspruch

490 Henssler/ Willemsen/ Kalb/ Thüsing, § 3 TVG Rn. 17. Von einer statischen Verweisung ist dagegen auszugehen, wenn im Arbeitsvertrag auf einen bestimmten, an einem näher definierten Stichtag gültigen Tarifvertrag verwiesen wird und Änderungen in diesem sich nicht auswirken, vgl. Henssler/ Willemsen/ Kalb/ Thüsing, § 3 TVG Rn. 17.

491 BAG, Urteil vom 14.12.2005, NZA 2006, 607–611.

492 ErfK/ Franzen, § 3 TVG Rn. 38.

493 BAG, Urteil vom 14.12.2005, NJW 2006, 2572, 2573.

494 Henssler/ Willemsen/ Kalb/ Henssler, § 3 TVG Rn. 25.

495 BAG, Urteil vom 18.04.2007, NZA 2007, 965 ff.

496 Vgl. zu der Vergleichbarkeit des Verbandsaustritts mit dem Wechsel in die OT- Mitgliedschaft a. a. O., 2. Teil, A. III. 1., S. 86 f.

aus § 3 Satz 1 NachwG kann entstehen, wenn der Arbeitgeber von den Bezugnahmeklauseln erfolgreich Abstand nehmen möchte[497], weil er in den OT- Status übergewechselt ist und der einschlägige Flächentarifvertrag daher für die organisierten Arbeitnehmer ohne Bezugnahmeklauseln in den Arbeitsverträgen keine Anwendung findet. Der Arbeitnehmer muss dann Kenntnis über den Wechsel zur OT- Mitgliedschaft des Arbeitgebers erhalten: Er hat ein berechtigtes Interesse an dieser Auskunft, die es ihm erst ermöglicht, seine Chancen vor Gericht einschätzen zu können. Der Arbeitgeber ist zur Auskunft verpflichtet.

Die Änderung der Bezugnahmeklausel kann durch Individualabrede, Änderungskündigung oder Betriebsvereinbarung stattfinden. Die weiteren Ausführungen für die tarifgebundenen Arbeitnehmer zu diesen Fallgruppen und den genauen Zeitpunkten gelten entsprechend[498].

dd) Kein Ausschluss nach § 3 S. 2 NachwG

Gemäß § 3 S. 2 NachwG soll § 3 S. 1 NachwG unter anderem nicht bei einer Änderung der Tarifverträge gelten, die auf das Arbeitsverhältnis Einfluss haben. Der Gesetzgeber macht damit nur deutlich, dass mit dem Nachweis eines einschlägigen Tarifvertrags auch dessen Inhalt nachgewiesen ist[499]. Sinn und Zweck dieser Regelung ist es, unnötigen bürokratischen Aufwand zu vermeiden[500], wenn im erstellten Nachweis die Verweisungsmöglichkeit genutzt wurde. Nach dem Willen des Gesetzgebers soll der Arbeitnehmer sich über inhaltliche Änderungen der Tarifverträge selbst informieren[501]. Die Auskunftspflicht wird daher auch nicht durch § 3 S. 2 NachwG ausgeschlossen.

c) Ergebnis hinsichtlich der Auskunftspflichten des Arbeitgebers gegenüber den Arbeitnehmern des Betriebes

Auskunftspflichten der Arbeitgeber über ihren Mitgliedsstatus im Arbeitgeberverband bestehen gegenüber dem überwiegenden Teil der Arbeitnehmer aus § 3 S. 1 NachwG, sofern sich wesentliche Vertragsbedingungen für sie ändern.

---

497 Vgl. zur Problematik der „ewigen Dynamik“ von Bezugnahmeklauseln unten, 2. Teil, B. I. 2. b) aa), S. 145 ff.

498 Vgl. die Ausführungen oben, 2. Teil, A. IV. 1. b) bb) (2) (a) bis (c), S. 114 ff.; bzgl. des Zeitpunktes A. A. Blanke, AiB 2000, 260, 262 f., der ohne Unterscheidung von einer sofortigen Unterrichtungspflicht des Arbeitgebers ausgeht.

499 Bepler, ZTR 2001, 241, 244 f.

500 Henssler/ Willemsen/ Kalb/ Kliemt, § 3 NachwG Rn. 3.

501 Bepler, ZTR 2001, 241, 244 f.

d) Selbständige Einklagbarkeit des Auskunftsanspruches

Zu untersuchen ist, ob der Auskunftsanspruch aus § 3 S. 1 NachwG selbständig einklagbar ist. Die Auskunftspflicht des Arbeitgebers aus § 3 S. 1 NachwG gehört nicht zu den Hauptpflichten, die sich aus dem Arbeitsverhältnis ergeben. Sie könnte aber als Nebenleistungspflicht, Nebenpflicht oder Obliegenheit einzustufen sein. Ausschlaggebend ist der Sinn und Zweck der Verpflichtung. Zweck des § 3 S. 1 NachwG ist es, durch die Verpflichtung zur schriftlichen Fixierung der wesentlichen Arbeitsbedingungen mehr Rechtssicherheit und Rechtsklarheit im Arbeitsverhältnis zu schaffen[502]. Um diesen Zweck zu erfüllen ist es notwendig, dass der Arbeitnehmer sofort über den für die Erfolgsaussichten einer Klage maßgeblichen Status des Arbeitgebers im Verband informiert wird. Die Verweisung auf Sekundärleistungsansprüche ist nicht ausreichend. Damit handelt es sich bei der Auskunftspflicht nach § 3 S. 1 NachwG um eine Nebenleistungspflicht, die der Arbeitnehmer selbständig einklagen kann[503].

e) Verschwiegenheitspflicht des Arbeitnehmers über den Mitgliedsstatus des Arbeitgebers im Arbeitgeberverband

Der Arbeitnehmer ist gegenüber dem Arbeitgeber grundsätzlich aus seiner arbeitsvertraglichen Treuepflicht zur Verschwiegenheit verpflichtet[504].

Fraglich ist, ob sich die Schweigepflicht auch auf den OT- Status des Arbeitgebers im Verband erstreckt. Aus dem vor Gericht geltenden Öffentlichkeitsgrundsatzes nach §§ 52, 80 Abs. 2 ArbGG folgt, dass der Arbeitnehmer den Mitgliedsstatus seines Arbeitgebers jedenfalls in einem laufenden Prozess offenbaren darf.

Außergerichtlich bleibt der Arbeitnehmer im Rahmen seiner arbeitsvertraglichen Treuepflicht zur Verschwiegenheit verpflichtet. Es besteht ein berechtigtes wirtschaftliches Interesse des Arbeitgebers an der Geheimhaltung seines Status` im Arbeitgeberverband, da der Umstand seiner Tarifgebundenheit den Gewinn qualifizierter Arbeitskräfte auf dem Arbeitsmarkt beeinflussen kann[505]. Die OT- Mitgliedschaft im Arbeitgeberverband kann darüber hinaus einen Wettbewerbsvorteil gegenüber tarifgebundenen und nicht organisierten Konkurrenzunternehmen darstellen, da OT- Mitglieder zwar von den allgemeinen Verbandsleistungen profitieren, jedoch nicht an die Tarifverträge gebun-

502 ErfK/ Preis, Einführung NachwG, Rn. 1.

503 ErfK/ Preis, Einführung NachwG, Rn. 13; Henssler/ Willemsen/ Kalb/ Kliemt, NachwG Vorb. Rn. 30.

504 Henssler/ Willemsen/ Kalb/ Quecke, § 1 KSchG Rn. 248.

505 ErfK/ Franzen, § 3 TVG Rn. 29.

den sind[506]. Der jeweilige Arbeitgeber hat ein wirtschaftliches Interesse daran, dass Konkurrenzunternehmen den sich ergebenden Wettbewerbsvorteil nicht kennen. Der Arbeitnehmer darf über den Status seines Arbeitgebers im Verband daher keine Auskunft erteilen. Verletzt der Arbeitnehmer seine Verschwiegenheitspflicht, steht dem betroffenen Arbeitgeber nach den jeweiligen Umständen die ordentliche oder sogar die außerordentliche Kündigung des Arbeitnehmers offen[507].

2. Verpflichtung des Arbeitgebers gegenüber dem Betriebsrat

Möglicherweise hat der Arbeitgeber nicht nur seine Arbeitnehmer, sondern auch den Betriebsrat über seinen Mitgliedsstatus im Arbeitgeberverband zu informieren.

a) Auskunftsanspruch aus § 80 Abs. 1 Nr. 1, Abs. 2 S. 1 BetrVG

Ein Auskunftsanspruch des Betriebsrats gegenüber dem Arbeitgeber bezüglich seiner Mitgliedschaft in einem Arbeitgeberverband kann sich aus § 80 Abs. 1 Nr. 1, Abs. 2 S. 1 BetrVG ergeben. Gemäß § 80 Abs. 2 S. 1 BetrVG hat der Arbeitgeber gegenüber dem Betriebsrat eine allgemeine Informationspflicht in den Fällen, in welchen der Betriebsrat auf die Informationen zur Durchführung der ihm obliegenden Aufgaben angewiesenen ist. Nach § 80 Abs. 1 Nr. 1 BetrVG gehört es zu den Aufgaben im Sinne des § 80 Abs. 2 S. 1 BetrVG, dass der Betriebsrat über die Einhaltung der Tarifverträge wacht. Er benötigt hierzu rechtzeitig die Auskunft des Arbeitgebers über den Zeitpunkt und das Ausmaß von Änderungen der einschlägigen Tarifverträge und ihrer Anwendbarkeit[508]. Aus dem Gebot der vertrauensvollen Zusammenarbeit von Betriebsrat und Arbeitgeber nach § 2 Abs. 1 BetrVG lässt sich entnehmen, dass Informationen möglichst weitreichend zu erteilen sind[509]. Ziele des Zusammenwirkens sind das Wohl der Arbeitnehmer und das des Betriebes[510]. Daher ist der Betriebsrat vom Arbeitgeber spätestens dann über dessen Wechsel zum OT- Status zu informieren, wenn der Wechsel sich auf die Geltung der Tarifverträge in den Arbeitsverhältnissen auswirkt. Maßgeblich sind damit die für die Information der Arbeitnehmer genannten Zeitpunkte[511].

---

506 Vgl. zu den Vorteilen einer OT- Mitgliedschaft a. a. O., 1. Teil, E., S. 28f.
507 Henssler/ Willemsen/ Kalb/ Quecke, § 1 KSchG Rn. 248.
508 Fitting/ Engels/ Schmidt/ Trebinger/ Linsenmaier, § 80 Rn. 54.
509 Fitting/Engels/ Schmidt/ Trebinger/ Linsenmaier, § 2 Rn. 24.
510 Fitting/ Engels/ Schmidt/ Trebinger/ Linsenmaier, § 2 Rn. 15.
511 Vgl. a. a. O., 2. Teil, A. IV. 1. b) bb) (2) (a) bis (c), S. 114ff.

b) Geheimhaltungspflicht des Betriebsrates über den Status des Arbeitgebers im Arbeitgeberverband

Als Rechtsfolge der Kenntniserlangung könnte sich für den Betriebsrat die Geheimhaltungspflicht aus § 79 BetrVG ergeben. Danach sind seine Mitglieder und Ersatzmitglieder verpflichtet, Betriebs- oder Geschäftsgeheimnisse, die ihnen wegen ihrer Zugehörigkeit zum Betriebsrat bekannt geworden und vom Arbeitgeber ausdrücklich als geheimhaltungsbedürftig bezeichnet worden sind, nicht zu offenbaren und nicht zu verwerten.

Der Begriff des Betriebs- und Geschäftsgeheimnisses stammt aus dem Wettbewerbsrecht und lehnt sich an dessen Bestimmung für § 17 UWG an[512]. Betriebs- und Geschäftsgeheimnisse sind solche Tatsachen, die im Zusammenhang mit dem technischen Betrieb oder der wirtschaftlichen Betätigung des Unternehmens stehen, nur einem begrenzten Personenkreis zugänglich und bekannt sind, nach dem Willen des Arbeitgebers geheim zu halten sind und an deren Geheimhaltung ein berechtigtes Interesse besteht[513]. Während das Betriebsgeheimnis sich insbesondere auf die Herstellung und das Herstellungsverfahren eines Produktes in technischer Hinsicht bezieht[514], fallen unter das Geschäftsgeheimnis der allgemeine Geschäftsverkehr des Unternehmens, beispielsweise auch Tatsachen von wirtschaftlicher Bedeutung und Vertragsschlüsse[515]. Hierzu gehören auch die Lohn- und Gehaltsdaten, da sie Teil der betriebswirtschaftlichen Kalkulation über die Gewinnmöglichkeiten eines Unternehmens sind[516]. Damit ist der Vorgang des Statuswechsels unter Abkoppelung von den Tarifnormen ein Geschäftsgeheimnis, über welchen der Betriebsrat schweigen muss, bis der eigene Auskunftsanspruch entsteht und kumulativ der Zeitpunkt der Offenbarung gegenüber den Arbeitnehmern eingetreten ist. Auch die Gewerkschaft als außen stehender wirtschaftlicher Gegner des Arbeitgebers darf von den im Betriebsrat sitzenden Gewerkschaftsfunktionären nicht vorher über den Statuswechsel des Arbeitgebers informiert werden[517].

512 Richardi/ Thüsing, § 79 Rn. 4.

513 BAG, Urteil vom 16.03.1982- BAGE 41, 21, 29; Hess/ Schlochauer/ Worzalla/ Glock/ Nicolai, § 79 Rn. 3.

514 Hess/ Schlochauer/ Worzalla/ Glock/ Nicolai, § 79 Rn. 4; Richardi/ Thüsing, § 79 Rn. 5.

515 Hess/ Schlochauer/ Worzalla/ Glock/ Nicolai, § 79 Rn. 5; Richardi/ Thüsing, § 79 Rn. 5.

516 BAG, Urteil vom 26.02.1987, AP BetrVG 1972 § 79 Nr. 2 zu II. 2. c) bb) der Gründe.

517 Gaumann/ Schafft, NZA 2001, 1125, 1128.

3. Verpflichtung des Arbeitgebers gegenüber dem Aufsichtsrat

Aufgabe des Aufsichtsrates als zwingend notwendiges Organ jeder Aktiengesellschaft[518] ist es, als Bindeglied zwischen Eigentum und Management im Unternehmen zu wirken und damit zur Funktionsfähigkeit der Gewaltenteilung beizutragen[519]. Der Aufsichtsrat hat gemäß § 111 Abs. 1 AktG die Geschäftsführung zu überwachen. Hierzu gehören auch wesentliche Einzelmaßnahmen. Eine Konkretisierung kann über die Berichtspflichten des Vorstandes nach § 90 Abs. 1 AktG erfolgen[520].

Fraglich ist, ob hierzu auch die Mitteilung über den Wechsel zur OT- Mitgliedschaft gehört.

a) Auskunftspflicht aus § 90 Abs. 1 Nr. 1 AktG

Gemäß § 90 Abs. 1 Nr. 1 AktG hat der Vorstand den Aufsichtsrat unter anderem über die Finanz- und Personalplanung als eine grundsätzliche Frage der Unternehmensplanung zu unterrichten. Ob ein Unternehmen durch eine Mitgliedschaft im Arbeitgeberverband an die einschlägigen Tarifverträge gebunden ist oder nicht, hat beispielsweise hinsichtlich der Lohnkosten weitgehende Auswirkungen auf die Geschäftsführung des Unternehmens. Nach § 90 Abs. 2 Nr. 1 AktG ist der Bericht einmal jährlich zu erstatten, sofern nicht eine unverzügliche Berichterstattung über neue Fragen oder eine Änderung der Lage geboten ist. Dies wird so behandelt wie der Sonderbericht aus wichtigem Anlass nach § 90 Abs. 1 S. 3 AktG[521]. Der Wechsel in die OT- Mitgliedschaft hat großen Einfluss auf die Lage des Unternehmens in wirtschaftlicher Hinsicht. Der Tarifvertrag gelangt in das Stadium der Nachbindung gemäß § 3 Abs. 3 TVG und anschließend in den Nachwirkungszeitraum gemäß § 4 Abs. 5 TVG[522]. Die Tarifnormen verlieren ihre zwingende Wirkung und können im Sinne des § 4 Abs. 5 TVG durch „andere Abmachungen" ersetzt werden[523], welche eine für den Arbeitgeber günstigere Ausgangslage schaffen können. In Betracht kommt beispielsweise eine Absenkung der Lohnkosten. Dem Aufsichtsrat gegenüber ist daher schon vor der Entscheidung des Arbeitgebers

518 Lutter/ Krieger, Rn. 7; MüKo/ Semler, § 95 Rn. 9; Schmidt/ Lutter/ Drygala, § 95 Rn. 2.

519 Schmidt/ Lutter/ Drygala, § 95 Rn. 2; Zum Gedanken der „Corporate Governance" vgl. Freidank/ Velte, S. 24 ff.

520 ErfK/ Oetker, § 111 AktG Rn. 2.

521 MüKo/ Hefermehl/ Spindler, § 90 AktG Rn. 21; Schmidt/ Lutter/ Krieger/Sailer-Coceani, § 90 AktG Rn. 15.

522 A. a. O., 2. Teil, A. III. 1. a) und b), S. 87 f.

523 A. a. O., 2. Teil, A. III. 1. b), S. 88.

Auskunft über den geplanten Statuswechsel zu erteilen[524]. Vorstand und Aufsichtsrat können im Anschluss beraten, ob an der Planung festgehalten werden soll oder nicht.

b) Schweigepflicht des Aufsichtsrates über den Mitgliedsstatus des Arbeitgebers im Arbeitgeberverband

Als Rechtsfolge der Kenntniserlangung ergibt sich für Arbeitnehmervertreter im Aufsichtsrat die Schweigepflicht aus dem Gesellschaftsrecht[525]. Nach § 116 AktG in Verbindung mit § 93 Abs. 1 S. 3 AktG haben Aufsichtsratsmitglieder Verschwiegenheit über vertrauliche Berichte und Geschäftsgeheimnisse zu bewahren, die ihnen durch ihre Tätigkeit als Aufsichtsratsmitglieder bekannt geworden sind. Die Schweigepflicht ist gesetzlich zwingend. Sie kann nicht eingeschränkt werden[526] und geht damit über die betriebsverfassungsrechtliche Geheimhaltungspflicht hinaus[527]. Sie gilt gegenüber jedermann, auch gegenüber dem Betriebsrat[528]. Bei der Kenntnis über den Statuswechsel des Arbeitgebers handelt es sich um ein Geschäftsgeheimnis[529]. Die Aufsichtsratsmitglieder unterliegen hinsichtlich ihrer Kenntnis hierüber einer umfassenden Schweigepflicht. Nach § 404 AktG ist diese strafbewehrt.

4. Verpflichtung des Arbeitgebers gegenüber dem Wirtschaftsausschuss

Auch für den Wirtschaftsausschuss kann sich ein Auskunftsanspruch gegen den Arbeitgeber ergeben. Nach § 106 Abs. 1 S. 2 BetrVG hat der Wirtschaftsausschuss die Aufgabe, wirtschaftliche Angelegenheiten mit dem Unternehmer zu besprechen und dann den Betriebsrat zu unterrichten. Nach § 106 Abs.2 BetrVG hat der Unternehmer den Wirtschaftsausschuss rechtzeitig und umfassend über die wirtschaftlichen Angelegenheiten des Unternehmens unter Vorlage der erforderlichen Unterlagen zu unterrichten, wozu gemäß § 106 Abs. 3 Nr. 10 BetrVG auch Vorgänge und Vorgaben gehören, welche die Interessen der Arbeitnehmer des Unternehmens wesentlich berühren können. Es handelt sich hierbei um

524 Ebenso Gaumann/ Schafft, NZA 2001, 1125, 1129.
525 ErfK/ Kania, § 79 BetrVG Rn. 11.
526 Schmidt/ Lutter/ Krieger/ Sailer-Coceani, § 93 Rn. 17; Spindler/ Stilz/ Fleischer, § 93 Rn. 163.
527 Vgl. Einschränkung in § 79 Abs. 1 S. 4 BetrVG.
528 Schmidt/ Lutter/ Krieger/ Sailer-Coceani, § 93 Rn. 21.
529 A. a. O., 2. Teil, A. IV. 2. b), S. 121.

eine beschränkte Generalklausel[530]. Sie erfasst alle Aspekte, die entscheidende Angelegenheiten des Unternehmens betreffen, solange hierdurch die Interessen der Arbeitnehmer wesentlich berührt werden können[531]. Der Wechsel in den OT- Status des Arbeitgebers hat für die Arbeitnehmer weitreichende Auswirkungen[532], sodass er von der Generalklausel erfasst wird und hierüber Auskunft erteilt werden muss[533]. Der Unternehmer hat den Wirtschaftsausschuss nach § 106 Abs. 2 BetrVG rechtzeitig, also vor einer Entscheidung zu unterrichten[534] und auch noch vor der Unterrichtung des Betriebsrats[535], denn sonst liefe die Beratungsaufgabe des Wirtschaftsausschusses leer. Der Wirtschafsausschuss ist ein Hilfsorgan des Betriebsrats[536].

Gemäß § 106 Abs. 2 BetrVG besteht die Unterrichtungspflicht aber nur soweit, wie dadurch nicht die Betriebs- und Geschäftsgeheimnisse des Unternehmens gefährdet werden. Bei dem Statuswechsel des Arbeitgebers handelt es sich um ein Geschäftsgeheimnis[537]. Nach pflichtgemäßer Prüfung muss der Unternehmer zu dem Ergebnis gelangen, dass durch die Auskunft an die Mitglieder des Ausschusses eine Gefährdung des Geheimnisses eintreten kann[538], obwohl sie nach § 79 Abs. 2 BetrVG einer Geheimhaltungspflicht unterliegen[539], wenn der Arbeitgeber dies angeordnet hat, die jedoch für die Mitglieder des Wirtschaftsausschusses nicht gegenüber dem Betriebsrat gilt[540]. Da der Katalog der Unterrichtungsgegenstände in § 106 Abs. 3 BetrVG die Mitteilung von Betriebs- und Geschäftsgeheimnissen umfasst, ist der Gefährdungstatbestand nur in Ausnahmefällen anzunehmen[541]. Der Wirtschaftsausschuss ist daher regelmäßig noch vor der Entscheidung über den Wechsel des Arbeit-

530 Fitting/ Engels/ Schmidt/ Trebinger/ Linsenmaier, § 106 Rn. 130; Stege/ Weinspach/ Schiefer, §§ 106–109, Rn. 73.

531 BAG, Urteil vom 11.07.2000, BAGE 95, 228, 235.

532 Vgl. a. a. O., 2. Teil, A. IV. 1. b), S. 109 ff.

533 Blanke, AiB 2000, 260, 265; Gaumann/ Schafft, NZA 2001, 1125, 1128.

534 Fitting/ Engels/ Schmidt/ Trebinger/ Linsenmaier, § 106 Rn. 30.

535 A. a. Gaumann/ Schafft, NZA 2001, 1125, 1128 f., der sich auf seine Ausführungen zur Informationspflicht gegenüber dem Betriebsrat und damit auf die dort benannten Zeitpunkte beruft.

536 Fitting/ Engels/ Schmidt/ Trebinger/ Linsenmaier, § 106 Rn. 2; Richardi/ Annuß, vor § 106, Rn. 3; Stege/ Weinspach/ Schiefer, §§ 106–109, Rn. 7a.

537 A. a. O., 2. Teil, A. IV. 2. b), S. 121.

538 Fitting/ Engels/ Schmidt/ Trebinger/ Linsenmaier, § 106 Rn. 44; Löwisch/ Kaiser, § 106 BetrVG Rn. 15; Richardi/ Annuß, § 106 Rn. 35; Stege/ Weinspach/ Schiefer, §§ 106–109 Rn. 42.

539 Fitting/ Engels/ Schmidt/ Trebinger/ Linsenmaier, § 106 Rn. 44; Richardi/ Annuß, § 106 BetrVG Rn. 36.

540 Fitting/ Engels/ Schmidt/ Trebinger/ Linsenmaier, § 106 Rn. 46.

541 Fitting/ Engels/ Schmidt/ Trebinger/ Linsenmaier, § 106 Rn. 44; Richardi/ Annuß, § 106 Rn. 34.

gebers zur OT- Mitgliedschaft und vor der Benachrichtigung des Betriebsrats hierüber zu informieren.

5. Verpflichtung des Arbeitgebers gegenüber der für den Tarifvertragsschluss zuständigen Gewerkschaft

Möglicherweise besteht eine Auskunftspflicht des Arbeitgebers über seinen Status im Arbeitgeberverband gegenüber der jeweiligen für einen Tarifvertragsschluss zuständigen Gewerkschaft. Dazu muss die Gewerkschaft einen Anspruch auf Auskunft haben. Zu unterscheiden ist zwischen einem eigenen und einem abgeleiteten Anspruch auf Auskunft.

a) Eigener Auskunftsanspruch der Gewerkschaft

In Betracht kommt ein eigener Auskunftsanspruch der Gewerkschaft gegenüber dem Arbeitgeber über dessen Status im Verband.

aa) Auskunftsanspruch aus § 675 Abs. 1 BGB

Ein Auskunftsanspruch der Gewerkschaft aus § 675 Abs. 1 BGB liegt vor, wenn der Tarifvertrag als Auskunftserteilungsvertrag angesehen werden kann. Die Auskunftserteilung stellt aber schon nicht die Hauptleistung eines Tarifvertrags dar. Es handelt sich bei einem Tarifvertrag nicht um einen Auskunftserteilungsvertrag, sodass § 675 Abs. 1 BGB nicht Anspruchsgrundlage sein kann.

bb) Auskunftsanspruch aus dem Tarifvertrag in Verbindung mit §§ 675, 666 BGB

Ein eigener Auskunftsanspruch der Gewerkschaft gegenüber dem Arbeitgeber über seinen Wechsel in die OT- Mitgliedschaft kann sich aus dem Tarifvertrag in Verbindung mit §§ 675, 666 BGB ergeben.

Es muss sich bei dem Tarifvertrag um einen Geschäftsbesorgungsvertrag handeln. Eine Geschäftsbesorgung nach § 675 BGB liegt vor, wenn sich der Geschäftsbesorger gegenüber dem Geschäftsherrn dazu verpflichtet, gegen Entgelt eine selbständige Tätigkeit wirtschaftlicher Art zur Wahrnehmung fremder Vermögensinteressen auszuführen[542]. Darüber hinaus müsste der Arbeitgeber im Sinne des § 666 BGB als Geschäftsbesorgender verpflichtet sein, der Gewerkschaft gegenüber Auskunft zu erteilen.

542 MüKo/ Heermann, § 675 Rn. 3.

Geht es um den Abschluss eines Haustarifvertrags, ist der Arbeitgeber in der Regel nicht als Mitglied eines Arbeitgeberverbands betroffen[543]. Die OT- Problematik stellt sich nicht.

Ein Auskunftsanspruch der Gewerkschaft gegenüber dem Arbeitgeber scheidet jedoch auch bei dem Abschluss eines Flächentarifvertrages aus. Denn der Arbeitgeber führt keine fremdnützige selbständige Tätigkeit wirtschaftlicher Art aus. Der Arbeitgeber ist über die Bindung an den Tarifvertrag gemäß § 3 Abs. 1 TVG dazu verpflichtet, die Tarifnormen umzusetzen. Selbst wenn man hierin eine selbständige Tätigkeit wirtschaftlicher Art erkennen möchte, fehlt es an der Fremdnützigkeit. Die Tätigkeit wird nur in fremdem Interesse ausgeübt, wenn sie auf ein Geschäft gerichtet ist, für die an sich der Geschäftsherr selbst in Wahrnehmung seiner Vermögensinteressen zu sorgen hat, die ihm aber ein anderer abnimmt[544]. Die Gewerkschaft ist nicht Geschäftsherr im Sinne dieser Definition, da sie selbst nicht zur Anwendung der Tarifnormen verpflichtet ist. Mangels einer solchen Verpflichtung kann nicht angenommen werden, dass der Arbeitgeber ein Geschäft der Gewerkschaft übernommen hat. Darüber hinaus mangelt es an der Entgeltlichkeit. Eine Vergütung für die Anwendung der Tarifnormen erhält das Verbandsmitglied nicht. Ein Geschäftsbesorgungsvertrag liegt nicht vor.

Eine Auskunftspflicht des Arbeitgebers gegenüber der Gewerkschaft nach §§ 675, 666 BGB in Verbindung mit dem Tarifvertrag scheidet daher ebenfalls aus.

cc) Auskunftsanspruch aus dem Tarifvertrag in Verbindung mit § 242 BGB

Möglicherweise hat die Gewerkschaft aber einen Anspruch auf Auskunft gegenüber dem Arbeitgeber aus Treu und Glauben gemäß § 242 BGB. Der Tarifvertrag ist zumindest im Verhältnis der Tarifvertragsparteien zueinander als ein privatrechtlicher Vertrag anzusehen, auf den die Regeln des Schuldrechts Anwendung finden[545]. Damit ist auch der Grundsatz von Treu und Glauben aus § 242 BGB anwendbar.

Eine Auskunftspflicht aus § 242 BGB ergibt sich -gewohnheitsrechtlich anerkannt[546] – dann, wenn der Berechtigte in entschuldbarer Weise über Bestehen oder Umfang seines Rechts im Ungewissen ist und der Verpflichtete die zur Beseitigung der Ungewissheit erforderliche Auskunft einfach geben kann[547]. Allein

543 Zur Bestreikbarkeit eines bereits an den Flächentarifvertrag gebundenen Arbeitgebers vgl. Päuser.

544 Palandt/ Sprau, § 675 Rn. 4.

545 Arnold, S. 166.

546 Köhler, NJW 1992, 1477, 1480; MüKo/ Krüger, § 260 Rn. 12; Palandt/ Heinrichs, § 261 Rn. 8.

547 BGH, Urteil vom 28.10.1953, BGHE 10, 385, 387; BGH, Urteil vom 04.06.1981, BGHE 81, 21, 24; ErfK/ Preis, § 611 BGB Rn. 736; Henssler/ Willemsen/ Kalb/ Thüsing, § 611 BGB,

der Umstand, dass eine Partei Informationen hat, die für die andere Partei von Bedeutung sind, begründet keine Auskunftspflicht[548]. Erforderlich ist vielmehr, dass zwischen den Parteien eine Sonderverbindung irgendeiner Art besteht[549]. Der Arbeitgeber als Mitglied eines Arbeitgeberverbandes wird zwar nicht selbst Partei des Verbandstarifvertrags. Rechte und Pflichten aus dem Tarifvertrag treffen grundsätzlich nur die vertragsschließenden Tarifvertragsparteien, nicht ihre Mitglieder[550]. Die Tarifvertragsparteien können jedoch im Sinne des § 328 Abs. 1 BGB unmittelbare Rechtsansprüche zugunsten ihrer Mitglieder begründen. Der Tarifvertrag ist dann ein Vertrag zugunsten Dritter. Maßgeblich ist der Einzelfall.

Erlangt der Arbeitgeber keine unmittelbaren Rechtsansprüche aus dem Tarifvertrag, kann es sich um einen Vertrag mit Schutzwirkung zugunsten Dritter handeln. Die Voraussetzungen liegen vor. Der Arbeitgeber kommt zwar bestimmungsgemäß mit den von den Tarifvertragsparteien abgeschlossenen tariflichen Regelungen in Berührung. Der Arbeitgeberverband als Gläubiger des Tarifvertrages – ihn treffen genauso wie die Gewerkschaft unmittelbar die Rechte und Pflichten aus dem Tarifvertrag – schuldet seinen Mitgliedern Schutz und Fürsorge, er ist für das „Wohl und Wehe" seiner Mitglieder verantwortlich. Dies ist der Gewerkschaft auch erkennbar. Nicht erforderlich für das Kriterium der Erkennbarkeit der Haftung des Schuldners ist, dass ihm Name und Zahl der zu schützenden Dritten bekannt sind[551]. Ein Auskunftsanspruch kann also nicht aus der Voraussetzung der Erkennbarkeit erlangt werden. Darüber hinaus würde sich der Anspruch auf Auskunft über den Status der Verbandsmitglieder gegen den Verband wenden und nicht gegen den einzelnen Arbeitgeber. Für die Schutzbedürftigkeit des Arbeitgebers kommt es darauf an, ob er anderenfalls nicht ausreichend geschützt wäre, beispielsweise wenn Normen drittschützend im Sinne des § 328 Abs. 1 BGB wirken und einen eigenen Anspruch des Arbeitgebers erzeugen. Danach liegt als Sonderverbindung der Tarifvertrag als Vertrag mit Schutzwirkung zugunsten Dritter vor. Hieraus müsste sich ein Recht der Gewerkschaft ergeben, über deren Umfang sie in Unkenntnis ist und über welches der Arbeitgeber Auskunft erteilen müsste. Der Vertrag mit Schutzwirkung zugunsten Dritter bewirkt, dass der Arbeitgeber gegebenenfalls Schadensersatzansprüche geltend machen kann, obwohl er selbst nicht Vertragspartei ist. Ein Recht der Gewerkschaft dagegen ergibt sich daraus nicht. Ein Auskunftsanspruch der Gewerkschaft besteht nicht. Der

Rn. 242; MüKo/ Krüger, § 260 Rn. 12; Palandt/ Heinrichs, § 261 Rn. 8.

548 Soergel/ Wolf, § 260 Rn. 25.

549 Vgl. Beispiele bei Palandt/ Heinrichs, Einleitung v § 241 Rn. 4.

550 ErfK/ Franzen, § 1 TVG Rn. 21.

551 BGH, NJW 1995, 392, 392.

Verbandstarifvertrag in Verbindung mit § 242 BGB stellt keine Anspruchsgrundlage für einen Auskunftsanspruch der Gewerkschaft dar.

Ein Auskunftsanspruch aus einem Firmentarifvertrag in Verbindung mit § 242 BGB über den Status des Arbeitgebers im Arbeitgeberverband ist ebenfalls abzulehnen. Der Arbeitgeber wird zwar unmittelbar Vertragspartei. Auf seinen Mitgliedsstatus im Arbeitgeberverband kommt es dann aber nicht an.

Eine unmittelbare Beziehung zwischen dem einzelnen Arbeitgeber als Mitglied im Verband und der Gewerkschaft, die eine Auskunftspflicht über den Mitgliedstatus aus Treu und Glauben begründen kann, lässt sich nicht feststellen. Es ergibt sich für den Arbeitgeber keine Auskunftspflicht gegenüber der Gewerkschaft aus § 242 BGB.

dd) Auskunftsanspruch aus §§ 80 Abs. 2 S. 1 Nr. 1, 106 Abs. 2, Abs. 3 Nr. 10 BetrVG, § 90 Abs. 1 Nr. 1 AktG analog

Mangels einer unmittelbar anwendbaren Grundlage für einen eigenen Anspruch der Gewerkschaft auf Auskunft gegenüber dem Arbeitgeber kommt nur eine analoge Anwendung der Anspruchsgrundlagen in Betracht, die für den Betriebsrat, den Wirtschaftsausschuss oder den Aufsichtsrat gelten. Das Gesetz muss bei vergleichbarer Interessenlage für einen Auskunftsanspruch der Gewerkschaft eine planwidrige Regelungslücke enthalten[552].

Gewerkschaftsmitglieder sind zwar häufig in den oben genannten betrieblichen Organen[553] und in den Aufsichtsräten[554] vertreten, die Gewerkschaft selber bleibt aber dennoch Koalition. Ihre politische Tätigkeit ist streng von der betrieblichen Betätigung ihrer Mitglieder zu trennen[555]. Eine vergleichbare Interessenlage besteht für die von den Betriebspartnern unabhängige Gewerkschaft nicht. Die für einen Auskunftsanspruch der Betriebspartner bestehenden Anspruchsgrundlagen können nicht analog für einen Anspruch der Gewerkschaft herangezogen werden.

b) Auskunftsanspruch der Gewerkschaftsmitglieder aus abgetretenem Recht der gewerkschaftsangehörigen Arbeitnehmer

Da Ansprüche der Gewerkschaft aus eigenem Recht ausscheiden, kommen Auskunftsansprüche aus abgetretenem Recht in Betracht. Möglicherweise können die Gewerkschaftsmitglieder ihre Auskunftsansprüche an die Gewerkschaft

552 Palandt/ Heinrichs, vor § 1 Einleitung Rn. 48.
553 vgl. § 2 Abs. 3, 74 Abs. 3 BetrVG.
554 Vgl. § 7 Abs. 2 MitbestG, § 4 Abs. 2 Monatan- MitbestG, § 6 Abs. 1 Montan- MitbestErgG.
555 Hoyningen- Huene, § 5 Rn. 1.

abtreten. Die Arbeitnehmer haben in verschiedenen Fällen einen Anspruch auf Auskunft gegen den Arbeitgeber über seinen Mitgliedsstatus im Verband aus den Normen des NachwG[556]. Der Auskunftsanspruch des Arbeitnehmers aus § 3 Satz 1 NachwG gegen den Arbeitgeber ist abtretbar, sofern er eine Forderung im Sinne der § 398ff. BGB darstellt. Eine Forderung ist das Recht des Gläubigers auf die Leistung[557]. Der Arbeitnehmer hat in den oben bezeichneten Fällen einen Anspruch auf Auskunftserteilung gegen seinen Arbeitgeber und kann diese Leistung fordern. Der Auskunftsanspruch ist damit eine Forderung gemäß § 398 BGB.

Der wirksamen Abtretung des Auskunftsanspruchs könnte ein Abtretungsverbot im Sinne der §§ 399, 400 BGB entgegenstehen. Nach § 399 BGB kann eine Forderung nicht abgetreten werden, wenn die Leistung an einen anderen als den ursprünglichen Gläubiger nicht ohne Veränderung ihres Inhalts erfolgen kann oder wenn die Abtretung durch Vereinbarung mit dem Schuldner ausgeschlossen ist. In Betracht kommt eine Inhaltsänderung infolge einer Zweckbindung der Leistung. Entscheidend ist somit der Zweck des § 3 Satz 1 NachwG.

Das NachwG als Umsetzung der Nachweisrichtlinie RL 91/533/EWG soll mehr Rechtssicherheit und Rechtsklarheit im Arbeitsverhältnis schaffen[558]. Die Richtlinie sieht die Pflicht des Arbeitgebers zur Unterrichtung des Arbeitnehmers über die für seinen Arbeitsvertrag oder sein Arbeitsverhältnis geltenden Bedingungen vor. Damit ist der Auskunftsanspruch aus dem NachwG so mit der Rechtsstellung des Arbeitnehmers verknüpft, dass eine Abtretung an die Gewerkschaft gemäß § 399, 1. Fall BGB ausgeschlossen ist. Die Zweckbindung steht einer Abtretung als Abtretungsverbot entgegen.

Die Voraussetzungen einer wirksamen Abtretung nach §§ 398ff. BGB liegen nicht vor.

Auch ein Auskunftsanspruch der Gewerkschaft aus abgetretenem Recht scheidet daher aus.

c) Ergebnis

Die Gewerkschaft hat weder aus eigenem Recht einen Anspruch auf Auskunft gegen den Arbeitgeber über dessen Mitgliedstatus im Arbeitgeberverband, noch kann sie sich den Anspruch der Arbeitnehmer wirksam abtreten lassen.

---

556 Vgl. oben, 2. Teil, A. IV. 1. b), S. 109ff.
557 Palandt/ Heinrichs, Einleitung vor § 241 Rn. 3.
558 ErfK/ Preis, Einführung NachwG Rn. 1.

6. Verpflichtung des Arbeitgeberverbandes gegenüber der für einen Tarifabschluss zuständigen Gewerkschaft auf Auskunftserteilung über den Status des Arbeitgebers im Arbeitgeberverband

Es kann aber ein Auskunftsanspruch der jeweils für einen Tarifvertragsschluss zuständigen Gewerkschaft gegen den Arbeitgeberverband bestehen. Ein solcher würde es der Gewerkschaft ermöglichen, durch den Umweg über den Arbeitgeberverband zu erfahren, ob ein Arbeitgeber Mitglied im Verband ist und wenn ja, welchen Status er dort einnimmt.

Buchner[559] erkennt einen Auskunftsanspruch der Gewerkschaft gegen den Verband nur unter der Prämisse an, dass die Differenzierung der Tarifbindung der Mitglieder über eine Beschränkung des persönlichen Geltungsbereichs des Tarifvertrags ablaufen kann, und zwar durch die verbandsinterne Festlegung des tarifunwilligen Mitgliederkreises. Denn dann könne allein die Ermittlung seines Status im Verband Auskunft über die Tarifgebundenheit des Mitglieds liefern, was zu einem Auskunftsanspruch berechtige. Im Ergebnis folgt *Buchner* diesem Lösungsweg aber nicht, sodass auch er einem Auskunftsanspruch der Gewerkschaft ablehnend gegenüber steht[560].

Eine wirksame OT- Mitgliedschaft basiert ohnehin auf der Tarifgebundenheit des einzelnen Mitglieds nach § 3 Abs. 1 TVG[561]. Eine Beschränkung der personellen Tarifzuständigkeit als Anknüpfungspunkt ist abzulehnen[562]. Kommt es auf diesen Aspekt nicht mehr an, kann hieraus auch kein Auskunftsanspruch entnommen werden.

a) Anspruch aus dem Tarifvertrag in Verbindung mit §§ 675 Abs. 1, 666 BGB

Möglicherweise kann sich aus dem Tarifvertrag eine Anspruchsgrundlage für die Gewerkschaft ergeben.

Als Anspruchsgrundlage kommt der Tarifvertrag in Verbindung mit §§ 675 Abs. 1, 666 BGB in Betracht. Der Arbeitgeberverband wird- anders als der Arbeitgeber- selbst Partei des Flächentarifvertrags. Der Tarifvertrag müsste ein Geschäftsbesorgungsvertrag gemäß § 675 Abs. 1 BGB sein. Ein Geschäftsbesorgungsvertrag nach § 675 BGB ist dann gegeben, wenn sich der Geschäftsbesorger gegenüber dem Geschäftsherrn dazu verpflichtet, gegen Entgelt eine selbständige Tätigkeit wirtschaftlicher Art zur Wahrnehmung fremder Vermögensinteressen

559 Buchner, NZA 1994, 2, 3.

560 Buchner, NZA 1994, 2, 3 f.

561 BAG, Beschluss vom 18.07.2006, NZA 2006, 1225, 1231, Rz. 63.

562 Vgl. zu der Entscheidung des BAG a. a. O., 1. Teil, F. I. 2. b) bb) (1) (a), S. 45 f.

auszuführen[563]. In seinem schuldrechtlichen Teil regelt der Tarifvertrag Rechte und Pflichten der vertragsschließenden Parteien. Insofern ist der Tarifvertrag ein privatrechtlicher Vertrag[564]. Anerkannt ist, dass der Tarifvertrag als schuldrechtliche Sonderrechtsbeziehung anzusehen ist, die auf die Dauer der gemeinsamen Zusammenarbeit aufbaut[565].

Als Geschäftsbesorgung kann die den Arbeitgeberverbänden obliegende „Durchführungspflicht" anzusehen sein. Danach haben die Tarifvertragsparteien eines Verbandstarifvertrags im Rahmen ihrer so genannten „Einwirkungspflicht" [566] dafür Sorge zu tragen, dass ihre Mitglieder sich an die ihnen auferlegten tarifvertraglichen Pflichten halten. Hierbei handelt es sich um eine selbständige Tätigkeit wirtschaftlicher Art. Diese muss zudem fremdnützig sein, also der Wahrnehmung fremder Vermögensinteressen dienen. Es muss sich um eine Tätigkeit handeln, für die ursprünglich der Geschäftsherr selber zu sorgen hatte, die ihm aber durch den Geschäftsführer abgenommen wurde[567]. Die Einwirkungspflicht ist nicht als eine Tätigkeit einzustufen, welche vor Übertragung auf den Arbeitgeberverband als Geschäftsführer durch die Gewerkschaft als Geschäftsherr ausgeübt wurde. Eine „Einwirkungspflicht" auf die tarifgebundenen Arbeitgeber, welche der Verband nun übernommen haben könnte, traf die Gewerkschaft nie. Es mangelt somit an dem Kriterium der Fremdnützigkeit. Darüber hinaus handelt der Arbeitgeberverband unentgeltlich, eine Bezahlung durch die Gewerkschaft mit dem Ziel, dass der Verband auf seine Mitglieder einwirkt, findet nicht statt. Ein Geschäftsbesorgungsvertrag zwischen Gewerkschaft und Arbeitgeberverband nach § 675 Abs. 1 BGB liegt nicht vor.

Ein Auskunftsanspruch der Gewerkschaft gegen den Arbeitgeberverband ergibt sich nicht aus dem Tarifvertrag in Verbindung mit §§ 675 Abs. 1, 666 BGB.

b) Anspruch aus dem Tarifvertrag in Verbindung mit § 242 BGB

Als Anspruchsgrundlage kommt der Tarifvertrag in Verbindung mit § 242 BGB in Betracht. Der Grundsatz von Treu und Glauben findet auf den Tarifvertrag Anwendung[568]. Erforderlich für einen Auskunftsanspruch ist, dass die Gewerkschaft als Berechtigte in entschuldbarer Weise über Bestehen oder Umfang ihres Rechts im Ungewissen ist und der Verband als Verpflichteter die zur

---

563 MüKo/ Heermann, § 675 Rn. 3.

564 ErfK/ Franzen, § 1 TVG Rn. 19; Henssler/ Willemsen/ Kalb/ Henssler, § 1 TVG Rn. 4.

565 Arnold, S. 166.

566 ErfK/ Franzen, § 1 TVG Rn. 87; Henssler/ Willemsen/ Kalb/ Henssler, § 1 TVG Rn. 69.

567 MüKo/ Heermann, § 675 Rn. 8.

568 A. a. O., 2. Teil, A. IV. 5. a) cc), S. 126ff.

Beseitigung der Ungewissheit erforderliche Auskunft einfach geben kann[569]. Tarifvertragsparteien eines Verbandstarifvertrages sind die Gewerkschaft und der Arbeitgeberverband, der Tarifvertrag selbst stellt die erforderliche schuldrechtliche Verbindung zwischen den Parteien her[570]. Es mangelt allerdings an einem Recht der Gewerkschaft aus dem Tarifvertrag, welches diese aufgrund der Unkenntnis über den Mitgliederbestand der Arbeitgeber im Verband nicht geltend machen kann. Ein solches Recht ist nicht ersichtlich. Gegen den Arbeitgeberverband hat die Gewerkschaft keinen Anspruch aus dem Tarifvertrag in Verbindung mit § 242 BGB.

7. Auskunftsobliegenheit des Arbeitgebers gegenüber der Gewerkschaft unter Berücksichtigung der Rechtsprechung zur Außenseiterproblematik

Ein Auskunftsanspruch kann grundsätzlich nur auf einer Rechtsgrundlage basieren, eine allgemeine Verpflichtung des Arbeitgebers zur Offenlegung seiner Verbandszugehörigkeit gibt es nicht. Die Auskunftserteilung über seinen Status im Arbeitgeberverband könnte aber eine Obliegenheit des Arbeitgebers darstellen.

a) Vorliegen einer Auskunftsobliegenheit nach dem Urteil des BAG vom 09.04.1991

Hinsichtlich der „Außenseiterproblematik"[571] hat das BAG[572] in einem „obiter dictum" angenommen, dass der einzelne betroffene Arbeitgeber im Streikfall Auskunft über seine Verbandsangehörigkeit erteilen müsse. Einen besonderen Hinweis auf irgendeine Anspruchsgrundlage enthält die Entscheidung des BAG nicht.

In der Entscheidung ging es um den Streik einer Gewerkschaft im Zusammenhang mit einem Verbandstarifvertrag. In diesen Streik bezog sie einen Außenseiter ein, ohne ihn vorher zu Verhandlungen aufgefordert zu haben, da sie von der Verbandsangehörigkeit des Arbeitgebers ausgegangen war. Verhandlungen hatten nur mit dem Arbeitgeberverband stattgefunden. Das ultima- ratio- Prinzip sieht vor, dass vor einem Streik Verhandlungen stattfinden müssen[573], sodass sich die Frage stellte, ob die Gewerkschaft gegen das Recht des bestreikten

569 BGH, Urteil vom 28.10.1953, BGHE 10, 385, 387; BGH, Urteil vom 04.06.1981, BGHE 81, 21, 24; MüKo/ Krüger, § 260 Rn. 12; Palandt/ Heinrichs, § 261 Rn. 8.

570 A. a. O., 2. Teil, A. IV. 5. a) cc), S. 127f.

571 Siehe zum Begriff des Außenseiters speziell Kreiling, S. 8ff. sowie Lembke, S. 6ff.

572 BAG, Urteil vom 09.04.1991, NZA 1991, 815, 816.

573 BAG, Urteil vom 18.02.2003, BAGE 105, 5, 14.

Außenseiters am eingerichteten und ausgeübten Gewerbebetrieb verstoßen hatte. Dabei gelangte das Gericht zu dem Schluss, dass der Arbeitgeber gegenüber der Gewerkschaft verpflichtet sei, vor Beginn der Verhandlungen Auskunft über seine Organisation im Verband zu erteilen, um nach Ende des Streiks Ansprüche gegen die Gewerkschaft geltend machen zu können bzw. um gar nicht erst in den Streik einbezogen zu werden. Der Gewerkschaft müsse also gegenüber allen Arbeitgebern ein Anspruch auf Erteilung der Auskunft gegeben werden, ob sie dem zuständigen Arbeitgeberverband angehören. Da diese Auskunft fehlte, sei der Außenseiter „aus Versehen" in den Streik einbezogen worden[574].

Behauptet also ein Arbeitgeber unzutreffend, er sei Mitglied des Verbandes, handelt die Gewerkschaft nicht rechtswidrig, wenn sie ihn nach dem Scheitern der Verhandlungen mit dem Verband bestreikt. Erklärt der Arbeitgeber dagegen, er gehöre dem Arbeitgeberverband nicht an, obwohl er Mitglied ist, kann die Gewerkschaft ihn nach gescheiterten Verhandlungen über einen Firmentarifvertrag bestreiken.

Es handelt sich bei der Auskunftserteilung nicht um eine Verbindlichkeit, sondern nur um eine Obliegenheit des Arbeitgebers. Ob er Auskunft über seine Verbandsmitgliedschaft erteilt, liegt alleine in seinem Interesse, da ihm rechtliche Nachteile daraus erwachsen können, wenn er die Auskunftserteilung unterlässt. Aus der Auskunftsobliegenheit ergibt sich für die Gewerkschaft kein Auskunftsanspruch gegen den Arbeitgeber[575].

b) Übertragbarkeit der Auskunftsobliegenheit des Außenseiters auf die OT- Mitgliedschaft

Zu untersuchen ist, ob die Fallgruppe auf die Auskunft über den OT- Status im Verband übertragbar ist. Dafür spricht, dass die Stellung des Außenseiters im Arbeitskampf mit der Stellung eines OT- Mitglieds in dieser Situation vergleichbar ist[576]. Beide werden nicht von der Wirkung eines Flächentarifvertrages erfasst. OT- Mitglieder können ferner genauso wie Außenseiter jederzeit Vollmitglied im Arbeitgeberverband werden. Weiter ist es ihnen nicht versagt, sich bei der Aufstellung eigener Regelungen an die erkämpften Tarifverträge anzulehnen. Dies entspricht sogar weitläufig der Praxis[577]. Im Ergebnis ist die Interessenlage

574 BAG, Urteil vom 09.04.1991, NZA 1991, 815, 816.

575 Vgl. zu den Voraussetzungen einer Obliegenheit Palandt/ Heinrichs, Einleitung vor § 241 Rn. 13.

576 Ebenso Thüsing, S. 163; anders Lembke, S. 21 f., der zwar die Vergleichbarkeit in diesem Punkt bejaht, das OT- Mitglied wegen der (heute überholten) Anknüpfung an die Tarifzuständigkeit aber dann in Abgrenzung zum Außenseiter als „Dritten" ansieht.

577 Vgl. a. a. O., 2. Teil, A. I. 3. a), S. 69.

eines Außenseiters mit der eines OT- Mitglieds vergleichbar. Die Auskunftsobliegenheit besteht somit für das OT- Mitglied entsprechend, denn es hat genauso wie der nicht organisierte Arbeitgeber ein eigenes Interesse daran, nicht in den Arbeitskampf um einen Flächentarifvertrag einbezogen zu werden. Die Rechtsprechung des BAG zur Auskunftserteilung des Außenseiters ist übertragbar auf die Auskunft des Arbeitgebers über den OT- Status im Arbeitgeberverband. Ein Anspruch der Gewerkschaft auf Erteilung von Auskunft über den Mitgliedsstatus besteht nicht.

8. Auskunftsobliegenheit im Falle des kurzfristigen Statuswechsels während laufender Tarifverhandlungen

Weiter könnte sich eine Auskunftsobliegenheit des Arbeitgeberverbandes oder des Arbeitgebers dann ergeben, wenn der Arbeitgeber während laufender Tarifverhandlungen kurzfristig in die OT- Mitgliedschaft überwechselt und die über den Tarifabschluss verhandelnde Gewerkschaft hierüber noch keine Kenntnis erlangt hat[578]. Wie bereits oben[579] dargestellt, ergibt sich entgegen der Ansicht des BAG[580] keine Bindung des während laufender Tarifverhandlungen zur OT-Mitgliedschaft wechselnden Mitglieds an den abzuschließenden Verbandstarifvertrag. Denn die Tarifbindung ist bei einem wirksamen Statuswechsel nicht begründbar. Ein OT- Mitglied ist nicht Mitglied im Sinne des Tarifrechts nach § 3 Abs. 1 TVG und somit nicht an zukünftig abgeschlossene Tarifverträge gebunden. Mangels Tarifbindung gemäß § 3 Abs. 1 TVG scheidet im Umkehrschluss auch eine Auskunftsobliegenheit des Arbeitgebers bzw. des Arbeitgeberverbandes aus. Die fehlende Kenntnis der Gewerkschaft wirkt sich hinsichtlich des Statuswechsels des Arbeitgebers nicht aus. Eine Auskunftsobliegenheit besteht in dem bezeichneten Fall nicht.

9. Ergebnis

Während der Arbeitgeberverband keiner Auskunftsverpflichtung unterliegt, hat der Arbeitgeber für den Fall des Statuswechsels verschiedenen Auskunftsverpflichtungen nachzukommen. Plant er den Wechsel zur OT- Mitgliedschaft, hat er den Aufsichtsrat schon vor der Entscheidung zu unterrichten. Nach dem Statuswechsel muss er die Arbeitnehmer informieren, sofern der Wechsel Auswir-

578 So BAG, Urteil vom 20.02.2008, NZA 2008, 946, 950.

579 A. a. O., 2. Teil, A. III. 1. d) aa) (6), S. 98 ff.

580 BAG, Urteil vom 20.02.2008, NZA 2008, 946, 950.

kungen auf deren Arbeitsverhältnisse hat. Ebenso ist er gegenüber dem Betriebsrat und dem Wirtschaftsausschuss hinweispflichtig.

Die Gewerkschaft dagegen hat keinen Anspruch auf Informationen über OT-Mitgliedschaften.

V. Der Spitzenverband und die OT- Mitgliedschaft

Im Schrifttum kaum thematisiert wird die OT- Mitgliedschaft im Zusammenhang mit der Beteiligung einer Spitzenorganisation. Es ergeben sich interessante Fragestellungen sowohl auf der Ebene der Regionalverbände mit Stufenmodell als auch bei Einführung der OT- Mitgliedschaft im Spitzenverband selbst.

1. Einführung einer OT- Mitgliedschaft im Regionalverband bei Wahrnehmung der tarifpolitischen Angelegenheiten durch eine Spitzenorganisation

Eine besondere Konstellation entsteht, wenn ein Arbeitgeberverband einer Spitzenorganisation angehört[581]. Mitglieder einer Spitzenorganisation sind die ihr beitretenden Verbände[582]. Die Mitglieder der beitretenden Verbände werden selbst nicht Mitglied der Spitzenorganisation, es sei denn, die Satzungen des Vereinsverbandes als auch des beitretenden Verbandes sehen etwas anderes vor[583]. § 2 Abs. 2 und 3 TVG regeln, dass Tarifverträge auch von Spitzenorganisationen abgeschlossen werden können, entweder nach § 2 Abs. 2 TVG im Namen der ihnen angeschlossenen Verbände, die dann selbst Tarifvertragspartei werden, oder gemäß § 2 Abs. 3 TVG im eigenen Namen als Tarifvertragspartei. Die Mitgliedsvereine selbst sind dabei nicht im Sinne des § 3 Abs. 1, 4 Abs. 1 TVG den Tarifnormen unterworfen. Sie sind lediglich gemäß § 2 Abs. 4 TVG zur Durchführung verpflichtet. Die Tarifgebundenheit kann nur die Arbeitsverhältnisse der Mitglieder der Mitgliedsverbände betreffen[584]. Gebunden an die von den Spitzenorganisationen abgeschlossenen Tarifregelungen sind die Mitglieder der Mitgliedsverbände[585], ohne selbst Mitglied der Spitzenorganisation zu sein.

581 METALL NRW ist der Verband der Metall- und Elektroindustrie Nordrhein- westfalen e. V..

582 Buchner, FS Arbeitsgerichtsbarkeit, S. 331, 338; MüKo/ Reuter, § 2 Rn. 119; Soergel/ Hadding, vor § 21 Rn. 54; Wiedemann/Oetker, § 2 Rn. 422.

583 BGH, Urteil vom 18.09.1985, BGHZ 28, 131, 131, dazu Anmerkung von Bauernfeind, NJW 1959, 379; ablehnend MüKo/Reuter, vor § 21 Rn. 122; Soergel/ Hadding, vor § 21 Rn. 54.

584 Buchner, FS Arbeitsgerichtsbarkeit, S. 3229, 340f.

585 Kempen/ Zachert/ Kempen, § 3 Rn. 17; Wiedemann/ Oetker, § 3 Rn. 147.

a) Verband mit OT- Mitgliedern als Mitglied einer tariffähigen Spitzenorganisation

Zu untersuchen ist, wie es sich auf die OT- Mitglieder eines Regionalverbandes auswirkt, wenn ein Arbeitgeberverband mit differenzierenden Mitgliedschaften einer Spitzenorganisation beitritt, die selbst Tarifabschlüsse als satzungsmäßige Aufgabe ausweist.

Die Wirkung des von der Spitzenorganisation abgeschlossenen Tarifvertrages schlägt nicht auf die OT- Mitglieder der ihr angehörenden Regionalverbände durch. Tarifgebunden gemäß § 3 Abs. 1 TVG sind die Mitglieder der Tarifvertragsparteien. Die Bindung des Arbeitgebers an den Flächentarifvertrag beruht auf der Mitgliedschaft in seinem Arbeitgeberverband im tarifrechtlichen Sinne. Tritt ein Arbeitgeber einem Verband als OT- Mitglied bei, fehlt die Legitimation des Verbandes, für dieses Mitglied Tarifnormen zu setzen[586]. Ohne Legitimation durch den Arbeitgeber kann seine Tarifgebundenheit nicht in Betracht kommen.

Die Mitgliedschaft des Arbeitgebers in seinem Arbeitgeberverband stellt auch für den tarifrechtlichen Zugriff der Spitzenorganisation auf die Arbeitsverhältnisse die Grundlage dar. Für ihre Normierungstätigkeit benötigt die Spitzenorganisation die Legitimation ihrer Mitgliedsverbände, um mit Wirkung für die Mitglieder der Mitgliedsverbände tätig werden zu können[587]. Vermittelt die Mitgliedschaft im Arbeitgeberverband schon keine Tarifbindung, kann auch die Spitzenorganisation keine Tarifnormen mit Wirkung für den Arbeitgeber setzen. Die Aussparung der OT- Mitglieder berührt dabei weder die Tariffähigkeit des Verbandes[588], noch die der Spitzenorganisation[589].

Die entsprechende Beschränkung der tarifpolitischen Mandate sollte den Satzungen klar entnommen werden können. Es bietet sich für die Satzung einer Spitzenorganisation, die auch Verbände mit OT- Mitgliedern aufnehmen möchte, beispielsweise folgende Formulierung als klarstellender Hinweis an[590]:

586 Vgl. zur Unterwerfung unter die Normsetzung des Verbandes als Voraussetzung für die Tarifbindung a. a. O., 1. Teil, F. I. 2. b) bb) (3), S. 50.

587 Buchner, FS Arbeitsgerichtsbarkeit, S. 331, 341.

588 A. a. O., 2. Teil, A. II. 2. a), S. 80ff.

589 Vgl. in diesem Zusammenhang zum Fachgruppenmodell 1. Teil, F. I. 2. c) bb), S. 56; siehe auch Buchner, FS Arbeitsgerichtsbarkeit, S. 331, 344; a. A. noch BAG, Urteil vom 02.11.1960, SAE 1961, 80, 80.

590 Als Formulierungsbeispiel vgl. auch Auszug aus der Satzung von METALL NRW, Verband der Metall- und Elektro- Industrie Nordrhein- Westfalen e. V. in der Fassung vom 26.11.2003 a. a. O.., 1. Teil, F. I. 2. c) bb), S. 54.

„Die Wirkungen der vom Verband abgeschlossenen Tarifverträge erstrecken sich nicht auf die OT- Mitglieder der Mitgliedsverbände."

Möchte die Spitzenorganisation dagegen keine Verbände mit Stufenmodell aufnehmen, so kann sie in ihrer Satzung vorsehen, dass nur solche Verbände Mitglied werden können, die keine differenzierte Mitgliedschaft anbieten und tarifpolitisch für alle Arbeitgeber tätig werden. Die Satzungsautonomie liegt insoweit bei der Spitzenorganisation[591]. Nur wenn die Satzung klar zum Ausdruck bringt, dass Mitgliedsverbände mit gestufter Mitgliedschaft nicht geduldet werden, haben die Mitgliedsverbände sich hieran zu halten. Für sie ergibt sich dann zwingend die Durchführungspflicht aus § 2 Abs. 4 TVG.

b) Verband mit OT- Mitgliedern als Mitglied in der Spitzenorganisation mit OT- Fachgruppe

Tritt ein Arbeitgeberverband mit differenzierter Mitgliedschaft einer Spitzenorganisation bei, die eine OT- Fachgruppe gebildet hat[592], stellt sich die Frage, wie eine solche Konstellation ausgestaltet sein kann.

aa) Beitritt

Zu überlegen ist, ob der Verband mit gestuften Mitgliedschaften der Spitzenorganisation als Vollmitglied beitritt oder Mitglied einer möglicherweise vorhandenen OT- Fachgruppe wird. Wie oben[593] erörtert kann ein Verband mit Stufenmodell Mitglied in einer tariffähigen Spitzenorganisation werden, ohne dass die von der Spitzenorganisation abgeschlossenen Tarifverträge für die OT- Mitglieder der Mitgliedsverbände wirksam werden. Verbände, die in der Spitzenorganisation einer OT- Fachgruppe beitreten, werden insgesamt nicht von der Tarifbindung eines von der Spitzenorganisation abgeschlossenen Flächentarifvertrags erfasst[594]. Hat ein Arbeitgeberverband sowohl Voll- als auch OT- Mitglieder, und sieht er die Vertretung in tarifpolitischen Angelegenheiten als seine Aufgabe in der Satzung vor, kann er nicht Mitglied der OT-Fachgruppe in der Spitzenorganisation werden. Mit dem Beitritt zu einer Spitzenorganisation gibt der Verband seine Kompetenz zum Abschluss eines Tarifvertrags an diese ab. Da die von der Spitzenorganisation abgeschlossenen

591 Buchner, FS Arbeitsgerichtsbarkeit, S. 331, 342.

592 Vgl. die Ausgestaltung einer Fachgruppe OT bei METALL NRW, Auszug aus der Satzung von METALL NRW, Verband der Metall- und Elektro- Industrie Nordrhein- Westfalen e. V. in der Fassung vom 26.11.2003, a. a. O., 1. Teil, F. I. 2. c) bb), S. 54.

593 Vgl. a. a. O., 2. Teil, F. I. 2. c) bb), S. 53 ff.

594 Vgl. a. a. O., 1. Teil, F. I. 2. c) bb), S. 53 ff.

Tarifverträge aber gerade nicht die Mitglieder der OT- Fachgruppe binden[595], wären auch die Vollmitglieder des der OT- Fachgruppe beigetretenen Verbands von der Tarifbindung ausgeschlossen. Ein Beitritt zur OT- Fachgruppe macht demnach nur für solche Verbände Sinn, die den Abschluss von Tarifverträgen satzungsmäßig ausschließen. Die Spitzenorganisation als Verbändeverband hat nur Verbände als Mitglieder. Nicht möglich ist also, dass ein OT- Mitglied eines Regionalverbandes als Einzelmitglied in die OT- Fachgruppe einer Spitzenorganisation eintritt.

Verbände mit Stufenmodell treten der Spitzenorganisation als Vollmitglieder bei. Die OT- Mitglieder des Mitgliedsverbands werden bei Tarifabschluss durch den Spitzenverband dennoch nicht von dessen Wirkungen erfasst.

bb) Sitz und Stimme der OT- Mitglieder in der OT- Fachgruppe

Möglich dagegen ist, dass die Mitgliedsverbände mit gestuften Mitgliedschaften für ihre OT- Mitglieder Sitz und Stimme in der Fachgruppe OT erhalten.

Bei METALL NRW heißt es dazu in § 3 Nr. 6 Abs. 2 der Satzung:

> *„Wenn Mitglieder (...) auch Unternehmen (...) organisieren, ohne diesen Tarifbindung zu vermitteln, haben sie für diese Unternehmen auch Sitz und Stimme in der „METALL NRW Fachgruppe oT“ und insoweit gleiche Rechte und Pflichten wie Mitglieder nach Nr. 4[596].“*

Zu untersuchen ist, ob die OT- Mitglieder mittelbar Einfluss auf die tarifgebundenen Verbandsmitglieder ausüben können, da sie sich auf der Ebene der Spitzenorganisation, welche für alle Mitgliedsverbände tarifpolitische Aufgaben wahrnimmt, organisieren können.

Für die Frage der Zulässigkeit der OT- Mitgliedschaft im Regionalverband ist nur ein unmittelbarer Einfluss auf die Tarifpolitik schädlich[597]. Es darf den OT- Mitgliedern insoweit keine Entscheidungskompetenz zustehen. Sie müssten von der Mitwirkung bei der Abstimmung über tarifpolitische Entscheidungen ausgeschlossen sein[598].

Für die Betätigung in der OT- Fachgruppe in einer Spitzenorganisation kann grundsätzlich nichts anderes gelten als für die Betätigung des OT- Mitglieds im Regionalverband. Nur dann, wenn das OT- Mitglied unmittelbaren Einfluss auf

595 A. a. O., 1. Teil, F. I. 2. c) bb), S. 53 ff.

596 Auszug aus der Satzung von METALL NRW, Verband der Metall- und Elektro- Industrie Nordrhein- Westfalen e. V. in der Fassung vom 26.11.2003.

597 LAG Düsseldorf, Urteil vom 11.11.2005, NZA- RR 2006, 200, 201; vgl. die Erörterungen a. a. O., 2. Teil, A. I. 1., S. 63 ff.

598 LAG München, Urteil vom 12.03.2005, NZA- RR 2006, 145, 147.

die Tarifpolitik des Tarifverbandes nehmen kann, etwa durch die Ausübung eines Stimmrechts in einer Tarifkommission, ist die Regelung unwirksam.

Eine solche unzulässige Möglichkeit der Einflussnahme wird durch den Charakter einer OT- Fachgruppe gerade verhindert. Da die OT- Fachgruppe sich bestimmungsgemäß nicht mit tarifpolitischen Angelegenheiten befasst, kann auch die Stimme der OT- Mitglieder hierin keinen Einfluss auf die Tarifpolitik der Spitzenorganisation und mittelbar der Regionalverbände insgesamt nehmen. Das Stimmrecht in der OT- Fachgruppe beschränkt sich auf nicht tarifpolitische Abstimmungsgegenstände, welche die OT- Mitglieder betreffen. Hinzu kommt, dass zur Beschlussfassung ohnehin nur OT- Vertreter in die OT- Fachgruppe entsandt werden. Damit ist sogar ein mittelbarer Einfluss auf die Willensbildung der Vollmitglieder durch Beratung ausgeschlossen. Erforderlich ist wieder eine klare und eindeutige Satzungsausgestaltung.

METALL NRW regelt dies in § 25 Nr. 6 der Satzung:

> *„Bei Beschlussfassungen in der „METALL NRW Fachgruppe oT" können die Mitglieder nur durch Vertreter aus nicht tarifgebundenen Mitgliedsunternehmen vertreten werden."*[599]

Die Regelung bewirkt für Beschlussfassungen eine klare Trennung von tarifgebundenen und tarifungebundenen Unternehmen.

Erhält ein OT- Mitglied eines Regionalverbandes Sitz und Stimme in der OT-Fachgruppe einer Spitzenorganisation, so scheidet jeglicher Einfluss auf tarifgebundene Verbandsmitglieder aus, sofern die Satzung eine klare Trennung vorsieht.

c) Ergebnis

Ein Regionalverband mit Stufenmodell kann Mitglied in einer Spitzenorganisation werden. Ein Durchgriff der Tarifbindung von durch die Spitzenorganisation abgeschlossenen Tarifverträgen auf die OT- Mitglieder der Mitgliedsverbände findet nicht statt. Hat der Spitzenverband eine Fachgruppe OT eingerichtet, so können die OT- Mitglieder der Regionalverbände Sitz und Stimme in deren Gremien erhalten. Sie werden jedoch nicht unmittelbar Mitglied in der Fachgruppe.

---

599 Auszug aus der Satzung von METALL NRW, Verband der Metall- und Elektro- Industrie Nordrhein- Westfalen e. V. in der Fassung vom 26.11.2003.

2. Die Einführung des Stufenmodells in der Spitzenorganisation

Die Einführung einer OT- Mitgliedschaft in der Spitzenorganisation steht in unmittelbarem Zusammenhang mit der Grundsatzentscheidung der Regionalverbände. Der einzelne Arbeitgeberverband hat im Rahmen des Art. 9 Abs. 3 GG über seine Organisation selbst zu entscheiden. Ebenso muss es sich auf der Ebene der Spitzenorganisation verhalten. Sie kann genauso auf der Grundlage des Art. 9 Abs. 3 GG satzungsautonom über ihre innerverbandliche Struktur entscheiden wie ein Regionalverband.

a) Tarifunfähiger Verband

Hat ein Arbeitgeberverband sich in seiner Satzung nicht ausdrücklich für tariffähig erklärt, kommt er nicht als Tarifträger in Betracht. Er kann als reiner Service- Verband keine Tarifverträge abschließen und vermittelt seinen Mitgliedern keine Tarifbindung.

Bietet eine Spitzenorganisation gestufte Mitgliedschaften an, so sind keine Gründe ersichtlich, die einem Beitritt des Service- Verbands zum Spitzenverband als OT- Mitglied entgegenstehen können. Die Spitzenorganisation vermittelt ihren OT- Mitgliedern ebenso wenig Tarifbindung wie der Einzelverband seinen OT- Mitgliedern.

b) Zwei- Verbände- Modell

Hat sich ein Regionalverband verbandsorganisatorisch in zwei Verbände aufgespalten, von denen einer Tarifträger ist und der andere den Abschluss von Tarifverträgen satzungsmäßig ausgeschlossen hat, ist der Verband wie zwei selbständige Verbände zu behandeln[600]. Der tariffähige Verband wird insgesamt Vollmitglied in der Spitzenorganisation und überträgt auf diese die Tarifabschlusskompetenz, während der tarifunfähige Verbandsteil nur OT- Mitglied wird.

c) Stufenmodell auf beiden Verbandsebenen

Sehen Regionalverbände gestufte Mitgliedschaften vor, so gelten Tarifabschlüsse der Spitzenorganisation nur für die Vollmitglieder des Regionalverbandes, nicht aber für dessen OT- Mitglieder[601]. Um die gewünschte Tarifbindung für die Vollmitglieder herbeizuführen, muss der Regionalverband selbst Vollmitglied im

600 Vgl. a. a. O., 1. Teil, F. I. 2. c) aa), S. 52f.
601 Vgl. a. a. O., 1. Teil, F. I. 2. c) bb), S. 53ff.

Spitzenverband werden. Der Beitritt zu der Spitzenorganisation mit Übertragung der Tarifkompetenz auf diese muss in den Satzungen der Regionalverbände vorgesehen sein.

Würde der Regionalverband dagegen als OT- Mitglied eintreten, käme eine Tarifbindung an die von der Spitzenorganisation geschlossenen Tarifverträge von vorne herein gar nicht in Betracht. Die Einführung einer OT- Mitgliedschaft in der Spitzenorganisation macht also für die Mitgliedsverbände, die selbst OT-Mitgliedschaften anbieten, keinen Sinn. Etwas anderes kann sich nur ergeben, wenn der Verband die Tarifkompetenz nicht auf die Spitzenorganisation übertragen möchte. Dann kann der Einzelverband OT- Mitglied in der Spitzenorganisation werden, ohne insgesamt von der Tarifbindung erfasst zu werden. Die Tarifkompetenz verbleibt bei dem Einzelverband, tarifgebunden werden wiederum nur dessen Vollmitglieder.

d) Verband mit Fachgruppe OT

Der Regionalverband, der eine OT- Fachgruppe eingerichtet hat, ist bei seinem Beitritt ähnlich gestellt wie der Verband mit Stufenmodell. Er tritt als Vollmitglied dem Spitzenverband bei, ohne dass den Mitgliedern seiner OT- Fachgruppe Tarifbindung durch einen Tarifabschluss der Spitzenorganisation vermittelt wird.

e) Verband mit Fachgruppe Tarif

Anders verhält es sich für einen Verband mit einer „Fachgruppe Tarif". Möchte der Verband einem Spitzenverband beitreten und die Tarifabschlusskompetenz auf diesen übertragen, kann er nicht OT- Mitglied in der Spitzenvereinigung werden, da dann die Tarifbindung der von der Spitzenorganisation abgeschlossenen Tarifverträge die Mitglieder der Fachgruppe Tarif nicht erfassen kann. Der an sich tarifunfähige Verband muss als Vollmitglied eintreten, damit die Mitglieder der Tarif- Fachgruppe Tarifbindung erlangen können.

Die sonstige Tarifunfähigkeit des Verbandes „schützt" die restlichen Mitglieder vor der unerwünschten Tarifbindung.

Es ist aber auch möglich, dass nur die „Fachgruppe Tarif" als selbständig agierende Gruppe eines Regionalverbandes die Mitgliedschaft in einer Spitzenorganisation erwirbt. Dann kann aber der Regionalverband Verbandsleistungen des Spitzenverbandes für seine sonstigen Mitglieder nicht in Anspruch nehmen. Er ist entsprechend auch nicht zur Weiterleitung der Mitgliedsbeiträge an den Spitzenverband verpflichtet, da der Regionalverband selbst nicht Mitglied der Spitzenorganisation wird. Denkbar ist, für diesen Fall die Beitragserhebung für die Mitglieder der „Fachgruppe Tarif" aufzuspalten. Der Beitrag kann im Regionalverband in anteiliger Höhe veranschlagt werden, wobei die Satzung der Spitzenorganisation dann die restlichen Beiträge als direkte Leistung an diese vorsehen müsste.

3. Ergebnis

Die einheitlichen Regionalverbände können nur als Gesamtheit Mitglied einer Spitzenorganisation werden. Eine Ausnahme bildet der separate Beitritt einer Fachgruppe als tarifrechtlich selbständig organisierte Untervereinigung im Verband. Die Einführung einer OT- Mitgliedschaft im Spitzenverband ist ansonsten allein für solche Regionalverbände praktikabel, die sich in der Satzung entweder insgesamt für tarifunfähig erklärt haben oder im Wege des Zwei- Verbände-Modells einen eigenständigen tarifunfähigen Verband gebildet haben. Für alle anderen Modelle verbleibt es bei einem Beitritt als Vollmitglied. Die innerverbandliche Ausgestaltung der Regionalverbände schützt deren OT- Mitglieder dabei vor einer Bindung an von der Spitzenorganisation abgeschlossene Tarifverträge.

VI. Ergebnis für die kollektivrechtliche Ebene

Auf kollektivrechtlicher Ebene steht die Funktionsfähigkeit der Tarifautonomie als Schranke der Ausgestaltung von OT- Mitgliedschaften im Vordergrund. Allein das Vorhandensein von OT- Mitgliedern gefährdet die Tarifautonomie nicht[602]. Ob die Satzungsgestaltung in den verschiedenen Regelungspunkten wirksam ist, muss im Einzelfall überprüft werden.

Möchte ein Arbeitgeber von der Voll- zur OT- Mitgliedschaft wechseln, was grundsätzlich auch fristlos möglich ist[603], bestehen Aufklärungspflichten gegenüber den hiervon betroffenen Arbeitnehmern und den beteiligten Betriebspartnern[604]. Die Gewerkschaft hat keine Ansprüche auf Auskunft über den Mitgliedsstatus eines Arbeitgebers im Verband[605].

Die Einführung einer OT- Mitgliedschaft in einem Regionalverband ist auch wirksam, wenn eine Spitzenorganisation beteiligt ist[606]. Ebenso kann die Spitzenorganisation selbst OT- Mitgliedschaften anbieten[607]. Die Spitzenverbände haben

602 A. a. O., 2. Teil, A. I. 3. b) cc) (2), S. 76f.
603 A. a. O., 2. Teil, A. III. d) (5), S. 98ff.
604 Vgl. oben, 2. Teil, A. IV., S. 107ff.
605 Vgl. oben, 2. Teil, A. IV. 5. und 6., S. 125ff.
606 A. a. O., 2. Teil, A. V., S. 135ff.
607 A. a. O., 2. Teil, A. V. 2. c), S. 140.

in ihren Satzungen die verschiedenen Verbandsstrukturen der Regionalverbände zu berücksichtigen.

B. Individualarbeitsrechtliche Ebene

Nach Erläuterung der Auswirkungen einer OT- Mitgliedschaft in kollektivrechtlicher Hinsicht sind die Voraussetzungen und Konsequenzen einer die Tarifbindung ausschließenden OT- Mitgliedschaft auf einzelarbeitsvertraglicher Ebene zu überprüfen.

I. OT- Arbeitsvertrag und Tarifbindung

Um seine Tarifbindung zu beenden, muss der OT- Arbeitgeber die Einzelarbeitsverträge (OT- Arbeitsverträge) entsprechend formulieren. Ist ein Unternehmen nie Mitglied in einem Verband und daher bislang nicht gemäß § 3 Abs. 1 TVG über die Mitgliedschaft in einem Tarifträgerverband an einen Flächentarifvertrag oder als Einzelarbeitgeber an einen Firmentarifvertrag tariflich gebunden gewesen und hat es die Tarifverträge auch nicht durch beispielsweise betriebliche Übung oder Bezugnahmeregelungen zur Anwendung gebracht, unterliegt es bei Abschluss der Arbeitsverträge nicht den Einschränkungen des Tarifvertragsgesetzes. Es kann Arbeitsverträge anwenden, die keine Bezugnahmeregelungen zu den jeweiligen Tarifverträgen enthalten.

1. Unmittelbare Tarifbindung

Ist der Arbeitgeber gemäß § 3 Abs. 1 TVG unmittelbar an einen Flächentarifvertrag oder einen Firmentarifvertrag gebunden, wirken die Tarifnormen unmittelbar und zwingend. Die Tarifgebundenheit nach § 3 Abs. 1 TVG ist privatautonomer Gestaltung nicht zugänglich und endet vorbehaltlich der Sonderregelung in § 3 Abs. 3 TVG mit Beendigung der Mitgliedschaft in der Tarifvertragspartei[608]. Die Tarifnormen gelangen anschließend in die Stadien der Nachbindung gemäß § 3 Abs. 3 TVG und Nachwirkung gemäß § 4 Abs. 5 TVG[609]. Eine Regelung auf individualarbeitsrechtlicher Ebene bei unmittelbarer Tarifbindung über § 3 Abs. 3 TVG kann nicht zur Lösung von der Tarifbindung führen.

608 Wiedemann/ Oetker, § 3 Rn. 50.
609 A. a. O., 2. Teil, A. III. 1. a) und b), S. 87 ff.

2. Tarifbindung aufgrund von Bezugnahmeklauseln

Wechselt ein Vollmitglied eines Arbeitgeberverbandes in die OT- Mitgliedschaft und hat dieses Unternehmen in seinen Arbeitsverträgen Bezug auf einen Tarifvertrag genommen, kommt es auf die einzelarbeitsvertragliche Ausgestaltung an, ob eine Abweichung von den bislang angewandten Tarifverträgen rechtlich zulässig ist. Möchte das Unternehmen sich durch den Wechsel in die OT- Mitgliedschaft von seiner Tarifbindung befreien, muss dem auch in den OT- Arbeitsverträgen Rechnung getragen werden.

Vor allem die Anwendung von Bezugnahmeklauseln spielt eine große Rolle für den Bestand und die Lösungsmöglichkeit von der Tarifbindung. Die Bezugnahme auf einen Tarifvertrag ist eine betriebseinheitlich oder individuell ausgestaltete Vertragsabrede, der zufolge eine tarifliche Regelung ganz oder teilweise für das Arbeitsverhältnis anwendbar sein soll[610]. Mit der Aufnahme von Bezugnahmeklauseln sind insbesondere für tarifgebundene Arbeitgeber zunächst Vorteile verbunden. Bezugnahmen auf einen Tarifvertrag bewirken grundsätzlich, dass die Tarifregelungen für alle Arbeitnehmer des Betriebes, das heißt für organisierte und nicht organisierte Arbeitnehmer gleichermaßen gelten[611]. Damit können Zeit und Personalkosten für das Aushandeln der Arbeitsvertragsbedingungen eingespart werden. Weiter vermeidet der Arbeitgeber durch einheitliche Arbeitsbedingungen für alle Arbeitnehmer Anreize für einen Gewerkschaftsbeitritt[612]. Die Anwendung der Tarifverträge ist für die Arbeitnehmer oft attraktiv und erweist sich im Wettbewerb um qualifizierte Arbeitskräfte als Vorteil[613]. Außerdem unterliegen die tariflichen Arbeitsbedingungen auch im Falle der Bezugnahme gemäß § 310 Abs. 4 S. 1 BGB nicht der AGB- Kontrolle, sofern der Tarifvertrag als Ganzes in Bezug genommen wird[614].

Aus der arbeitsvertraglichen Bindung an einen Tarifvertrag ergeben sich aber auch Nachteile gerade für die Unternehmen, die der Tarifbindung nicht gemäß § 3 Abs. 1 TVG unterliegen, bzw. für diejenigen, die die Tarifbindung abstreifen möchten. Zu unterscheiden sind statische und dynamische Bezugnahmeregelungen.

610 Wiedemann/ Oetker, § 3 Rn. 260.
611 ErfK/ Franzen, § 3 TVG Rn. 29.
612 ErfK/ Franzen, § 3 TVG Rn. 29.
613 ErfK/ Franzen, § 3 TVG Rn. 29.
614 Löwisch/ Rieble, § 3 Rn. 264.

a) Statische Bezugnahmeklausel

Statische Bezugnahmeklauseln bewirken, dass die Tarifverträge in einer bestimmten Fassung konkret in Bezug genommen werden[615]:

> „*Die Arbeitszeit richtet sich nach den Regelungen des Tarifvertrags für private Krankenanstalten im Lande L vom ....*"[616]

Die tariflichen Bedingungen, die zu einem bestimmten Zeitpunkt galten, sind auf Dauer auf die Arbeitsverhältnisse anzuwenden. Änderungen, die die Tarifvertragsparteien künftig aushandeln, finden auf das Arbeitsverhältnis keine Anwendung. Der OT- Arbeitgeber erreicht durch die Statik der Klausel zwar eine Abkoppelung von den zukünftig geltenden Flächentarifverträgen, ist aber auf der anderen Seite ständig an die möglicherweise nicht mehr marktgerechten Bedingungen des ursprünglich in Bezug genommenen Tarifvertrags gebunden. Möchte er sich hiervon lösen, so muss er dies individualrechtlich mit jedem einzelnen Arbeitnehmer vereinbaren.

Eine absolute Tariffreiheit kann also infolge der Wahl von statischen Bezugnahmeklauseln nicht ohne weiteres erlangt werden. Eine Einigung mit den Arbeitnehmern über die Lösung von statischen Bezugnahmeklauseln ist aber meist noch möglich, da die in Bezug genommenen Regelungen eines nach einiger Zeit überholten Tarifvertrages auch für die betroffenen Arbeitnehmer nicht mehr attraktiv sind.

b) Dynamische Bezugnahmeklausel

Anders verhält es sich für dynamische Bezugnahmeregelungen. Beispielsweise wird im Arbeitsvertrag Bezug genommen auf „*...die für den Einzelhandel NRW jeweils anwendbaren Tarifverträge.*"[617]

aa) Bindungswirkung

Die Verwendung dynamischer Bezugnahmeregelungen in Arbeitsverträgen führt dazu, dass eine dauerhafte Bindung an die zukünftigen tariflichen Entwicklun-

615 Bauschke, ZTR 1993, 416, 417; ErfK/ Franzen, § 3 TVG Rn. 36; Reichel, S. 42; Tschöpe/ Wieland, Teil 4 C Rn. 256.

616 Bsp. entnommen aus Kempen/ Zachert/ Stein, § 3 Rn. 148.

617 Bsp. entnommen aus Kempen/ Zachert/ Stein, § 3 Rn. 176.

gen der in Bezug genommenen Tarifverträge entsteht[618]. Alle Änderungen der in Bezug genommenen Tarifverträge werden Bestandteil der Arbeitsverträge.

Nach Änderung der Rechtsprechung hinsichtlich der Wirkungsweise dynamischer Bezugnahmeklauseln[619] besteht die Dynamik weiter, selbst wenn das Arbeitsverhältnis nicht mehr unter den Geltungsbereich des ursprünglichen Tarifvertrages fällt[620] Denn die Einführung einer Bezugnahmeregelung bewirkt, dass nicht nur die Mitgliedschaft des Arbeitnehmers in der Gewerkschaft, sondern auch die gegebenenfalls fehlende Tarifbindung des Arbeitgebers ersetzt wird[621]. Begründet wird dies damit, dass die Funktion einer Bezugnahmeklausel immer die Überwindung tarifrechtlich fehlender Tarifgeltung sei, wie sie für die OT- Mitgliedschaft auch auf Seiten des Arbeitgebers zu bejahen ist. Als Konsequenz der doppelten Ersetzung fehlender Organisation ergibt sich aber für das Verbandsmitglied, dass es sich nicht durch Austritt aus dem Verband oder den Wechsel zur OT- Mitgliedschaft von der Tarifbindung befreien kann.

Auch ein Betriebsübergang kann keine Änderung herbeiführen, da die Klausel nach § 613a Abs. 1 S. 1 BGB mit übergeht. In Betracht kommt eine Einigung zwischen Arbeitnehmer und Arbeitgeber über die Herausnahme der Bezugnahmeklausel aus dem Arbeitsvertrag. Eine solche einverständliche Lösung von der für den Arbeitnehmer günstigen Tarifbindung wird sich mit dem Arbeitnehmer jedoch selten erzielen lassen. Es verbleibt eine Lösung im Wege der Änderungskündigung gemäß § 2 KSchG, welche jedoch das Prozessrisiko mit sich bringt[622].

Das BAG[623] hat entschieden, dass ein nicht organisierter Arbeitgeber, der eine dynamische Bezugnahmeregelung verwendet, sein Unternehmen auf Dauer an die jeweiligen Fassungen des Tarifvertrages bindet, solange der Tarifvertrag existiert.

Selbst der Wechsel zur Vollmitgliedschaft oder der Eintritt in den Tarifträgerverband als Vollmitglied kann das vorher nicht tarifgebundene Unternehmen, das

---

618 ErfK/ Franzen, § 3 TVG Rn. 37; Gaul, ZTR 1993, 355, 357; Reichel, S. 44; Tschöpe, MDR 1996, 1081, 1089.

619 Vgl. die Ausführungen zu der Änderung der Rechtsprechung bzgl. der Wirkungsweise dynamischer Bezugnahmeklauseln a. a. O., 2. Teil. A. IV. 1. b) cc), S. 116f.

620 Unter Abkehr von der ursprünglichen Rechtsprechung, wonach der ursprünglich in Bezug genommene Tarifvertrag nach seinem Ablauf gemäß § 3 Abs. 3 TVG nur noch nachwirkt im Sinne des § 4 Abs. 5 TVG und spätere Änderungen für die Arbeitnehmer wegen der Gleichstellungsabrede nicht mehr gelten, vgl. BAG, Urteil vom 26.09.2001, AP TVG § 1 Bezugnahme auf Tarifvertrag Nr. 21 Leitsatz Nr. 4 und zu II. 1. b) (3) der Gründe jetzt BAG, Urteil vom 18.04.2007, ZTR 2007, 555, 556 im Anschluss an BAG, Urteil vom 14.12.2005, NZA 2006, 607–611.

621 ErfK/ Franzen, § 3 TVG Rn. 29.

622 Vgl. zu den Reaktionsmöglichkeiten des Arbeitnehmers auf eine Änderungskündigung a. a. O., 2. Teil, A. III. 1. b) bb), S. 90f.

623 BAG, Urteil vom 18.04.2007, NZA 2007, 965, 965.

eine dynamische Bezugnahmeklausel in den Arbeitsvertrag aufgenommen hat, nicht von der dauerhaften Dynamisierung der Bezugnahmeregelung befreien. Auch im Fall eines Austritts aus dem Verband bleibt es bei der Anwendung der ursprünglich vereinbarten dynamischen tariflichen Bezugnahmeregelung.

An der „ewigen Wirkung" dynamischer Bezugnahmeklauseln für OT- Arbeitgeber hat sich nichts geändert. Die Rechtsprechungsänderung hat nur dazu geführt, dass jetzt auch die organisierten Arbeitgeber sich nicht mehr durch einen Verbandsaustritt von der einmal entstanden Dynamik lösen können.

Bleibt der aus dem Verband austretende Arbeitgeber weiterhin dynamisch an die Bezugnahmeklauseln gebunden, kann für den Wechsel zur OT- Mitgliedschaft nichts anderes gelten[624]. In beiden Fällen tritt gleichermaßen der Wille zum Abstreifen der Tarifbindung zu Tage. Ein Grund zur Differenzierung zwischen den beiden Fallgestaltungen hinsichtlich der Wirkungsweise dynamischer Bezugnahmeklauseln ist nicht ersichtlich. In beiden Fällen überbrückt die Klausel gleichermaßen die entstehende Tarifbindungslosigkeit des Arbeitgebers. Es entsteht eine „ewige" dynamische Tarifbindung in der OT- Mitgliedschaft.

bb) Entdynamisierung

Um der Wirkung einer „ewigen Geltung" der dynamischen Tarifbindung zu entgehen, werden in der Literatur verschiedene Ansätze gewählt.

Löwisch/ Rieble[625] möchten die Bezugnahme immer nur als Gleichstellungsklausel ansehen, die die mangelnde Tarifgebundenheit des Arbeitnehmers ersetzen soll. Erst wenn aus äußeren Umständen erkennbar wird, dass der Arbeitgeber zusätzlich die eigene Tarifungebundenheit überbrücken möchte, solle die Bezugnahmeklausel auch diese Funktion erfüllen. *Löwisch/ Rieble* begründen ihre Ansicht mit Transparenzgesichtspunkten hinsichtlich der jeweiligen Wirkung der Klausel vor und nach dem Ausscheiden aus dem Verband[626].

Dazu schlagen *Löwisch/ Rieble*[627] ein vertragliches Entdynamisierungsrecht vor, welches im Wege der Auslegung in jeder Bezugnahmeklausel zu erkennen sei. Durch eine Art „Teilwiderruf" entfalle nicht die Bezugnahme insgesamt, sondern allein ihre Dynamik. Die dynamische Verweisung werde zur statischen Verweisung, sodass nur noch die im Zeitpunkt des Widerrufs geltende Fassung der Tarifregelungen weiterhin Wirkung entfalte.

---

624 Vgl. zur Übertragbarkeit der Grundsätze über den Verbandsaustritt auf die OT- Mitgliedschaft a. a. O., 2. Teil, A. III. 1., S. 86ff.

625 Löwisch/ Rieble, § 3 Rn. 239.

626 Vgl. die Wirkungsweise von einer einfachen Gleichstellungsabrede und der Anwendung einer dynamischen Bezugnahmeklausel oben, a. a. O., 2. Teil. A. IV. 1. b) cc), S. 116f.

627 Löwisch/ Rieble, § 3 Rn. 316.; Rieble, Rn. 1738.

Franzen[628] möchte dem tarifungebundenen Arbeitgeber bei Änderung der Umstände im Wege ergänzender Vertragsauslegung oder im Extremfall nach § 313 BGB eine Begrenzung der Dynamik entgegen dem Bezugnahmewortlaut zugestehen. Weiter erkennt auch er einen Widerrufsvorbehalt hinsichtlich der Dynamik der Bezugnahmeregelung an.

Eine Vertragsgestaltung mit ähnlicher Wirkung halten *Hanau/ Kania*[629] für möglich:

> *„Für das Arbeitsverhältnis gelten die Tarifverträge (...) in ihrer Fassung vom (...). Die Neufassungen und Änderungen der Tarifverträge werden Vertragsgegenstand, wenn der Arbeitgeber nicht innerhalb einer Frist von (...) nach Inkrafttreten des jeweiligen Tarifvertrages seiner Geltung für das Arbeitsverhältnis schriftlich widerspricht."*

Dieser Formulierung zufolge ist die Dynamik allein von der Erklärung des Arbeitgebers abhängig.

Hiergegen führen *Löwisch/ Rieble*[630] an, ein nachträglicher Widerspruch entziehe den Arbeitnehmern eine bereits erlangte Tarifänderung. Hierin könne eine unangemessene Benachteiligung im Sinne von § 307 Abs. 1 BGB zu erkennen sein. Sie wie auch *Klebeck*[631] schlagen daher folgende Klausel vor:

> *„Der Arbeitgeber kann der Bezugnahme durch Widerruf die Dynamik nehmen. Ab diesem Zeitpunkt werden künftige Änderungen des in Bezug genommenen Tarifvertrags nicht mehr Vertragsinhalt."*

Reichel[632] spricht sich ähnlich für ein „Quasi- Austrittsrecht" auf quasi-vereinsrechtlicher Grundlage aus.

c) AGB- Kontrolle nach §§ 305ff. BGB

Verwendet der Arbeitgeber in Formulararbeitsverträgen Vertragsklauseln, sind dies Allgemeine Geschäftsbedingungen (AGB) gemäß § 305 Abs. 1 BGB[633]. Demnach können die Arbeitsgerichte die Wirksamkeit der Klauseln unter Berücksichtigung der Vorschriften der §§ 305 ff. BGB überprüfen. Für die Prüfung wird auf einer ersten Stufe die Angemessenheit der Klausel überprüft und auf einer zwei-

628 ErfK/ Franzen, § 3 TVG Rn. 43.
629 Hanau/ Kania, FS Schaub, S. 262.
630 Löwisch/ Rieble, § 3 Rn. 317.
631 Klebeck, NZA 2006, 15, 20, argumentiert bereits aus der angekündigten Rechtsprechungsänderung bzgl. der Anwendbarkeit des § 305 c Abs. 2 BGB auf Bezugnahmeklauseln heraus.
632 Reichel, S. 88.
633 ErfK/Preis, §§ 305–310 BGB Rn. 22; Reichel, S. 10.

ten Stufe eine Ausübungskontrolle bezüglich der darauf beruhenden Ausübung des Rechts durchgeführt[634].

d) Unklarheitenregel nach § 305c Abs. 2 BGB

Zu prüfen ist, ob die von den Autoren vorgeschlagenen Vertragsklauseln einer AGB- Prüfung standhalten können. Die Vertragsklausel muss den Anforderungen des Gesetzes genügen. Die Regelung des § 305c Abs. 2 BGB, wonach Zweifel bei der Auslegung zu Lasten des verwendenden Arbeitgebers gehen, muss beachtet werden. Im Zweifel wird von der für den Verwendungsgegner günstigere Auslegung ausgegangen, da es Sache des Verwenders ist, sich klar und unmissverständlich auszudrücken[635].

Hinsichtlich der Anwendung des § 305c Abs. 2 BGB ist eine klare Fassung der Bezugnahmeklausel[636] als auch eines Widerrufsvorbehaltes zur Entdynamisierung der Klausel zwingend.

Um dem Dilemma einer „ewigen dynamischen Bezugnahme" entgehen zu können, sollten in den Arbeitsverträgen ausdrückliche Regelungen getroffen werden. Eine Begrenzung der Dynamik entgegen des Bezugnahmewortlauts, wie *Franzen*[637] sie vorsieht, und auch ein Hineinlesen eines Entdynamisierungsrechtes in jede Bezugnahmeklausel, wie *Löwisch/ Rieble*[638] es vorschlagen, sind aufgrund § 305c Abs. 2 BGB unwirksam.

e) Inhaltskontrolle im Sinne des § 307 Abs. 3 BGB

Entdynamisierungsklauseln sind von den Rechtsvorschriften abweichende Regelungen und unterliegen damit der Inhaltskontrolle gemäß § 307 Abs. 3 BGB. Das BAG hat über die Zulässigkeit und Rechtswirksamkeit einer Entdynamisierungsklausel bislang nicht entschieden.

aa) Transparenzkontrolle gemäß § 307 Abs. 1 S. 2 BGB

Die Entdynamisierungsklausel muss gemäß § 307 Abs. 1 S. 2 BGB dem Transparenzgebot genügen[639]. Sie muss die Voraussetzungen eines einseitigen Bestim-

634 ErfK/ Preis, §§ 305–310 BGB Rn. 51; zweistufige Prüfung des Widerrufsvorbehalts ErfK/ Preis, §§ 305–310 BGB Rn. 58.
635 Palandt/ Heinrichs, § 305c Rn. 18.
636 Vgl. auch ErfK/ Franzen, § 3 TVG Rn. 44; Sittard/ Ulbrich, ZTR 2006, 458, 463.
637 ErfK/ Franzen, § 3 TVG Rn. 43.
638 Löwisch/ Rieble, § 3 Rn. 316.
639 Oetker, JZ 2002, 337, 340.

mungsrechts möglichst konkret festlegen. Der einseitige Änderungsvorbehalt ist an einschränkende Änderungsgründe zu binden[640]. Der Arbeitnehmer muss bei Vertragsschluss erkennen können, auf welche Leistungen sich die Klausel bezieht und welchen Voraussetzungen der Widerruf unterliegt[641]. Zumindest die Art des Widerrufsgrundes ist zu benennen, in Betracht kommen wirtschaftliche Gründe oder die Leistung und das Verhalten des Arbeitnehmers[642]. Der Grad der Störung muss konkretisiert werden. Benannt werden kann beispielsweise das Vorliegen einer wirtschaftlichen Notlage des Unternehmens, ein negatives wirtschaftliches Ergebnis einer Betriebsabteilung, eine rückgängige wirtschaftliche Entwicklung oder eine schwerwiegende Pflichtverletzung durch den Arbeitnehmer, wenn die Bezeichnung allgemein gehaltener Gründe nach dem Umfang des Änderungsvorbehaltes nicht ausreichend ist[643].

Hanau/ Kania[644] machen die Änderung von einer Änderung der Tarifbedingungen abhängig. Damit erfolgt die Entdynamisierung zwar nicht grundlos. Allein die Entscheidung über das „Ob" des Widerrufs verbleibt beim Arbeitgeber. Der Änderungsgrund ist für den Arbeitnehmer aber noch nicht erkennbar. Erforderlich ist zumindest die beispielhafte Nennung des Grundes. Denkbar ist die Aufzählung wirtschaftlicher Verluste, die das Unternehmen infolge der Geltung der neuen Regelungen erleidet. Ein Verstoß gegen das Transparenzgebot nach § 307 Abs. 1 S. 2 BGB kann jedenfalls nach einer solchen Konkretisierung nicht vorliegen.

bb) Inhaltskontrolle im engeren Sinne

Nach § 308 Nr. 4 BGB ist in AGB insbesondere die Vereinbarung eines Rechts des Verwenders unwirksam, die versprochene Leistung zu ändern, wenn nicht die Vereinbarung der Änderung unter Berücksichtigung der Interessen des Verwenders für den anderen Vertragsteil zumutbar ist. Damit soll § 308 Nr. 4 BGB verhindern, dass der Vertragspartner durch Leistungsänderungsvorbehalte um gegebene Leistungsversprechen gebracht wird[645]. Mit der Vereinbarung dynamischer Bezugnahmeklauseln unterwerfen sich die Arbeitsvertragsparteien der Regelungsmacht der Tarifvertragsparteien und damit Dritten. Die Tarifregelungen des in Bezug genommenen Tarifvertrags sind dennoch „versprochene Leistungen" im Sinne des § 308 Nr. 4 BGB. Ist in der Klausel zur Disposition

640 BAG, Urteil vom 11.10.2006, NZA 2007, 87, 90.
641 ErfK/ Preis, §§ 305–310 BGB Rn. 52.
642 BAG, Urteil vom 11.10.2006, NZA 2007, 87, 90; BAG, Urteil vom 12.01.2005, BAGE 113, 140, 146 f.
643 BAG, Urteil vom 11.10.2006, NZA 2007, 87, 90.
644 Hanau/ Kania, FS Schaub, S. 262.
645 MüKo/ Basedow, § 308 Nr. 4 Rn. 1.

des Arbeitgebers ein Widerrufsvorbehalt enthalten, so liegt hierin ein einseitiges Änderungsrecht des Verwenders.

Dies könnte für den Arbeitnehmer aber zumutbar sein, wenn für die Änderung ein triftiger Grund vorliegt. Hierzu gehören auch die wirtschaftlichen Entwicklungen[646]. Es entspricht den Interessen des Arbeitgebers, nicht an Tarifverträge gebunden zu sein, deren Vorgaben er auf Dauer nicht erfüllen kann.

Selbst wenn die Rechtsprechung diesen Umstand bei der Bewertung der Klausel berücksichtigt und eine Verletzung des § 308 Nr. 4 BGB verneint, kommt weiter eine unangemessene Benachteiligung des Arbeitnehmers gemäß § 307 Abs. 2 BGB in Betracht.

Eine unangemessene Benachteiligung durch einen Widerrufsvorbehalt liegt nach der Rechtsprechung vor, wenn hierdurch wesentliche Elemente des Arbeitsvertrags einer einseitigen Änderung von Seiten des Arbeitgebers unterliegen[647]. Kann der Arbeitgeber nach jeder tariflichen Änderung über die Fortgeltung tariflicher Regelungen entscheiden, kann hierin ein unangemessener Eingriff in das Synallagma des Arbeitsverhältnisses gesehen werden. Der Arbeitgeber darf vor allem nicht alleine die Entscheidung über eine Veränderung des Gleichgewichtes zwischen Leistung und Gegenleistung treffen können[648].

Die von *Hanau/ Kania*[649] und von *Löwisch/ Rieble*[650] entwickelten Klauseln sehen zwar eine einseitige Änderungsmöglichkeit des Arbeitgebers vor. Hierin kann aber kein genereller Eingriff in das Synallagma des Arbeitsverhältnisses gesehen werden, da das Gleichgewicht zwischen Leistung und Gegenleistung nicht zwingend verändert wird. Der Widerruf nimmt der Bezugnahmeklausel nur die Dynamik, sodass lediglich zukünftige Tarifnormen keine Geltung mehr erlangen können. Das in dem „alten" und nun fortgeltenden Tarifvertrag befindliche Gleichgewicht wird nicht gestört. Zudem besteht ein berechtigtes Interesse des Arbeitgebers an einem einseitigen Bestimmungsrecht, wenn die Entwicklung zukünftiger Verhältnisse nicht einschätzbar ist und die Veränderung der Verhältnisse nicht durch den Verwender beeinflusst werden kann[651]. Dies ist gerade bei der Verwendung dynamischer Bezugnahmeklauseln der Fall. Das OT- Mitglied hat keinen Einfluss auf die Entwicklung der Tarifbedingungen und auch nicht auf die äußeren Marktbedingungen. Es kann ihm nicht gänzlich verwehrt werden, sich aus wirtschaftlichen Gründen von der Tarifbindung zu lösen. Hiergegen könnte eingewandt werden, dass der Arbeitgeber die Gefahr der „ewigen Dynamik" bei der Aufnahme von Bezugnahmeklauseln in

646 ErfK/ Preis, §§ 305–310 BGB Rn. 61.

647 BAG, Urteil vom 11.10.2006, NZA 2007, 87, 89.

648 ErfK/ Preis, §§ 305–310 BGB Rn. 58.

649 Hanau/ Kania, FS Schaub, S. 262.

650 Löwisch/ Rieble, § 3 Rn. 317.

651 Oetker, JZ 2002, 337, 341.

seine Verträge kannte, vor allem auch wegen der anhaltenden Diskussion hierüber. Dennoch muss ihm jedoch offen stehen, sich durch die Aufnahme von Widerrufsvorbehalten eine Lösungsmöglichkeit zu schaffen.

Eine unangemessene Benachteilung durch die Klausel von *Hanau/ Kania*[652] kann sich noch daraus ergeben, dass dem Arbeitnehmer die bereits erlangte Tarifposition nachträglich wieder entzogen wird. Dies wirkt sich nur dann nicht negativ für den Arbeitnehmer aus, wenn das neue Tarifniveau das vorherige unterschreiten würde. In diesem Fall würde der hierdurch begünstigte Arbeitgeber aber wohl kaum die Geltung der neuen Tarifnormen beseitigen und die Dynamik beenden wollen. Auf diese Fallgruppe kann es demnach zur Beurteilung nicht ankommen. Der nachträgliche Entzug bereits erlangter Tarifänderungen stellt für die Arbeitnehmer eine unangemessene Benachteiligung gemäß § 307 Abs. 2 BGB dar. Vorzugswürdig ist daher die Klausel von *Löwisch/ Rieble*[653].

f) Ergebnis

Die von *Löwisch/ Rieble*[654] entwickelte Klausel hält damit der gerichtlichen Überprüfung auf der ersten Stufe stand, wenn darin zusätzlich ein Widerrufsgrund ausdrücklich benannt wird. Es bedarf zudem stets auf der zweiten Stufe gemäß § 315 BGB der Prüfung der konkreten Ausübung des Widerrufsrechts[655].

3. Klauselbeispiel mit Option der Übernahme künftiger Tarifverträge

Möchten OT- Arbeitgeber trotz der aufgezeigten Problematik und der unsicheren Ausgangslage nicht ganz auf die dynamische Wirkung von Bezugnahmeklauseln verzichten, ist die Aufnahme einer statischen Bezugnahme auf die jeweiligen Tarifverträge in den OT- Arbeitsvertrag mit gleichzeitiger Option der Übernahme künftiger Tarifverträge vorzuschlagen.

Eine solche Klausel kann lauten:

„Für das Arbeitsverhältnis findet der Tarifvertrag der (...) Branche in der Fassung vom (...) Anwendung. Künftige Neufassungen und Änderungen des in Bezug genommenen Tarifvertrages werden nur dann Vertragsbestandteil, wenn der Arbeitgeber dies ausdrücklich innerhalb einer Frist von (...) nach Inkrafttreten der Neufassung und/ oder Änderung des Tarifvertrages erklärt."

652 Hanau/ Kania, FS Schaub, S. 262.
653 Löwisch/ Rieble, § 3 Rn. 317.
654 Löwisch/ Rieble, § 3 Rn. 317.
655 ErfK/ Preis, §§ 305–310 BGB Rn. 62.

Es handelt sich um ein reines Optionsrecht des Arbeitgebers. Das Problem der „ewigen Dynamik“ einer Bezugnahmeklausel stellt sich von vorneherein nicht.

Doch auch diese Klausel muss der AGB- Kontrolle durch das Gericht gemäß §§ 305 ff. BGB standhalten. Ein Freiwilligkeitsvorbehalt ist hierin nicht zu erkennen. Eine bestimmte Leistung, deren Freiwilligkeit vorbehalten werden soll, wird schon gar nicht gewährt. Auch liegt kein Widerrufsvorbehalt vor, welcher insbesondere dem Transparenzgebot gemäß § 307 Abs. 1 S. 2 BGB genügen muss. Für eine Prüfung am Maßstab des § 308 Nr. 4 BGB fehlt es an der „versprochenen Leistung“. Auch eine unangemessene Benachteiligung des Arbeitnehmers im Sinne des § 307 Abs. 2 BGB scheidet aus. Er erlangt keine Tarifposition, welche ihm nachträglich wieder entzogen werden kann. Die vorgeschlagene Klausel mit der Option der Übernahme künftiger Tarifänderungen für den Arbeitgeber hält somit der AGB- Prüfung gemäß §§ 305 ff. BGB stand.

II. Ergebnis für die individualarbeitsvertragliche Ebene

Möchte der Arbeitgeber sich von der Tarifbindung der Flächentarifverträge lösen, sei es durch Austritt aus dem Verband oder durch Wechsel in die OT- Mitgliedschaft, muss er die Auswirkungen auf der Ebene der Arbeitsverträge prüfen.

Vor allem dynamische Bezugnahmeklauseln in OT- Arbeitsverträgen sind für ein Abstreifen der Tarifbindung hinderlich. Sie überbrücken nicht nur die fehlende Organisation der Arbeitnehmer, sondern auch die fehlende Tarifbindung der Arbeitgeber. Eine Lösung von dynamischen Bezugnahmeklauseln ohne klauselartig vorgesehene Lösungswege in OT- Arbeitsverträgen ist nur durch mit den Arbeitnehmern erzielte Einigungen oder im Wege der Änderungskündigung gemäß § 2 KSchG möglich. Dynamische Bezugnahmeklauseln mit Entdynamisierungsmöglichkeit werden von einigen Autoren als Lösungsmöglichkeit vorgeschlagen. Solche Klauseln unterliegen der AGB- Kontrolle gemäß §§ 305 ff. BGB und sind mit dem bezeichneten Inhalt unwirksam. Für die wirksame Ausgestaltung eines Widerrufsgrundes bedarf es der Aufnahme konkreter Widerrufsgründe.

C. Satzungsrechtliche Ebene

Das BAG hat die satzungsmäßige Einführung einer OT- Mitgliedschaft grundsätzlich für zulässig erachtet[656]. Ob die OT- Mitgliedschaft im Einzelfall zulässig ist,

656 BAG, Beschluss vom 18.07.2006, NZA 2006, 1225, 1230.

hängt von ihrer konkreten satzungsrechtlichen Ausgestaltung ab[657]. Die Satzung darf jedenfalls den Umfang der Tarifzuständigkeit nicht vom Ein- und Austritt einzelner Mitglieder abhängig machen[658]. Welchen Beschränkungen die Ausgestaltung in der Satzung unterliegt, damit die OT- Mitgliedschaft wirksam über die Begründung einer Mitgliedschaft im vereinsrechtlichen Sinne unter Ausschluss einer Mitgliedschaft nach § 3 Abs. 1 TVG begründet werden kann[659], und welche Rechtsfolgen an die Verwendung möglicherweise unzulässiger Regelungen geknüpft sind, ist nicht abschließend entschieden. Dies ist im Folgenden zu untersuchen.

I. Satzungsklarheit

Es gilt der Grundsatz der Satzungsklarheit. Die Satzung muss danach klare Kriterien enthalten, die eine Unterscheidung von OT- Arbeitgebern und Vollmitgliedern im Verband im Rahmen der Auslegung erlauben und damit die Reichweite des Tarifvertrages bestimmbar machen[660].

Die OT- Mitgliedschaft im Arbeitgeberverband stellt trotz wachsender Beliebtheit immer noch eine Ausnahme dar. Ihre Ausgestaltung muss in der Satzung daher besonders klaren Niederschlag finden[661]. Die Voraussetzungen einer OT- Mitgliedschaft und die mit ihr verbundenen Konsequenzen müssen verdeutlicht werden. Dies bedeutet nicht, dass kurz gehaltene satzungsmäßige Regelungen keine Anerkennung finden können. Eine größtmögliche Verdeutlichung und Stimmigkeit der in die Satzung aufgenommenen Regelungen schaffen jedoch Klarheit und bieten Rechtssicherheit.

Die Regionalverbände sind schon ihren Mitgliedsunternehmen gegenüber zu einer klaren Satzungsausgestaltung verpflichtet, da die Mitglieder zur Gestaltung ihrer eigenen Mitgliedschaft ihre jeweiligen Rechte und Pflichten genau kennen müssen. Möchte ein Arbeitgeber dem Verband beispielsweise als OT- Mitglied beitreten, muss der Satzung zu entnehmen sein, welche Voraussetzungen an den Eintritt geknüpft sind, welche Folgen der Eintritt für den Arbeitgeber hat und ob gegebenenfalls ein Wechsel in andere Mitgliedschaftsformen möglich ist.

Geht es um die Satzungen von Spitzenverbänden, so müssen diese zusätzlich den unterschiedlichen Verbandsmodellen der Regionalverbände Rechnung tragen[662]. Sehen die Regionalverbände OT- Mitgliedschaften vor, muss die Sat-

657 A. a. O., 1. Teil, F. I. 3., S. 56.
658 A. a. O., 1. Teil, F. I. 2. b) bb) (1) (a), S. 45.
659 Vgl. hierzu die Ausführungen a. a. O., 1. Teil, F. I. 2. b) bb), S. 44 ff.
660 Deinert, RdA 2007, 83, 89.
661 Bayreuther, BB 2007, 325, 326.
662 Vgl. die Ausführungen zu 2. Teil, A. V. 1., S. 135 ff.

zung der entsprechenden Spitzenorganisation dies berücksichtigen, damit es nicht zu widersprüchlichen Wechselwirkungen, beispielsweise hinsichtlich der von einem Spitzenverband vermittelten Tarifbindung kommt[663].

Zunächst muss die Verbandsstruktur klar und eindeutig festgelegt werden. Hierzu gehören neben der gewerblichen Einordnung die Festlegung der Tarifträgerschaft genauso wie die Frage nach der Einführung einer OT- Mitgliedschaft.

Die Satzung muss hierzu klar zwischen OT- Mitgliedern und T- Mitgliedern unterscheiden[664].

Die Kriterien müssen eindeutig festgelegt werden.

Werden OT- Mitgliedschaften in der Satzung vorgesehen, müssen weiter die Rechte und Pflichten der OT- Mitglieder und weitere Einzelfragen nach den oben[665] herausgearbeiteten Gesichtspunkten geregelt werden.

II. Rechtsfolgen unzulässiger Satzungsausgestaltungen in Einzelfragen

Ist eine auf die OT- Mitgliedschaft bezogene Satzungsausgestaltung unzulässig, ist zu untersuchen, welche Konsequenzen sich hieraus ergeben.

1. Keine klare Trennung zwischen den Mitgliedsformen

Zwischen den einzelnen Mitgliedsformen muss in der Satzung klar getrennt werden. Anderenfalls ist schon für den an den Verbandsleistungen interessierten Arbeitgeber nicht erkennbar, welche Möglichkeiten einer Verbandsmitgliedschaft sich ihm bieten und welche genauen Folgen die jeweilige Mitgliedschaft hat. Die Mitgliedschaften müssen ausdrücklich als T-, OT-, Gastmitgliedschaft usw. benannt werden. Eine räumliche Trennung unterstreicht die Verschiedenheit der Mitgliedsformen zusätzlich und trägt zu ihrer Kennzeichnung bei[666].

Trennt die Satzung nicht klar zwischen Voll- und OT- Mitgliedern, ist eine eindeutige Zuordnung der einzelnen Mitglieder unmöglich. Zuordnung bedeutet hier, dass das Mitglied entweder nur Vollmitglied oder nur OT- Mitglied ist und nicht jederzeit frei wählen kann. Aus der Satzung muss dagegen nicht hervorgehen, welche einzelnen Mitglieder der Tarifbindung unterfallen[667]. Die Satzung

663 Vgl. oben, 2. Teil, A. VI, S. 142.

664 Vgl. Bayreuther, BB 2007, 325, 326; Deinert, RdA 2007, 83, 89; Wiedemann/ Oetker, § 2 Rn. 80, allerdings noch aufbauend auf das Kriterium der eingeschränkten Tarifzuständigkeit.

665 A. a. O., 2. Teil, A., S. 62ff.

666 Vgl. Bayreuther, BB 2007, 325, 326.

667 So aber Schlochauer, FS Schaub, 699, 706.

als von den Vereinsgründern abgeschlossener Vertrag ist die festgelegte Verfassung des Vereins[668]. Sie stellt auch für künftige Mitglieder und für die Rechtsbeziehungen zu Dritten die Rechtsgrundlage dar. Vor dem Hintergrund ständig wechselnder Mitgliedschaften wäre eine namentliche Benennung der OT- bzw. Vollmitglieder nicht praktikabel. Den Arbeitgeberverband trifft darüber hinaus keine generelle Auskunftspflicht über den Status seiner Mitglieder[669]. Der Satzung muss also nicht zu entnehmen sein, welcher Arbeitgeber Mitglied ist, und ebenso wenig muss die Satzung angeben, welcher Arbeitgeber OT- Mitglied ist[670]. Eine namentliche Nennung oder ein Auskunftsanspruch hierüber sind nicht zu regeln.

Trennt die Satzung nicht zwischen den Mitgliedsformen[671], oder ist eine OT-Mitgliedschaft gar nicht ausdrücklich bezeichnet, ist schon der Eintritt eines Unternehmens in den Verband als OT- Mitglied nicht möglich. Irrelevant ist, ob der Verband dennoch gewillt ist, eine OT- Mitgliedschaft anzubieten. Es kommt allein auf die Benennung in der Satzung an.

Erklärt der Arbeitgeber, er möchte Mitglied des Verbandes werden, ohne der Tarifbindung zu unterliegen, geht seine Willenserklärung „ins Leere", wenn eine OT- Mitgliedschaft nicht existiert. Für die Bestimmung der Rechtsfolgen einer solchen Beitrittserklärung sind verschiedene Ansätze denkbar.

a) Kein Ausschluss der Leistungspflichten

Grundsätzlich führt die objektive Unmöglichkeit einer vertraglich versprochenen Leistung gemäß § 311a Abs. 1 BGB nicht zur Ungültigkeit der Vereinbarung. Vielmehr sind hieran Schadensersatzansprüche geknüpft. Wegen anfänglicher objektiver Unmöglichkeit der Beitrittserklärung könnte sich die Rechtsfolge aus §§ 275 Abs. 1, 311a Abs. 2 BGB ergeben. Der Beitrittsvertrag zwischen Verband und Mitglied zielt jedoch in erster Linie nicht auf die Erbringung gegenseitiger Leistungspflichten ab[672], sondern auf die Begründung eines Dauerschuldverhältnisses zwischen Verband und Mitglied[673]. Der den Eintritt ergebende Aufnahmevertrag begründet keine synallagmatischen Leistungspflichten[674]. Der Mitgliedsbeitrag ist kein Entgelt für die Benutzung von Vereinseinrichtungen oder

668 Palandt/ Heinrichs/ Ellenberger, § 25 Rn. 2.

669 A. a. O., 2. Teil, A. IV. 6., S. 130.

670 Thüsing/ Stelljes, ZFA 2005, 527, 567.

671 Beispielsweise kann ein Wahlrecht des Beitretenden zwischen Tarifbindung und Tarifbindungslosigkeit vorgesehen sein.

672 MüKo/ Reuter, § 38 Rn. 58; Soergel/ Hadding, § 38 Rn. 10.

673 Larenz, § 10 Rn. 94.

674 Soergel/ Hadding, § 38 Rn. 10.

die Inanspruchnahme von Leistungen des Vereins. Es handelt sich vielmehr um einen gemeinschaftsbegründenden Vertrag[675]. Die Anwendung der §§ 275, 311 a BGB scheidet damit in Bezug auf die konkrete Leistungspflicht aus.

b) Unwirksamkeit des Beitritts

Richtet sich die Erklärung des Arbeitgebers auf den Beitritt zum Verband als OT- Mitglied, obwohl die OT- Mitgliedschaft nicht wirksam geregelt und damit als Verbandsstatus nicht möglich ist, könnte dies bewirken, dass der Vertrag über die Mitgliedschaft insgesamt unwirksam ist.

Denkbar ist eine Unwirksamkeit der Beitrittserklärung, wenn sie inhaltlich widersprüchlich ist. Der Arbeitgeber hat die nicht mögliche Rechtsfolge „Tarifbindungslosigkeit" in seine Beitrittserklärung mit aufgenommen. Der in der Willenserklärung liegende Widerspruch, der auch als „Perplexität" bezeichnet wird[676], kann möglicherweise aber durch ergänzende Auslegung nach §§ 133, 157 BGB aufgelöst werden[677].

Nach *Thüsing/ Stelljes*[678] ist eine eindeutige Auslegung der Willenserklärung nicht möglich. Aus der Erklärung lasse sich weder entnehmen, dass der Arbeitgeber bei Nicht-Vorhandensein einer OT- Mitgliedschaft auch mit einer die Tarifbindung vermittelnden Vollmitgliedschaft einverstanden wäre, noch sei erkennbar, dass er in diesem Fall auf die Verbandsmitgliedschaft verzichten würde.

Möglicherweise kann die Willenserklärung des Arbeitgebers als Beitrittserklärung unter der Bedingung der Tarifbindungslosigkeit gesehen werden. Es kann sich dabei um eine aufschiebende Bedingung nach § 158 Abs. 1 BGB handeln.

Dem würde aber entgegenstehen, wenn der Beitrittsakt bedingungsfeindlich ist. Der Beitritt zu einem Arbeitgeberverband ist eine nach außen wirkende Erklärung. Die Annahme einer Bedingung ist daher schon wegen des gebotenen Schutzes des Rechtsverkehrs problematisch[679]. Selbst wenn man den Schutz des Rechtsverkehrs im Vereinsrecht als nachrangig einschätzen möchte[680], passt die Annahme einer Bedingung nicht auf den Fall, dass ein Unternehmer dem Verband als OT- Mitglied ohne Tarifbindung beitreten möchte. Denn erforderlich für die Annahme einer aufschiebenden Bedingung ist die Erwartung eines

675 Soergel/ Hadding, § 38 Rn. 10.
676 Medicus, § 6 Rn. 133 und § 7 Rn. 155; Thüsing/ Stelljes, ZfA 2005, 527, 570.
677 Medicus, § 6 Rn. 133.
678 Thüsing/ Stelljes, ZfA 2005, 527, 570.
679 MüKo/ Westermann, § 158 Rn. 33.
680 MüKo/ Westermann, § 158 Rn. 33.

zukünftigen ungewissen Ereignisses[681]. Es müssen Zweifel am Eintritt der Bedingung bestehen[682]. Der Erklärende geht im vorliegenden Fall aber ohne Zweifel davon aus, dass das Modell der OT- Mitgliedschaft im Verband bereits existiert bzw. wirksam geregelt ist. Die Erklärung kann auch nicht so verstanden werden, dass der Erklärende dem Verband unter der Bedingung der Einführung einer OT-Mitgliedschaft erst in der Zukunft beitreten will. Er möchte dem Verband sofort beitreten. Die äußeren Umstände können sich bis zu der Einführung einer OT-Mitgliedschaft in einer Weise geändert haben, dass der Unternehmer dem Verband dann überhaupt nicht mehr beitreten möchte. Er macht seinen Beitritt damit nicht von dem Eintritt eines zukünftigen ungewissen Ereignisses abhängig. Eine Bedingung nach § 158 Abs. 1 BGB liegt nicht vor.

Dennoch kann die Erklärung nach §§ 133, 157 BGB dahingehend ausgelegt werden, dass der Arbeitgeber unter den gegebenen Umständen dem Verband nicht beitreten möchte. *Thüsing/ Stelljes*[683], die sich gegen eine Auslegungsmöglichkeit aussprechen, ist entgegenzuhalten, dass die Tarifbindungslosigkeit das bestimmende und ausschlaggebende motivationsbildende Kriterium des Arbeitgebers bei der Wahl der OT- Mitgliedschaft ist[684]. Zwar wenden die meisten OT- Arbeitgeber die Tarifverträge dennoch zu 100 Prozent an[685] und haben auch großes Interesse an den allgemeinen Leistungen des Verbandes. Dass die Arbeitgeber zu diesen Zwecken aber Tarifbindung an einen Flächentarifvertrag hinnehmen würden, die die Konkurrenzfähigkeit auf dem Markt einschränken kann, ist nicht anzunehmen.

Seine Willenserklärung kann damit grundsätzlich interessengerecht dahin ausgelegt werden, dass der Arbeitgeber bei Nicht-Vorhandensein einer OT- Mitgliedschaft die Nicht- Mitgliedschaft einer Vollmitgliedschaft vorziehen würde, es sei denn, es ergeben sich konkrete Anhaltspunkte, die ein anderes Auslegungsergebnis bewirken. Die Willenserklärung ist nicht wegen Perplexität unwirksam[686], sondern wirksam. Der Widerspruch lässt sich durch die Auslegung der Erklärung beheben. Die Willenserklärung kann nach § 133, 157 BGB dahingehend ausgelegt werden, dass der Arbeitgeber dem Verband nicht beitreten möchte, sofern die Mitgliedschaft mit der Folge der Tarifbindung nach § 3 Abs. 1 TVG verbunden ist. Denn der Arbeitgeber hat nicht erklärt, dass er Mitglied des Verbandes in

681 Palandt/ Heinrichs, § 158 Rn. 1.
682 MüKo/ Westermann, § 158 Rn. 10.
683 Thüsing/ Stelljes, ZfA 2005, 527, 570.
684 Hensche, NZA 2009, 815, 816.
685 Vgl. a. a. O., 2. Teil, A. I. 3. a), S. 68f.
686 So aber ohne Bezugnahme auf eine normative Grundlage Junker, SAE 1997, 172, 181; Thüsing/ Stelljes, ZfA 2005, 527, 570; vgl. zum Begriff der Perplexität auch Medicus, § 6 Rn. 133 und § 7 Rn. 155.

tarifrechtlichem Sinne gemäß § 3 Abs. 1 TVG werden möchte. Für den Fall, dass eine OT- Mitgliedschaft nicht wirksam begründet werden kann, ist die Willenserklärung auf den Nicht- Beitritt gerichtet und somit in tarifrechtlicher Hinsicht folgenlos. Der Arbeitgeber wird nach der dahingehenden Auslegung nicht Mitglied des Arbeitgeberverbandes.

Die Lösung über einen Wegfall der Geschäftsgrundlage nach § 313 Abs. 1, 2, 3 BGB scheidet infolge des Auslegungsergebnisses aus. Geschäftsgrundlage sind die bei Abschluss des Vertrages zutage getretenen, dem anderen Teil erkennbaren und nicht beanstandeten Vorstellungen der einen Partei oder die gemeinsamen Vorstellungen beider Parteien von dem Vorhandensein bestimmter Umstände[687]. Ist die Erklärung des Arbeitgebers dahin auszulegen, dass er dem Verband unter den gegebenen Umständen nicht beitreten möchte, ist ein Vertrag nicht zustande gekommen. Mangels Vertragsschlusses gibt es auch keine Geschäftsgrundlage[688]. Nicht entscheidend ist daher, ob der Beitritt als OT- Mitglied überhaupt Geschäftsgrundlage sein kann. Die Grundsätze über den Wegfall der Geschäftsgrundlage nach § 313 BGB greifen nicht ein.

c) Keine Verbandstarifbindung

Für den Arbeitgeber, dessen Willenserklärung sich auf die Begründung einer OT- Mitgliedschaft im Verband richtet, obwohl die OT- Mitgliedschaft nicht wirksam begründet werden kann, ergibt sich keine Tarifbindung.

aa) Kein unanfechtbarer Rechtsfolgenirrtum

Die Ansicht von *Deinert*[689], wonach die Tarifbindung durch einen nicht mehr anfechtbaren Irrtum des Arbeitgebers über die Rechtsfolge seiner Erklärung entsteht, ist abzulehnen. Nach *Deinert*[690] stellt der Wunsch des Arbeitgebers nach Tarifungebundenheit neben dem Beitritt ein zweites, eigenständiges Rechtsgeschäft „Verzicht auf die Tarifbindung" dar. Daher möchte *Deinert* die Unwirksamkeit des Rechtsgeschäfts „Tarifbindungsfreiheit" auf die Übertretung der Grenzen rechtsgeschäftlicher Gestaltungsmacht und das Vorliegen eines nicht anfechtbaren Rechtsfolgenirrtums stützen. Als Rechtsfolge ergebe sich daraus die Tarifbindung des Arbeitgebers.

Dem ist nicht zuzustimmen. Die Erklärung, Verbandsmitglied werden zu wollen ohne der Tarifbindung zu unterliegen, macht den Willen zur Tarifunge-

687 Begriff der subjektiven Geschäftsgrundlage, Palandt/Grüneberg, § 313 Rn. 3.
688 Palandt/ Grüneberg, § 313 Rn. 7.
689 Deinert, RdA 2007, 83, 90.
690 Deinert, RdA 2007, 83, 90.

bundenheit zum Inhalt der Beitrittserklärung[691]. Hat der Erklärende nach dem Grundsatz der Privatautonomie mehrere Punkte zum Inhalt seiner Erklärung gemacht, kann eine solche Erklärung nur einheitlich betrachtet werden[692]. Für die Annahme von zwei voneinander unabhängigen Willenserklärungen bleibt kein Raum. Ein weiteres eigenständiges Rechtsgeschäft entsteht somit nicht.

bb) Keine Tarifbindung über die Grundsätze der "fehlerhaften Gesellschaft"

Erklärt ein Arbeitgeber seinen Beitritt zum Arbeitgeberverband als OT- Mitglied, obwohl der Verband keine wirksame OT- Mitgliedschaft anbietet, und wird daraufhin das eigentlich nicht existente Rechtsverhältnis zwischen Verband und Arbeitgeber in Vollzug gesetzt, könnte sich hieraus nach den Grundsätzen der *„fehlerhaften Gesellschaft"* zumindest zeitweise ein die Tarifbindung erzeugender Vollmitgliedsstatus ergeben[693].

Die allgemein anerkannte Lehre von der fehlerhaften Gesellschaft besagt, dass ein durch Vollzug eines mangelhaften Vertrages begründetes Geschäftsverhältnis nicht mehr rückwirkend beseitigt, sondern nur noch für die Zukunft aufgelöst werden kann[694].

Bei der Mitgliedschaft im Arbeitgeberverband handelt es sich um ein Dauerschuldverhältnis, dessen Rückabwicklung zu unausgewogenen Ergebnissen führen kann, beispielsweise bei der Rückabwicklung von Beitragsleistungen des „fehlerhaften OT- Mitglieds" an den Verband oder Unterstützungsleistungen des Verbandes, die gegenüber einem Nicht- Mitglied nicht vorgenommen worden wären, aber auch nicht nachträglich beseitigt werden können.

Weiter muss das Vertragsverhältnis fehlerhaft sein, um zur Anwendung der Grundsätze der *„fehlerhaften Gesellschaft"* zu gelangen. Die Beitrittserklärung ist nach §§ 133, 157 BGB dahin auszulegen, dass ein Beitritt unter den gegebenen Umständen gerade nicht gewollt ist[695]. Ein wirksamer Vertrag zwischen dem Arbeitgeber und dem Verband ist nicht zu Stande gekommen. Ist die Mitgliedschaft trotz nicht vorhandener Beitrittserklärung dennoch faktisch in Vollzug gesetzt worden, sind die Grundsätze einer fehlerhaften Gesellschaft damit

---

691 Vgl. zur Erklärung über die Unterwerfung unter die Normsetzung des Verbandes oben, 1. Teil, F. I. 2. b) bb) (3), S. 50.

692 Palandt/ Heinrichs, § 119 Rn. 17; vgl. zur Mitgliedschaft im Personengesellschaftsrecht Schäfer, S. 321.

693 Ebenso Ausgangspunkt der Überlegung bei Thüsing/ Stelljes, ZfA 2005, 527, 571 sowie bei Junker, SAE 1997, 172, 181.

694 Hueck/ Windbichler, § 13 Rn. 13.

695 A. a. O., 2. Teil, C. II. 1. b), S. 157 f.

anwendbar[696]. Daran ändert auch nichts, dass vorliegend kein mangelhafter Vertrag, sondern gar kein Vertrag geschlossen worden ist. Die Ausgangssituation ist die gleiche, wenn beide Seiten einen wirksamen Vertragsschluss annehmen und einen „fiktiven" Vertrag in Vollzug setzen. Eine Rückabwicklung des tatsächlich durchgeführten und eigentlich nicht existenten Vertrages würde zu unvollständigen, zufälligen und unausgewogenen Ergebnissen führen[697]. Als Folge wird die Mitgliedschaft aus Gründen des Verkehrs- und Bestandsschutzes für die Beteiligten als für die Vergangenheit wirksam behandelt[698]. Sie kann nur durch eine Erklärung ex nunc aufgehoben werden[699].

Zu untersuchen ist, ob die Arbeitgeber deswegen für die Vergangenheit als tarifgebunden im Sinne des § 3 Abs. 1 TVG angesehen werden können.

Der Beitritt als OT- Mitglied ist nicht möglich und im konkreten Fall nicht wirksam, da eine tarifbindungsfreie Mitgliedschaft vom Verband nicht ordnungsgemäß geregelt worden ist. Die gewollte, mangels hinreichend klarer Satzungsbestimmungen aber nicht entstandene „fehlerhafte Gesellschaft", die für die Vergangenheit als wirksam betrachtet werden muss, kann damit als Rechtsbeziehung zwischen Verband und Arbeitgeber nur die Mitgliedschaft OT selbst sein, nicht eine Vollmitgliedschaft.

Tarifgebundenheit kann somit auch nicht über die Grundsätze der fehlerhaften Gesellschaft erzeugt werden[700].

cc) Keine Tarifbindung aus Rechtsschein

Denkbar ist zuletzt eine Begründung der Tarifbindung aus Rechtsscheinsgesichtspunkten. Der Arbeitgeber könnte zurechenbar den Rechtsschein seiner Eigenschaft als Vollmitglied und damit seiner Tarifgebundenheit gesetzt haben.

Während *Löwisch/ Rieble*[701] die Begründung der Tarifbindung durch Vertrauen für die Mitgliedschaft im Verband nicht gelten lassen möchten, stellt die *herrschende Ansicht*[702] darauf ab, ob der Arbeitgeber vertrauensbildende Tatbestände hierüber begründet hat. *Oetker*[703] nennt beispielhaft Beitragszahlungen an den Verband und die Anwendung der tariflichen Bestimmungen. Es leisten

696 Löwisch/ Rieble, § 3 Rn. 28.
697 Vgl. Hueck/ Windbichler, § 13 Rn. 11.
698 Palandt/ Sprau, § 705 Rn. 18; zum Bestehen einer OHG Hueck/ Windbichler, § 13 Rn. 16.
699 Hueck/ Windbichler, § 13 Rn. 13.
700 Im Ergebnis ebenso Thüsing/ Stelljes, ZfA 2005, 527, 571.
701 Löwisch/ Rieble, § 3 Rn. 24.
702 BAG, Urteil vom 02.12.1992, AP Nr. 14 zu § 3 TVG, Bl. 1142; Canaris, § 24 I 1 S. 262f.; Gamillscheg, § 17 I 1 d), S. 713; Wiedemann/ Oetker, § 3 Rn. 117.
703 Wiedemann/ Oetker, § 3 Rn. 138.

jedoch nicht nur die tarifgebundenen Vollmitglieder Beiträge an den Verband, sondern es werden auch Beitragsleistungen von den OT- Mitgliedern erbracht, sogar in gleicher Höhe[704]. Gegen den zweiten Beispielsfall spricht, dass es jedem tarifgebundenen oder nicht-tarifgebundenen Arbeitgeber frei steht, durch Bezugnahmeklauseln die Tarifregelungen auf alle Arbeitsverhältnisse zur Anwendung zu bringen. Da es insoweit nicht auf eine Tarifbindung ankommt, lässt sich der Rechtsschein der Tarifbindung kraft Mitgliedschaft im Arbeitgeberverband aus diesem Umstand nicht herleiten. Weiter würde eine Fingierung der Mitgliedschaft gegen die negative Koalitionsfreiheit der Arbeitgeber aus Art. 9 Abs. 3 GG verstoßen.

Selbst wenn man dennoch mit *Oetker*[705] Handlungen eines Nicht- Mitglieds als vertrauens- und damit mitgliedschaftsbegründend ansehen möchte, gelten für die Handlungen eines OT- Mitglieds zur Beurteilung des Rechtsscheins „Tarifbindung" andere Maßstäbe als für ein Vollmitglied. Wie bereits erörtert[706], kommen den OT- Mitgliedern im Verband größtenteils die gleichen Rechte und Pflichten zu wie den Vollmitgliedern. Die OT- Arbeitgeber müssten besondere Handlungen vornehmen, die den Schluss auf eine Vollmitgliedschaft samt Tarifbindung nahe legen würde[707], was angesichts gleicher Rechte und Pflichten nur schwer denkbar ist. Die Erklärung des Beitritts alleine ist hierzu jedenfalls nicht geeignet. Eine Tarifbindung kraft Rechtsscheins ist nach alldem abzulehnen.

Hieran kann sich auch nichts ändern, wenn das OT- Mitglied besonders einflussreich ist. Sein Verhalten im Verband oder seine Größe kann nie zur Tarifgebundenheit des einzelnen Mitglieds führen. Eine genaue Festlegung der erforderlichen Verhaltensweisen und Charakteristika, die das Mitglied aufweisen müsste, um infolgedessen tarifgebunden zu sein, ist schon aus rein tatsächlichen Gründen nicht möglich.

d) Ergebnis

Erklärt ein Arbeitgeber seinen Beitritt als OT- Mitglied zum Verband, obwohl eine OT- Mitgliedschaft nicht wirksam in der Satzung geregelt wurde, entsteht hieraus als Rechtsfolge nicht die Tarifbindung des Arbeitgebers. Denn die Willenserklärung ist gemäß §§ 133, 157 BGB dahingehend auszulegen, dass in diesem Fall kein Beitritt erfolgen soll, sodass die Erklärung in tarifrechtlicher Hinsicht folgenlos für den Arbeitgeber bleibt.

---

704 Vgl. a. a. O., 2. Teil, A. I. 3. a), S. 68 ff.

705 Wiedemann/ Oetker, § 3 Rn. 138.

706 Vgl. zu den Rechten und Pflichten der OT- Mitglieder a. a. O., 2. Teil, A. I., S. 62 ff.

707 Ebenso Junker, SAE 1997, 172, 182.

Das Ergebnis steht grundsätzlich im Einklang mit der BAG- Rechtsprechung[708]. Anknüpfungspunkt für die Beurteilung der Zulässigkeit einer OT- Mitgliedschaft ist die Tarifbindung des einzelnen Mitglieds gemäß § 3 Abs. 1 TVG. Erforderlich für die Erzeugung der Tarifbindung ist, dass der Arbeitgeber den Verband als Tarifvertragspartei zur Normsetzung für sein Unternehmen legitimiert[709]. Bei dem Eintritt als OT- Mitglied fehlt diese Legitimation. Dann kann der Arbeitgeber ebenso wenig wie ein nicht organisierter Arbeitgeber der Tarifbindung unterliegen[710].

2. Tarifzuständigkeit als Anknüpfungspunkt

Für die Zulässigkeit der OT- Mitgliedschaft ist nicht die Begrenzung der personellen Tarifzuständigkeit, sondern die durch die Mitgliedschaft nach § 3 Abs. 1 TVG vermittelte Tarifbindung des einzelnen Mitglieds der richtige Anknüpfungspunkt[711]. Die Satzung darf demnach zur Abgrenzung nicht auf die Tarifzuständigkeit des Verbandes abstellen.

Als Beispiel dient folgende unwirksame Satzungsregelung:

„*Der Verband ist ermächtigt, für die Mitglieder mit Verbandstarifbindung Verbandstarifverträge abzuschließen. Mitglieder ohne Verbandstarifbindung werden von den Verbandstarifen dagegen nicht erfasst.*“[712]

Der Umfang der Tarifzuständigkeit des Verbandes wäre dann von der Entscheidung der Mitglieder für und gegen eine Vollmitgliedschaft abhängig bzw. von dem Ein- und Austritt des einzelnen Mitglieds. Die Beschränkung der Tarifzuständigkeit auf ihre jeweiligen Mitglieder zur Regelung einer OT- Mitgliedschaft in der Satzung macht die OT- Mitgliedschaft wegen des Verstoßes gegen § 3 Abs. 1 TVG und die durch Art. 9 Abs. 3 TVG geschützte Tarifautonomie im konkreten Fall unzulässig[713]. Die dann zu fordernde Transparenz ist schon gar nicht gegeben.

Knüpft eine Verbandssatzung für die OT- Mitgliedschaft an die Beschränkung der personellen Tarifzuständigkeit an, wird dies so behandelt, als würde der Ver-

708 Vgl. BAG, Beschluss vom 18.07.2006, NZA 2006, 1225–1232.

709 A. a. O., 1. Teil, F. I. 2. b) bb) (3), S. 50.

710 Ebenso stützt Junker, SAE 1997, 172, 181 sich auf die fehlende Rechtsetzungslegitimation; anderer Ansicht in diesem Zusammenhang Bayreuther, BB 2007, 325, 326, der die OT- Mitglieder bei Intransparenz der Satzung generell als Vollmitglieder behandeln möchte.

711 Vgl. zu der Entscheidung des BAG vom 18.07.2006 a. a. O., 1. Teil, F. I. 2. b) bb) (1) (a), S. 45.

712 Aus der Satzung des Verbandes der holz- und kunststoffverarbeitenden Industrie Rheinland-Pfalz e. V. in der Fassung vom 29.06.1990.

713 Vgl. BAG, Beschluss vom 18.07.2006, NZA 2006, 1225, 1228 f. und siehe auch a. a. O., 1. Teil, F. I. 2. b) bb) (1) (b), S. 46 ff.

band gar keine OT- Mitgliedschaft anbieten. Es ergeben sich danach die gleichen Rechtsfolgen wie bei einer unzureichenden Trennung der Mitgliedschaftsformen[714].

3. Quotenregelung

Eine Bestimmung über die Begrenzung der Anzahl an OT- Mitgliedern im Verband ist in die Satzung aufzunehmen, wenn dies für die Wirksamkeit der OT- Mitgliedschaft erforderlich ist. Durch einen überwiegenden Anteil an OT-Mitgliedern büßt der Verband seine Tariffähigkeit nicht ein[715]. Er trifft die Entscheidung über seine Tariffähigkeit autonom in der Satzung. Ein überwiegender Anteil an OT- Mitgliedern im Verband berührt auch in sonstiger Hinsicht nicht die Zulässigkeit der OT- Mitgliedschaft, solange nur gewährleistet ist, dass vor allem die tarifpolitischen Gremien in bestimmendem Maße mit Vollmitgliedern besetzt werden können[716]. Für die Beschlussfähigkeit dieser Gremien ist ein Vollmitglied ausreichend[717]. Der Verband kann jedoch hiervon abweichende Regelungen in die Satzung aufnehmen[718]. Sieht die Verbandssatzung für eine wirksame Beschlussfassung eine festgelegte Mitgliederzahl vor, müsste der Verband den OT- Anteil entsprechend beschränken. Da ein tarifpolitischer Ausschuss nicht zustande kommen kann, wenn gar kein Vollmitglied im Verband organisiert ist, ist eine Satzungsregelung, die den Anteil der OT- Mitglieder im Verband beschränkt, nicht erforderlich, sofern die Satzung nicht etwas anderes für eine wirksame Beschlussfassung vorgibt.

4. Statuswechsel

Der Statuswechsel von Verbandsmitgliedern kann in den Verbandssatzungen geregelt werden. Die Rechtsfolgen der Wechselerklärungen sind abhängig von der Wirksamkeit der Satzungsbestimmungen.

a) Wechsel zu einer nicht wirksamen OT- Mitgliedschaft

Bei einer Erklärung eines Mitglieds über seinen Statuswechsel von der Voll- zur OT- Mitgliedschaft stellt sich wiederum die Frage, wie es sich auswirkt, wenn der Verband gar keine OT- Mitgliedschaft vorsieht, diese nur unzureichend geregelt

714 A. a. O., 2. Teil, C. II. 1., S. 155f.
715 Vgl. a. a. O., 2. Teil, A. II. 2. a), S. 80ff.
716 Vgl. oben., 2. Teil, A. II. 2. b), S. 83ff.
717 A. a. O., 2. Teil, A. II. 2. b), S. 84f.
718 A. a. O., 2. Teil, A. II. 2. b), S. 84f.

hat, eine Satzungsänderung betreffend die OT Mitgliedschaft nicht ins Vereinsregister eingetragen hat[719], oder bereits eine übermäßig große Zahl an OT- Mitgliedern aufgenommen hat, sodass die Aufnahme weiterer OT- Mitglieder nicht erfolgen darf[720].

Thüsing/ Stelljes[721], die im Fall der Beitrittserklärung die Erzeugung der Tarifbindung abgelehnt hatten, gelangen im Fall der Wechselerklärung nun zur Tarifgebundenheit des Mitgliedes. Da die Wechselerklärung unwirksam sei, bleibe es bei der bisherigen Vollmitgliedschaft.

Deinert[722] hält dieses Ergebnis für inkonsistent und kommt – entsprechend seinem Ergebnis zum Beitritt des Arbeitgebers[723] – im Fall des Statuswechsels zu einem wirksamen Wechsel des Arbeitgebers mit der Folge der Tarifbindung des Arbeitgebers. Ihm zufolge werde sein Ergebnis auch dadurch gestärkt, dass die OT- Mitgliedschaft sich im Verhältnis zur Nichtmitgliedschaft als Aliud erweise und daher der Wechsel zur OT- Mitgliedschaft nicht wie die Nicht- Mitgliedschaft mit Tarifbindungslosigkeit versehen sein könne[724].

Die Einteilung der OT- Mitgliedschaft als Minus gegenüber der Vollmitgliedschaft und als ein Aliud gegenüber der Nichtmitgliedschaft[725] ist jedoch nicht sachgerecht. Vielmehr ist zwischen den Begriffen des vereinsrechtlichen und des verbandsrechtlichen Mitglieds nach § 3 Abs. 1 TVG zu unterscheiden[726]. Das OT-Mitglied ist vollwertiges Vereinsmitglied, aber kein Verbandsmitglied im Sinne des § 3 Abs. 1 TVG. Nach § 3 Abs. 1 TVG können aber nur Verbandsmitglieder, nicht außen stehende Dritte tarifgebunden sein. Es geht daraus nicht hervor, dass alle Mitglieder eines Tarifverbands auch zwingend tarifgebunden sein müssen[727]. Die Ansicht von *Deinert* vermag mangels einer weitergehenden Begründung auch im Übrigen nicht zu überzeugen.

Auch die Begründungslinie von *Thüsing/ Stelljes* mit der Rechtsfolge „Tarifbindung“ des Arbeitgebers hält den Überlegungen nicht stand. Den Ansatz für das richtige Ergebnis liefern *Thüsing/ Stelljes*[728] selbst, wenn sie die Wechselerklärung im Einzelfall als Austritt deuten möchten, nämlich dann, wenn daraus erkenntlich wird, dass die Lösung von tarifrechtlichen Bindungen für den Arbeit-

---

719 Sachverhalt zu der Entscheidung des BAG, Urteil vom 26.08.2009–4 AZR 294/08, Pressemitteilung 84/09.

720 Vgl. zur Aufnahmegrenze a. a. O., 2. Teil, A. II. 2. b), S. 83 ff.

721 Thüsing/ Stelljes, ZfA 2005, 527,

722 Deinert, RdA 2007, 83, 90.

723 Vgl. zu der Begründung Deinerts a. a. O., 2. Teil, C. II. 1. c) aa), S. 159.

724 Deinert, RdA 2007, 83, 90.

725 Deinert, RdA 2007, 83, 90.

726 A. a. O., 1. Teil, F. I. 2. b) cc), S. 50 f.

727 Vgl. zu der Thematik a. a. O., 1. Teil, F. I. 2. b) bb) (1) (b), S. 46 ff.

728 Thüsing/ Stelljes, ZfA 2005, 527, 572.

geber im Vordergrund steht und somit ein Austritt interessengerechter erscheint als das Verbleiben im Verband als Vollmitglied. Sie nehmen dann nämlich richtigerweise eine vorgehende mögliche Auslegung der Erklärung nach §§ 133, 157 BGB dahingehend an, dass der Arbeitgeber die tarifbindungslose Nicht- Mitgliedschaft der Vollmitgliedschaft mit Tarifbindung vorziehen wird. Bei einem Wechsel in die OT- Mitgliedschaft steht für den Arbeitgeber grundsätzlich das Abstreifen der Tarifbindung im Vordergrund[729]. Mit der Wechselerklärung entzieht der Arbeitgeber dem Verband konkludent die Legitimation zur Tarifnormsetzung. Ohne die Legitimation hierzu kann der Verband seinen Mitgliedern keine Tarifbindung vermitteln. Ein anderes Ergebnis würde gegen die negative Koalitionsfreiheit des Arbeitgebers aus Art. 9 Abs. 3 GG verstoßen. Die Erklärung ist bei Nicht- Vorhandensein einer wirksamen OT- Mitgliedschaft daher als wirksame Austrittserklärung auszulegen. Erklärt ein Arbeitgeber gegenüber einem Verband, dass er diesem als OT- Mitglied beitreten möchte, obwohl er keine wirksame OT- Mitgliedschaft geregelt hat, ist die Willenserklärung des Arbeitgebers zwar wirksam, jedoch in tarifrechtlicher Hinsicht folgenlos. Denn sie ist gemäß §§ 133, 157 BGB dahingehend auszulegen, dass der Arbeitgeber in dem bezeichneten Fall nicht Mitglied des Verbandes werden möchte[730]. Es ist nicht anzunehmen, dass der Arbeitgeber im Zweifel die Folge der Tarifbindung billigt. Ist eine Auslegung möglich, bleibt kein Raum für die Annahme der Perplexität der Willenserklärung. Entsprechend ist auch im Rahmen eines Statuswechsels die Willenserklärung auszulegen, mit dem Ergebnis, dass primäres Ziel des Arbeitgebers die Lösung von der Tarifbindung ist. Seine Wechselerklärung ist bei fehlender OT- Mitgliedschaft somit als Austrittserklärung aufzufassen.

Wird die OT- Mitgliedschaft infolge der Erklärung dennoch faktisch in Vollzug gesetzt, ist die Mitgliedschaft wiederum über die Regelungen der fehlerhaften Gesellschaft für die Vergangenheit als OT- Mitgliedschaft zu behandeln[731] und kann ex nunc beseitigt werden.

Tarifbindung entsteht für den Arbeitgeber nicht.

Zu einem anderen Ergebnis gelangt das BAG in seinem Urteil vom 26.08.2009[732]. Der Entscheidung des BAG lag folgender Sachverhalt zugrunde: Der tarifschließende Arbeitgeberverband beschloss per Satzungsänderung die Zulässigkeit einer Mitgliedschaft ohne Tarifbindung. Die tarifgebundene Beklagte wechselte daraufhin in eine OT- Mitgliedschaft. Noch bevor die Satzungsänderung in das Vereinsregister aufgenommen wurde, schlossen Arbeitgeberverband und Gewerkschaft neue Vergütungstarifverträge. Der ursprünglich tarifgebundene

729 A. a. O., 2. Teil, C. II. 1. b), S. 157f.

730 A. a. O., 2. Teil, C. II. 1. b), S. 157f.

731 Vgl. a. a. O., 2. Teil, C. II. 1. c) bb), S. 160ff.

732 BAG, Urteil vom 26.08.2009–4 AZR 294/08, Pressemitteilung 84/09.

Kläger verlangte von der Beklagten die in den neuen Vergütungstarifverträgen vorgesehenen zusätzlichen Leistungen. Das BAG entschied, dass Arbeitgeber an bis zur Eintragung abgeschlossene Tarifverträge auch dann gebunden sind, wenn sie zuvor ihren Wechsel in eine OT- Mitgliedschaft erklärt haben. Zur Begründung führt es aus, die Beklagte sei nicht vor Abschluss des Tarifvertrags wirksam aus dem Arbeitgeberverband ausgetreten. Ein die Tarifbindung beendender Wechsel in eine OT- Mitgliedschaft betreffe das Verhältnis der Vereinsmitglieder zu den Arbeitnehmern als Dritte und setze daher eine wirksame satzungsmäßige Grundlage voraus. Hierzu gehöre auch die Eintragung der entsprechenden Satzungsänderung in das Vereinsregister.

Diesem Ergebnis ist nicht zu folgen. Entgegen der Ansicht des BAG ist vielmehr anzunehmen, dass das OT- Mitglied wirksam aus dem Arbeitgeberverband ausgetreten ist. Denn seine Willenserklärung ist gemäß § 133, 157 BGB als Austrittserklärung auszulegen. Aus den oben[733] genannten Gründen kann nicht angenommen werden, dass der Arbeitgeber bei Vorliegen einer unwirksamen OT- Mitgliedschaft vorrangig die Tarifbindung nach § 3 Abs. 1 TVG hinnehmen würde. Das BAG widerspricht sich darüber hinaus selbst, wenn es einerseits argumentiert, der Wechsel zur OT- Mitgliedschaft könne – was richtig ist – gleichermaßen über den Aus- und Wiedereintritt in den Verband erfolgen, dann aber andererseits einen wirksamen Austritt aus dem Arbeitgeberverband vor dem Abschluss des Tarifvertrages ablehnt.

Der Wechsel zur OT- Mitgliedschaft ist tarifrechtlich ebenso zu behandeln wie der Austritt aus dem Arbeitgeberverband. In beiden Fällen endet die Verbandsmitgliedschaft gemäß § 3 Abs. 1 TVG. Auf § 3 Abs. 1 TVG basierende Tarifbindung kann nur über die Verbandsmitgliedschaft erzeugt werden.

Der Statuswechsel in eine nicht wirksame OT- Mitgliedschaft beendet die Mitgliedschaft im Arbeitgeberverband und wirkt wie ein Austritt. Die bislang geltenden Tarifnormen gelangen in die Stadien der Nachbindung gemäß § 3 Abs. 3 TVG und Nachwirkung nach § 4 Abs. 5 TVG. Richtigerweise hätte das BAG den Wechsel daher wie einen Austritt aus dem Verband behandeln müssen, mit der Folge, dass der Arbeitgeber nicht an den neu abgeschlossenen Tarifvertrag gebunden ist. Der Arbeitgeber hätte dann die Möglichkeit, wieder in den Verband einzutreten, sobald die Satzungsänderung in das Vereinsregister eingetragen und damit eine wirksame OT- Mitgliedschaft begründet ist.

Ist davon auszugehen, dass der Beitritt als OT- Mitglied nicht zur Tarifbindung nach § 3 Abs. 1 TVG führt[734], wenn die OT- Mitgliedschaft in der Satzung nicht

733 A. a. O., 2. Teil, C. II. 1. b), S. 157f.

734 A. a. O., 2. Teil, C. II. 1. c), S. 159ff.

wirksam geregelt ist, kann für den Wechsel nichts anderes gelten. Denn wenn der Statuswechsel im Wege des Austritts aus dem Verband und des Wiedereintritts in den Verband erfolgt, ist der Wiedereintritt wie der Ersteintritt zu behandeln. Ist die OT- Mitgliedschaft nicht wirksam ausgestaltet, führt der Wiedereintritt also ebenso wie der Ersteintritt nicht zur Tarifbindung. Jedes andere Ergebnis verstößt gegen die negative Koalitionsfreiheit des Arbeitgebers aus Art. 9 Abs. 3 GG. Hieran ändert auch nichts, dass das Verhältnis der Vereinsmitglieder zu den Arbeitnehmern als Dritte betroffen ist. Die Arbeitnehmer werden durch das hier gefundene Ergebnis nicht unverhältnismäßig beeinträchtigt. Denn das Arbeitsverhältnis bleibt inhaltlich mit den statisch weiter geltenden Tarifnormen des ursprünglichen Tarifvertrages ausgestaltet. Ein Austritt des Arbeitgebers aus dem Verband hätte auch keine andere Wirkung auf das Arbeitsverhältnis gehabt und wäre wirksam gewesen.

Der Statuswechsel in eine nicht wirksam ausgestaltete OT- Mitgliedschaft ist tarifrechtlich zu behandeln wie ein Verbandsaustritt und führt nicht zur Tarifbindung des Arbeitgebers nach § 3 Abs. 1 TVG.

b) Fristen

Fristenregelungen in der Satzung betreffen im Rahmen der OT- Problematik die Fristen für einen Statuswechsel. Während der Wechsel von der OT- zur Vollmitgliedschaft ebenso wie der Eintritt in den Verband als Vollmitglied keinerlei zeitlichen Vorgaben unterliegt, sind auf den Wechsel von der Voll- zur OT- Mitgliedschaft die Fristen für den Austritt aus dem Verband entsprechend anzuwenden[735]. Daher kann die Regelung für den Statuswechsel die Regelung über die Austrittsfristen in Bezug nehmen oder den gleichen Zeitraum festlegen. Es spricht nichts gegen eine sofortige Austrittsmöglichkeit aus dem Arbeitgeberverband, so dass auch ein fristloser Wechsel geregelt werden kann[736]. Maximal darf die Wechselfrist einen Sechs-Monatszeitraum nicht überschreiten[737].

5. Stimmrecht in tarifpolitischen Angelegenheiten

Sieht die Satzung eine OT- Mitgliedschaft vor, müssen die Rechte und Pflichten der OT- Mitglieder unter Beachtung der oben herausgearbeiteten Kriterien[738] geregelt werden. Besonders wichtig ist eine einschränkende Regelung hinsichtlich der Stimmrechte von OT- Mitgliedern in tarifpolitischen Angelegenheiten.

735 Vgl. zum Statuswechsel a. a. O., 2. Teil, A. III. 1., S. 86 ff.
736 Vgl. a. a. O., 2. Teil, A. III. 1. d) aa) (5), S. 98.
737 A. a. O., 2. Teil, A. III. 1. d) bb), S. 100
738 Vgl. oben., 2. Teil, A. I., S. 62 ff.

Das Stimmrecht darf nicht über eine beratende Stimme hinausgehen[739]. Sieht eine Satzung weiter gehenden tarifpolitischen Einfluss der OT- Mitglieder vor, sind die Rechtsfolgen zu untersuchen.

Haben die OT- Mitglieder Einfluss auf die Tarifpolitik des Verbandes, könnte sich als Konsequenz daraus – unabhängig von der Frage der Zulässigkeit der OT- Mitgliedschaft – Tarifbindung für sie ergeben[740]. Hiergegen ist aber einzuwenden, dass das OT- Mitglied den Verband bei seinem Beitritt gerade nicht zur Rechtssetzung legitimiert hat. Es hat bei seinem Beitritt konkludent den Verzicht auf sein Stimmrecht in tarifpolitischen Angelegenheiten erklärt[741]. Ist eine OT- Mitgliedschaft wirksam in den Satzungen vorgesehen und hat der Arbeitgeber bei seinem Eintritt in den Verband ausdrücklich erklärt, als OT- Mitglied beitreten zu wollen, kann ihm nicht die unzureichende Satzungsgestaltung an anderer Stelle derart zum Nachteil gereichen, dass Tarifbindung daraus entsteht. Vielmehr könnte die Satzungsregelung selbst betroffen sein. Welche Rechtsfolgen sich aus einer unwirksamen Satzungsregelung ergeben, ist im Folgenden zu prüfen.

6. Handhabe der unzureichenden Satzungsregelungen

Zu untersuchen ist, wie mit Satzungsgestaltungen zu verfahren ist, die den Anforderungen nicht genügen. Da die Regelung sich nicht generell auf die Wirksamkeit der OT- Mitgliedschaft auswirken kann und auch nicht den Verband selbst beeinträchtigt, kommt nur eine Korrektur der Satzung selbst in Betracht. Zu unterscheiden ist, ob eine Satzungsregelung ganz fehlt, zum Beispiel wenn eine OT-Mitgliedschaft gar nicht vorgesehen ist, aber eingeführt werden soll, oder ob eine einzelne Regelung unzureichend ist.

Fehlt eine Regelung und möchte der Verband die Lücke schließen, kann dies durch eine Satzungsänderung geschehen. Gemäß § 33 Abs. 1 BGB bedarf es eines Beschlusses, der mit einer Mehrheit von drei Vierteln der abgegebenen Stimmen ergeht. Nach § 40 BGB handelt es sich dabei aber um keine zwingende Vorschrift, sodass auch andere Regelungen hierüber getroffen werden können. Eingetragene Vereine müssen die Satzungsänderung gemäß § 71 BGB eintragen lassen.

Eine Satzungsgestaltung, die gegen das Gesetz verstößt, wie beispielsweise die Anbindung einer OT- Mitgliedschaft an eine Beschränkung der personellen Tarifzuständigkeit oder die Einräumung von Stimmrechten für OT- Mitglieder

---

739 Vgl. a. a. O., 2. Teil, A. I. 1. b), S. 64 ff.

740 So Deinert, RdA 2007, 83, 90, der hierin konkludent die Legitimation des Verbandes zur Rechtssetzung erkennen möchte.

741 A. a. O., 2. Teil, A. I. 1. b), S. 65 f.

in Tariffragen, ist anfechtbar. Wird die angefochtene Bestimmung daraufhin nichtig, so betrifft dies nicht die Satzung im Übrigen[742]. § 139 BGB findet keine Anwendung. Kann die entstehende Regelungslücke durch Vorschriften des BGB ausgefüllt werden, so gelten diese. Andernfalls muss das zuständige Organ die Regelung durch eine neue, wirksame Satzungsbestimmung ausfüllen. Eine provisorische Regelung kann über die Übergangszeit hinweghelfen[743].

Die unzulässige Satzungsgestaltung ist zu kassieren und durch eine wirksame Regelung zu ersetzen.

7. Rechtsfolgen für getroffene Beschlüsse

Finden auf der Grundlage unzureichender Satzungsausgestaltungen Beschlussfassungen statt, bei denen zum Beispiel Mitglieder unberechtigterweise mitwirken, müssen sich auch daraus Rechtsfolgen ergeben. Zu unterscheiden sind Mängel bei der Stimmabgabe und unmittelbare Mängel des Beschlusses[744].

Wurden Beschlüsse gefasst, die durch ihren Inhalt oder die Art und Weise ihres Zustandekommens gegen das Gesetz oder gegen Satzungsregelungen verstoßen, sind im Vereinsrecht keine Rechtsfolgen geregelt. Möglicherweise können die Normen aus dem Aktiengesetz und dem Genossenschaftsgesetz entsprechend auf das Verbandsrecht angewandt werden. Im AktG sind die Fallgruppen der Beschlussmängel in den §§ 241 ff. sehr detailliert festgelegt. Für Genossenschaften findet sich eine Bestimmung in § 51 GenG. Für Beschlüsse dieser Personenvereinigungen wird nach der Schwere des Mangels unterschieden. Besonders schwere Mängel führen zur Nichtigkeit, weniger schwere nur zur Anfechtbarkeit des Beschlusses.

Über die entsprechende Anwendung der Normen aus dem Aktien- und Genossenschaftsgesetz auf das Vereinsrecht herrscht Streit. Der Rechtsprechung zufolge sind Vereinsbeschlüsse entweder gültig oder ungültig. Diesen Grundsatz schränkt die Rechtsprechung ein, indem sie für die Nichtigkeit zwischen dem Gesetzes- bzw. Satzungsverstoß und dem Beschlussergebnis Kausalität fordert[745]. Hat beispielsweise ein OT- Mitglied bei Beschlussfassungen über tarifpolitische Angelegenheiten mitgewirkt, käme es darauf an, ob die Stimme des OT- Mitglieds für die Beschlussfassung ausschlaggebend war. Denn die Satzung des Verbandes darf dem OT- Mitglied kein Stimmrecht über tarifpolitische Angelegenheiten zubilligen. Anderenfalls ist die konkrete OT- Mitgliedschaft unwirk-

742 BGH, Urteil vom 06.03.1967, BGHE 47, 172, 173; Palandt/ Heinrichs, § 25 Rn. 5.

743 Palandt/ Heinrichs, § 25 Rn. 5.

744 MüKo/ Reuter, § 32 Rn. 51.

745 Vgl. BGH, Urteil vom 18.12.1967, BGHZ 49, 209, 211; BGH, Urteil vom 09.11.1972, BGHZ 59, 369, 375.

sam ausgestaltet[746]. Wirkt das OT- Mitglied aufgrund einer solchen unzulässigen Satzungsregelung an der Beschlussfassung mit, und würde das Beschlussergebnis ohne die Stimme des OT- Mitglieds anders ausfallen, so liegt Kausalität zwischen der Satzungsregelung und dem Beschlussergebnis vor. Der Beschluss wäre auch der Rechtsprechung zufolge nichtig.

Die Literatur nimmt die Nichtigkeit von Beschlüssen immer dann an, wenn gegen gesetzliche oder „zwingende“ Satzungsbestimmungen verstoßen wurde[747]. Sie lehnt – ebenso wie die Rechtsprechung[748] – die analoge Anwendung der §§ 241 ff. AtkG und des § 51 GenG auf das Vereinsrecht ab[749].

Die Ablehnung einer analogen Anwendung wird mit der unterschiedlichen Interessenlage begründet und damit, dass die Regelungen des Aktiengesetzes für Vereine zu kompliziert seien[750].

Sauter/ Schweyer/ Waldner[751] möchten nur bei bestimmten Satzungsverstößen allein die Rechtsgedanken des Aktiengesetzes entsprechend anwenden.

Reuter[752] spricht sich allgemein für eine analoge Anwendung der §§ 241 AktG aus und überprüft die einzelnen Vorschriften auf eine Vereinbarkeit mit den Besonderheiten des Verbandsrechts.

Einigkeit besteht darüber, dass bei den nicht schwer wiegenden Verfahrensfehlern und bei Verstößen gegen Ordnungsvorschriften keine Nichtigkeit eintreten soll. Die Rüge des Verstoßes obliege dann dem jeweils Betroffenen[753]. Allein *Reuter*[754] möchte diese Abgrenzung nicht ohne weiteres zulassen und beruft sich auch in diesen Fällen auf die entsprechenden Bestimmungen des AktG.

Einer analogen Anwendung der Normen des AktG bedarf es nur, wenn eine planwidrige Regelungslücke für das Vereinsrecht besteht. Dies ist zu verneinen, wenn allgemeine Überlegungen zu ausreichenden Lösungen führen und die Vorschriften des BGB ergänzend herangezogen werden können.

Mangelhafte Beschlüsse verletzen das Recht der Mitglieder auf gesetzes- und satzungsmäßige Behandlung. Daraus ergibt sich ein Anspruch der Mitglieder auf die Beseitigung rechtswidriger Beschlüsse und Rückgängigmachung unzulässiger Satzungsdurchbrechungen[755], aber nicht zwangsweise die Nichtigkeit mangel-

746 A. a. O., 2. Teil, A. I. 1. b), S. 64 ff.

747 Vgl. Palandt/ Heinrichs, § 32 Rn. 9; Reichert, Rn. 1828; Staudinger/ Weick, § 32 Rn. 26.

748 BGH, Urteil vom 09.11.1972, BGHZ 59, 369, 369.

749 Palandt/ Heinrichs, § 32 Rn. 9.

750 Staudinger/ Weick, § 32 Rn. 23 und 26.

751 Sauter/ Schweyer/ Waldner, Rn. 213.

752 MüKo/ Reuter, § 32 Rn. 61 ff.

753 Noack, S. 72; Palandt/ Heinrichs, § 32 Rn. 10; Reichert, Rn. 1829; Sauter/ Schweyer/ Waldner, Rn. 214.

754 MüKo/ Reuter, § 32 Rn. 67.

755 MüKo/ Reuter, § 38 Rn. 57.

behafteter Beschlüsse mit der Folge einer allgemeinen Unbeachtlichkeit. Steht das Recht der Mitglieder auf satzungsmäßige Behandlung im Vordergrund, so muss auch das betroffene Mitglied über das Schicksal des Beschlusses entscheiden können. Es würde keinen Sinn machen, Beschlüsse aufzuheben, die niemanden tangieren. In diese Richtung geht auch die Rechtsprechung, wenn sie für die Nichtigkeit ein „Beruhen“ des Beschlussergebnisses auf dem Mangel fordert. Im Aktienrecht wird eine solche Relevanz des Mangels nur für die Anfechtungsgründe gefordert, nicht für eine Nichtigkeit[756], sodass hieraus eine Annäherung der Rechtsprechung an die Annahme primärer Anfechtbarkeit und der Anwendung der §§ 241 ff AktG entnommen werden könnte[757].

Eine analoge Anwendung der §§ 241 ff. AktG ist jedoch nicht erforderlich, da sich die gewonnenen Erkenntnisse auf Verfahrensfehler und Verstöße gegen Ordnungsvorschriften beziehen. Für solche Mängel ist vereinsrechtlich bereits anerkannt, dass bis zur Rüge eines betroffenen Mitglieds nur schwebende Unwirksamkeit des Beschlusses und damit nur seine Anfechtbarkeit besteht[758].

Nichtig sind jedenfalls Beschlüsse, die nach § 134 BGB gegen gesetzliche Verbote verstoßen, die nach § 138 sittenwidrig sind, oder in Widerspruch zu unabdingbaren vereinsrechtlichen Vorschriften stehen[759]. Wird durch den Mangel des Beschlusses das gemeinschaftliche Interesse der Mitglieder an einer rechts- und ordnungsgemäßen Willensbildung beeinträchtigt, kann der mangelhafte Beschluss gleichwohl nur nichtig sein. Auf die Rüge eines einzelnen verletzten Mitglieds kommt es nicht an. Der Fehler spielt dann eine übergeordnete Rolle, er kann nicht geduldet werden. Maßgebend ist der Einzelfall. Als Beispiel kann wiederum der oben gebildete Fall dienen, in welchem ein OT- Mitglied aufgrund einer Satzungsgestaltung, welche ihm ein Stimmrecht in tarifpolitischen Fragen einräumt, an einer entsprechenden Beschlussfassung mitwirkt. Da die OT- Mitglieder nicht von den Verbandstarifverträgen erfasst werden, dürfen sie kein Stimmrecht über diesbezügliche Angelegenheiten haben[760]. Das gemeinschaftliche Interesse der Mitglieder an einer ordnungsgemäßen Willensbildung ist verletzt. Der Beschluss ist nichtig.

Da die Mangelhaftigkeit von Vereinsbeschlüssen umfassend und mit zufrieden stellenden Ergebnissen nach allgemeinen zivilrechtlichen Grundsätzen ohne Rückgriff auf die Normen des AktG gehandhabt werden kann, ist eine analoge

756 Vgl. MüKo AktG/ Hüffer, § 243 Rn. 27ff.

757 Vgl. MüKo/ Reuter, § 32 Rn. 55.

758 Palandt/ Heinrichs/ Ellenberger, § 32 Rn. 10; Sauter/ Schweier/ Waldner, Rn. 213.

759 Vgl. § 40 BGB, soweit die Normen des Vereinsrechts auf Arbeitgeberverbände anwendbar sind.

760 Vgl. a. a. O., 2. Teil, A. I. 1., S. 63ff.

Anwendung der § 241 ff. AktG nicht sachgerecht. *Reuter*[761] selbst macht die Anwendung der einzelnen Normen von der Vereinbarkeit mit dem Vereinsrecht abhängig. Diese Aufteilung zeigt schon, dass die Regelungen nicht einheitlich auf Verbandsbeschlüsse passen. Ähnlich sind nur einzelne Rechtsgedanken[762].

Nur fehlerhafte Beschlüsse existieren solange, bis der Fehler von dem betroffenen Mitglied ordnungsgemäß und sachlich begründet gerügt wird. Zusätzlich muss der Beschluss auf dem Fehler beruhen. Der Beschluss ist dann als von Anfang an ungültig zu behandeln[763]. Ein auf dem Mangel beruhender nichtiger Beschluss hat keine Rechtswirkungen[764]. Der Beschlussgegenstand muss erneut zur Abstimmung gestellt und nicht erst von dem zuständigen Organ aufgehoben werden[765]. Daher kann eine auf die Aufhebung des mangelhaften Beschlusses gerichtete Anfechtungsklage nicht die richtige Klageart darstellen[766]. Die Nichtigkeit ist nach Ausschöpfung der vereinsinternen Rechtsbehelfe durch eine gegen den Verein gerichtete Feststellungsklage nach § 256 ZPO geltend zu machen[767]. Die Feststellung der Unwirksamkeit des Beschlusses kann unter Durchbrechung der Lehre von der subjektiven Rechtskraft eines Feststellungsurteils nur inter omnes wirken[768]. Ein anderes Ergebnis wäre wegen unlösbarer Verwirrungen nicht praktikabel.

Auf die OT- Problematik übertragen ist wie bereits erläutert der Fall denkbar, dass ein OT- Mitglied entgegen der Satzungsregelung an Abstimmungen über Tariffragen teilgenommen hat. Bei dem Ausschluss der OT- Mitglieder von Tarifabstimmungen handelt es sich um eine zwingende Satzungsbestimmung, deren Einhaltung im allgemeinen Interesse der Mitglieder liegt. Für den Bestand des Beschlusses wird es dann im Einzelfall darauf ankommen, ob die Stimme des OT- Mitglieds für das Beschlussergebnis ausschlaggebend war oder nicht. Es obliegt dem Verband, dieses „Beruhen" zu widerlegen. Hat sich die Stimme des OT- Mitglieds ausgewirkt, ist der Beschluss ohne weiteres nach § 134 BGB nichtig und die Abstimmung muss wiederholt werden. Wäre das Beschlussergebnis ohne die Mitwirkung des OT- Mitglieds dagegen genauso ausgefallen, kann der Beschluss bestehen bleiben.

---

761 MüKo/ Reuter, § 32 Rn. 61 ff.
762 Im Ergebnis ebenso Sauter/ Schweyer/ Waldner, Rn. 213.
763 Sauter/ Schweyer/ Waldner, Rn. 214 a.
764 Sauter/ Schweyer/ Waldner, Rn. 215.
765 So aber MüKo/ Reuter, § 32 Rn. 57.
766 So aber MüKo/ Reuter, § 32 Rn. 58.
767 Palandt/ Heinrichs, § 32 Rn. 11.
768 Palandt/ Heinrichs, § 32 Rn. 11; Soergel/ Hadding, § Rn. 40; Staudinger/ Weick, § 32 Rn. 28.

Die Behandlung des wegen eines Satzungsverstoßes mangelhaften Beschlusses steht der Behandlung eines Beschlussfehlers gleich, der aufgrund einer gegen das Gesetz verstoßenden Satzungsregelung zustande gekommen ist.

Schließt also eine Verbandssatzung OT- Mitglieder beispielsweise von Abstimmungen jeglicher Art aus, obwohl das Stimmrecht zu den wesentlichen Vereinsrechten aller Mitglieder gehört, ergeben sich für die darauf beruhenden Beschlüsse, die ohne die Mitwirkung der OT- Mitglieder zu Stande gekommen sind, die gleichen Rechtsfolgen.

Eine unzureichende Satzungsgestaltung bewirkt nicht, dass die konkrete OT-Mitgliedschaft unzulässig ist. Tarifbindung für das Mitglied wird hierdurch in keinem Fall erzeugt. Die Rechtsfolgen betreffen allein die aufgrund der fehlerhaften Satzungsregelung zu Stande gekommenen Beschlüsse und die Satzungsregelungen selbst.

III. Ergebnis für die satzungsrechtliche Ebene

Die Satzungsautonomie der Arbeitgeberverbände findet ihre Grenze dort, wo die Tarifautonomie nicht mehr gewährleistet ist. Der Maßstab für eine Gefährdung der Tarifautonomie darf nicht zu niedrig angesetzt werden. Vielmehr sind die Spielräume bei der Ausgestaltung der Satzungen im Hinblick auf die Satzungsautonomie des Verbandes weit. Dies gilt auch hinsichtlich der Regelungen, die die OT- Mitgliedschaft betreffen. Eine klare und eindeutige Satzungsregelung spielt für die Einführung und Ausgestaltung von OT- Mitgliedschaften im Arbeitgeberverband eine besonders große Rolle. Unzulässige Satzungsausgestaltungen führen nicht zur Unzulässigkeit der OT- Mitgliedschaft und daher auch nicht zur Tarifbindung des dem Verband als OT- Mitglied beigetretenen Mitglieds. Tarifbindung der Arbeitgeber kann sich entgegen deren Willen in keinem Fall ergeben. Sofern zumindest die Einführung der OT- Mitgliedschaft wirksam geregelt ist, kann es dem als OT- Mitglied beitretenden Arbeitgeber nicht angelastet werden, wenn weitere Satzungsvorschriften in der Verbandssatzung die Grenzen überschreiten. Die betroffene Satzungsregelung ist zu kassieren und durch eine wirksame Vorschrift zu ersetzen. Die Rechtsfolgen der Anwendung fehlerhafter Satzungsregelungen finden sich in den darauf beruhenden Beschlüssen, die dann gleichfalls unter Beachtung des Gesetzes oder einer neuen Satzungsregelung wiederholt werden müssen.

D. Prozessrechtliche Ebene

Auch in prozessrechtlicher Hinsicht muss die Wirkungsweise der OT- Mitgliedschaft untersucht werden. Möglicherweise verhindert eine vorhandene OT- Mitgliedschaft eine wirksame Vertretung vor Gericht durch den Arbeitgeberverband. Außerdem können sich verfahrensrechtliche Konsequenzen ergeben.

I. Die Rechtsbesorgung durch den Arbeitgeberverband

In den Satzungen der Arbeitgeberverbände heißt es unter der Überschrift „Verbandszweck" unter anderem:

> *„Zweck des Verbandes ist die Wahrung und Förderung der gemeinsamen sozialpolitischen Interessen seiner Mitglieder, und zwar insbesondere die Betreuung, Beratung und Vertretung der Mitglieder in arbeits-, dienst-, tarif-, sozialversicherungs- und lohnsteurrechtlichen sowie arbeitswissenschaftlichen und betriebswirtschaftlichen Fragen von grundsätzlicher Bedeutung[769]."*

Damit machen es sich die Verbände zur Aufgabe, ihre Mitglieder in Rechtsangelegenheiten zu beraten und gegebenenfalls auch vor Gericht zu vertreten. Die Rechtsbesorgung durch Arbeitgeberverbände könnte aber Grenzen unterliegen, wenn der Verband gestufte Mitgliedschaften anbietet.

1. Der Arbeitgeberverband als Rechtsberater

Erforderlich für die Tätigkeit einer außergerichtlichen Rechtsberatung ist eine gesetzliche Befugnis des Arbeitgeberverbandes. Die rechtliche Beratung der Verbandsmitglieder stellt im Sinne des § 2 Abs. 1 RDG eine Tätigkeit des Verbandes dar, die eine rechtliche Prüfung des Einzelfalles erfordert. Es handelt sich somit um eine Rechtsdienstleistung. Maßgeblich sind damit nach § 1 Abs. 1 RDG die Bestimmungen des RDG[770].

Gemäß § 7 Abs. 1 Nr. 1 RDG sind Rechtsdienstleistungen erlaubt, die berufliche Vereinigungen im Rahmen ihres satzungsmäßigen Aufgabenbereiches für ihre Mitglieder erbringen, soweit sie gegenüber der Erfüllung ihrer übrigen satzungsmäßigen Aufgaben nicht von übergeordneter Bedeutung sind. Ein Arbeitgeberverband stellt als Zusammenschluss mehrerer Arbeitgeber eines

---

769 Auszug aus der Satzung des Arbeitgeberverbandes Ruhr/ Lenne e. V., Iserlohn, in der Fassung vom 29.04.1999.

770 Das Rechtsdienstleistungsgesetz vom 12.12.2007 löste zum 01.07.2008 das Rechtsberatungsgesetz ab.

Wirtschaftszweiges zur Förderung ihrer gemeinsamen Interessen eine solche berufliche Vereinigung dar[771]. Voraussetzung ist weiter, dass die Rechtsberatung sich im Rahmen der satzungsmäßigen Zielsetzung des Verbandes bewegt. Von den Zielen eines Arbeitgeberverbandes sind damit meist nur das Arbeits- und das Sozialrecht als Rechtsgebiete erfasst[772]. Die Rechtsberatung ist als ein Teilbereich der satzungsmäßigen Aufgaben eines Arbeitgeberverbandes nicht von übergeordneter Bedeutung. Als besondere Qualifikation der Person, die im Namen der Vereinigung Rechtsberatung ausübt, fordert das RDG in § 7 Abs. 2 RDG eine Erlaubnis zur Erbringung der Rechtsdienstleistung, die Befähigung zum Richteramt oder zumindest die Anleitung durch eine solche Person im Sinne des § 6 Abs. 2 S. 2 RDG. Sind die Voraussetzungen erfüllt, ist den Arbeitgeberverbänden die außergerichtliche Beratung ihrer Mitglieder somit nach § 7 Abs. 1 Nr. 1 RDG grundsätzlich erlaubt.

Hinsichtlich der Rechtsberatung wird in den Satzungen nicht zwischen OT- und Vollmitgliedern differenziert. Eine innerverbandliche Unterscheidung würde eine sachliche Rechtfertigung erfordern. Denn der verbandsrechtliche Gleichbehandlungsgrundsatz gebietet geradezu eine Gleichbehandlung, wenn es um die Rechtsberatung durch den Verband geht. Die Rechtsberatung gehört zum Kernbereich der verbandlichen Aufgaben. Sie steht auch in keinem besonderen Zusammenhang mit der Tarifbindung der einzelnen Mitglieder. Es ist nicht ersichtlich, aus welchen Gründen OT- Mitglieder von der Rechtsberatung ausgeschlossen werden sollten. Erforderlich ist allein die Vereinsmitgliedseigenschaft des Beratenen, die bei einem OT- Mitglied gegeben ist[773].

2. Prozessvertretung

Es könnten sich aber Beschränkungen für die externe Rechtsbesorgung, also die Prozessvertretung durch einen Verbandsvertreter ergeben. Es ist zu differenzieren zwischen einem Verband, der nur Vollmitgliedschaften vorsieht, und einem Verband mit gestuften Mitgliedschaften.

a) Postulationsfähigkeit eines Verbandes ohne gestufte Mitgliedschaften

Die Befugnis zur gerichtlichen Vertretung richtet sich ausschließlich nach den jeweiligen Verfahrensordnungen. Im Arbeitsgerichtsprozess, im Sozialgerichtsprozess und im Zivilprozess stehen § 11 Abs. 3 S. 1 ArbGG bzw. § 73 Abs. 6

771 Kleine- Cosack, § 7 Rn. 15; vgl. noch zum RBerG Chemnitz/ Johnigk, Art. 1 § 7 Rn. 718.
772 Ostrop, S. 48.
773 Vgl. zum Mitgliedsbegriff a. a. O., 1. Teil, F. I. 2. b) bb) (1), S. 44 ff.

S. 1 SGG sowie § 157 Abs. 1 ZPO einer Vertretung durch Verbandsvertreter in der mündlichen Verhandlung entgegen. Bei den Arbeitgeberverbänden handelt es sich aber um nach § 11 ArbGG bzw. § 73, 166 SGG privilegierte Verbände. § 11 Abs. 1 S. 2, 2 S. 2 ArbGG sieht beispielsweise vor, dass die Vertretung vor Gericht durch Vertreter von Vereinigungen von Arbeitgebern zulässig ist, wenn diese Personen kraft Satzung oder Vollmacht zur Vertretung befugt und der Verband oder deren Mitglieder Partei sind.

Die Verbandsvertreter sind rechtlich den Rechtsanwälten gleichgestellt[774]. Voraussetzung der Postulationsfähigkeit ist die Befugnis zur externen Rechtsvertretung kraft Satzung oder Vollmacht der Mitglieder. Diese Vollmacht meint die Berechtigung gegenüber dem Verband zur Vertretung von Prozessparteien und ist von der Prozessvollmacht zu unterscheiden. Für die Erteilung der zusätzlich erforderlichen Prozessvollmacht der Partei gelten die §§ 80ff. ZPO[775]. Ist Partei des Rechtsstreits ein einzelner Arbeitgeber, muss der Arbeitgeber Mitglied im Verband sein, damit der Vertreter desselben Verbandes diesen vor Gericht vertreten kann. Die Vertretung des Mitglieds muss sich dabei im Rahmen der satzungsmäßigen Aufgaben des Arbeitgeberverbandes bewegen[776]. Die Postulationsfähigkeit des Verbandsvertreters entfällt, wenn die Prozesspartei aus dem Verband ausscheidet.

b) Postulationsfähigkeit eines Verbandes mit Stufenmodell

Es könnte sich eine Einschränkung der Postulationsfähigkeit der Verbandsvertreter dann ergeben, wenn der Verband gestufte Mitgliedschaften anbietet.

Im Fall eines nichttariffähigen Verbandes hat das BAG[777] entschieden, dass eine Beschränkung der Postulationsfähigkeit nach § 11 Abs. 2 ArbGG nicht gegeben ist. Die Verbandsvertreter stehen vor Gericht den Rechtsanwälten gleich. Die besondere Fachkunde der Verbandsvertreter auf arbeitsrechtlichem Gebiet, die eine sach- und interessengerechte Vertretung vor Gericht ermöglicht, wird nicht durch den Ausschluss tarifpolitischer Ziele des Verbandes beeinträchtigt. Entscheidend ist allein, dass der Verbandsvertreter kraft Satzung oder kraft Vollmacht zur Vertretung befugt ist und die vertretene Partei Verbandsmitglied ist. Der Streitgegenstand fällt also nicht in den Aufgabenbereich des Verbandes, wenn der Arbeitgeber nur Gastmitglied im Verband ist und ihm daher die wesentlichen Mitgliedschaftsrechte nicht zukommen[778]. Das OT- Mitglied hingegen ist

774 ErfK/ Koch, § 11 ArbGG Rn. 5.
775 ErfK/ Koch, § 11 ArbGG Rn. 3.
776 BAG, Urteil vom 20.02.1986, BAGE 51, 163, 166; ErfK/ Koch, § 11 ArbGG Rn. 6.
777 BAG, Urteil vom 16.11.1989, BAGE 63, 255, 158.
778 Buchner, SAE 1987, 108, 110; zur Gastmitgliedschaft vgl. a. a. O., 1. Teil, F. I. 2. a), S. 37ff.

Mitglied des Verbands im vereinrechtlichen Sinne. Auf die Mitgliedschaft nach § 3 Abs. 1 TVG kommt es dagegen für die Beurteilung der Postulationsfähigkeit nicht an, da verbandstarifpolitische Belange hiervon nicht erfasst werden.

Das Schrifttum hat sich größtenteils dieser Ansicht angeschlossen[779]. Tariffähigkeit des Verbandes kann also nicht als Voraussetzung der Postulationsfähigkeit gefordert werden[780].

Für die Beurteilung der Frage, ob ein Verbandsvertreter postulationsfähig ist, wenn der Verband OT- Mitgliedschaften vorsieht, kommt es auf die Tariffähigkeit des Verbandes erst recht nicht an, da der Verband seine Tariffähigkeit nicht einbüßt, nur weil er OT- Mitgliedschaften zulässt[781].

Andere Gesichtspunkte, die gegen die Postulationsfähigkeit eines ein OT- Mitglied vertretenden Verbandsvertreters sprechen, sind nicht ersichtlich.

3. Ergebnis

Arbeitgeberverbände stehen hinsichtlich der Rechtsberatung und Vertretung ihrer Mitglieder den Rechtsanwälten gleich. Zur internen Rechtsberatung sind sie nach § 7 Abs. 1 Nr. 1, Abs. 2 RDG ermächtigt.

Für die Prozessführung kann kein Unterschied gemacht werden zwischen Verbänden ohne und mit Stufenmodell. Die Postulationsfähigkeit des Verbandsvertreters entfällt nicht deswegen, weil die zu vertretende Partei ein OT- Mitglied ist. Voraussetzung ist allein die Mitgliedschaft im Verband. Die Tariffähigkeit des Verbandes ist in diesem Zusammenhang ein ungeeignetes Bewertungskriterium, da das Vorhandensein von OT- Mitgliedern keinen Einfluss auf die Tariffähigkeit des Verbandes haben kann.

II. Rechtsweg

Fest steht, dass Bedenken gegen die grundsätzliche Zulässigkeit der OT- Mitgliedschaft nach der Entscheidung des BAG[782] nicht mehr angebracht werden können. Beanstandungen können nur noch auf ein Fehlen der satzungsmäßigen Voraussetzungen hierfür gestützt werden.

---

779 Besgen, S. 67; Schwab/ Weth/ Weth, § 11 Rn. 17; Thüsing/ Stelljes, ZfA 2005, 527, 536.

780 Ostrop, S. 51; a. A. Schaub, BB 1995, 2003, 2004.

781 Vgl. hierzu a. a. O., 2. Teil, A. II. 2. a), S. 80 ff.

782 BAG, Beschluss vom 18.07.2006, NZA 2006, 1225–1232.

Die Problematik der OT- Mitgliedschaft hat sich aus einer Beschränkung der Tarifzuständigkeit in die Tarifbindung des einzelnen Mitglieds verlagert. Hieraus entstehen verfahrensrechtliche Konsequenzen.

Solange die Tarifzuständigkeit als Anknüpfungspunkt der OT- Mitgliedschaft angesehen wurde, konnten Zweifel hiergegen nicht ohne weiteres im Urteilsverfahren nach §§ 2 Abs. 1, 4; 46 ArbGG behandelt werden. Vergütungsklagen wurden vom erstinstanzlichen Gericht auf der Grundlage des § 97 Abs. 5 ArbGG bis zur rechtskräftigen Entscheidung über ein einzuleitendes Beschlussverfahren nach § 2a Abs. 1 Nr. 4 ArbGG zur Klärung der Tarifzuständigkeit des tarifschließenden Arbeitgeberverbandes ausgesetzt[783].

Mit der Anknüpfung der OT- Mitgliedschaft an die Tarifbindung der einzelnen Mitglieder scheidet eine Aussetzung des Verfahrens aus. Das Vorliegen der Voraussetzungen der Tarifbindung wird im Urteilsverfahren als Vorfrage der Vergütungsklage behandelt und mit entschieden[784].

Begründet wird die unterschiedliche prozessrechtliche Behandlung der beiden Fragestellungen mit einem besonderen Ausgestaltungsbedürfnis der Tarifzuständigkeit im Interesse der Richtigkeit der Rechtsfindung. Vorteilhaft für die Beteiligten ist der Beschleunigungseffekt durch den Wegfall des zwischengeschalteten Beschlussverfahrens nach der Entscheidung des BAG[785].

Nachteilig für die Gewerkschaften ist, dass sie die Tarifbindung der OT- Mitglieder nicht mehr abstrakt klären lassen können. Während der Beschluss nach § 97 Abs. 5 ArbGG i.V.m. § 2 a Abs. 1 Nr. 4 ArbGG gegenüber jedermann Rechtskraft entfaltet[786], wirkt eine Entscheidung im Urteilsverfahren nur „inter partes“.

Während die Arbeitsvertragsparteien arbeitsvertragliche Ansprüche zunächst zwingend im Urteilsverfahren geltend machen müssen, können die Arbeitsgerichte wählen, welcher Rechtsprechung sie folgen. Das in der Verfahrensart angerufene Gericht kann infolge dessen allein darüber entscheiden, ob das Begehren in der eingeleiteten Verfahrensart verbleibt oder an die andere verwiesen wird[787].
Die Entscheidung des Ersten Senates des BAG als Grundsatzentscheidung zur Zulässigkeit der OT- Mitgliedschaft stellt einen einschneidenden Umbruch der Beurteilung dar. Der Anbindung an das Kriterium der Tarifbindung des einzel-

---

783 Vgl. Beschluss des ArbG Regensburg v. 05.11.2001, zitiert in: BAG, Beschluss vom 18.07.2006, NZA 2006, 1225, 1226.

784 Löwisch/ Rieble, § 3 Rn. 162.

785 BAG, Beschluss vom 18.07.2006, NZA 2006, 1225, 1228 zur prozessrechtlichen Behandlung der Frage der Tarifgebundenheit des einzelnen Mitglieds.

786 Germelmann/Matthes/ Prütting, § 97 Rn. 29; Henssler/ Willemsen/ Kalb/ Bepler, § 97 ArbGG Rn. 15.

787 Ascheid, Rn. 459.

nen Mitglieds kann umfassend gefolgt werden[788]. Als Vorfrage ist dann nur noch das Vorliegen der Voraussetzungen der Tarifbindung zu klären. Aussetzungsbeschlüsse in Vergütungsfragen gehören damit der Vergangenheit an, sofern die Ausgestaltung der konkreten OT- Mitgliedschaft des an dem Verfahren beteiligten Verbandes entscheidungserheblich ist.

E. Zusammenfassung

Grundsätzlich ist die Einführung einer OT- Mitgliedschaft in den Arbeitgeberverbänden zulässig. Es bestehen auf keiner Ebene tief greifende Bedenken gegen die Einführung und Ausgestaltung des Stufenmodells. Die konkrete Ausgestaltung von OT- Mitgliedschaften kann bei Zweifeln im Rahmen von Vergütungsklagen im Urteilsverfahren überprüft werden. Grundlage ist die Satzung des jeweiligen Verbandes. Die Verbände haben bei der Satzungsgestaltung darauf zu achten, dass die Tarifautonomie nicht gefährdet wird. Ihre Satzungsautonomie ist hierdurch aber längst nicht so eng eingegrenzt, wie dies im Schrifttum häufig angenommen wird.

Die Einführung einer OT- Mitgliedschaft wirkt sich nicht nur auf kollektivrechtlicher Ebene aus, ihre Zielsetzung und ihre Folgen müssen auch individualarbeitsvertraglich durchdacht und entsprechend umgesetzt werden.

Eine klare und eindeutige Satzungsgestaltung bringt Rechtssicherheit und vermeidet so unnötige Prozesse.

788 Vgl. zur Rechtsprechung des BAG a. a. O., 1. Teil, F. I. 2. b) bb) (1) (a), S. 45.

3. Teil: Ergebnis und Ausblick

Die Mitgliedschaft im Arbeitgeberverband ohne Tarifbindung hat eine lange Entwicklungsphase hinter sich. Nach ersten Vorläufern zur Zeit der Weimarer Republik haben sich im Wandel der Globalisierung verschiedene Erscheinungsformen heraus kristallisiert.

A. Eigener Satzungsentwurf

Ausgehend von den erarbeiteten weitgehenden Regelungsmöglichkeiten einer OT- Mitgliedschaft der Verbände bietet sich das nachfolgende Satzungsmodell[789] an:

Satzung[790]

des Verbandes (...)

in der Fassung vom (...)

<u>1. Teil: Allgemeine Regelungen</u>

§ 1 Name, Sitz und Geschäftsjahr

(...)

§ 2 Aufgaben

Der Verband hat die Aufgabe, die gemeinsamen sozialpolitischen Interessen seiner Mitglieder wahrzunehmen, und zwar insbesondere

1. die Förderung des Erfahrungsaustausches unter den Mitgliedern;

---

789 Das Modell ist stark vereinfacht und konzentriert sich auf die erarbeiteten Besonderheiten bei der Einführung und Ausgestaltung einer OT- Mitgliedschaft. Es kann und soll daher nicht als Vorlage für eine Satzung dienen

790 Mindestens enthalten muss die Satzung eines eingetragenen Vereins nach § 57 Abs. 1 BGB Regelungen über seinen Namen, Zweck und Sitz, sie soll enthalten Normen über den Erwerb und Verlust der Mitgliedschaft, über die Berufung der Mitgliederversammlung, die Bildung des Vorstandes und über die Beitragserhebungen, § 58 BGB.

2. die Betreuung, Beratung und Vertretung der Mitglieder in arbeits-, dienst-, tarif-, sozialversicherungs- und lohnsteuerrechtlichen sowie arbeitswissenschaftlichen und betriebswirtschaftlichen Fragen von grundsätzlicher Bedeutung;
(...)

§ 3 Beitritt zu einem Spitzenverband[791]

Der Verband kann Mitglied der (zuständige Spitzenorganisation) und/ oder in seinen tariffähigen Fachgruppen Mitglied der zuständigen fachlichen Tarifträgerverbände sein oder werden.

2. Teil: Mitgliedschaften

§ 4 Allgemeine Vorschriften

1. Mitglied kann jeder (...) werden, der in (...) seinen Sitz oder seine Betriebsstätte hat.
2. Der Antrag auf Erwerb der Mitgliedschaft ist schriftlich an den Vorstand des Verbandes zu richten. Mit dem Aufnahmeantrag erklärt das Unternehmen, ob es dem Verband als Vollmitglied oder als OT- Mitglied angehören will. Über die Aufnahme entscheidet der Vorstand.
(...)
3. Die Mitglieder sind berechtigt, die Unterstützung der Organe des Verbandes in allen Fragen, die in seinen Geschäftsbereich fallen, in Anspruch zu nehmen und alle Einrichtungen zu benutzen, soweit sich aus den nachfolgenden Vorschriften keine Einschränkungen ergeben.
(...)

§ 5 Vollmitglieder

1. Aufnahme
2. Verbandsleistungen
3. Rechte und Pflichten
a) Die Vollmitglieder haben Anspruch auf Unterstützungsleistungen im Arbeitskampf.
b) (...)

791 Der Spitzenverband selbst sollte in seiner Satzung den Ausschluss tariflicher und schuldrechtlicher Wirkungen zu Lasten der OT- Mitglieder der Regionalverbände vorsehen.

§ 6[792]: OT- Mitglieder

1. Über einen Aufnahmeantrag entscheidet der Vorstand.
2. Verbandsleistungen
a) Die OT- Mitglieder werden vom Verband in Tariffragen unterstützt.
b) Die vom Verband selbst oder einer bevollmächtigten Spitzenorganisation abgeschlossenen und für die Gesamtheit seiner tarifgebundenen Vollmitglieder geltenden Tarifverträge haben für und gegen die OT- Mitglieder als nicht tarifgebundene Mitgliedsunternehmen keine Wirkung. Tarifabschlüsse des Verbands für OT- Mitglieder sind ausgeschlossen.
c) OT- Mitglieder können bei einem Arbeitskampf im Zusammenhang mit dem Abschluss eines Haustarifvertrages auf Antrag Unterstützungsleistungen des Verbandes erhalten, soweit sie Beiträge zum Streikfonds geleistet haben. Hierüber entscheidet der Vorstand sowohl dem Grunde als auch der Höhe nach im Einzelfall.
3. Rechte und Pflichten
a) OT- Mitglieder haben grundsätzlich die gleichen Rechte und Pflichten wie die Vollmitglieder.
b) Der Beitrag von OT- Mitgliedern entspricht in der Höhe dem Beitrag der Vollmitglieder.
c) Den OT- Mitgliedern kommt bei allen Beschlussfassungen in tarifpolitischen Angelegenheiten nur eine beratende Stimme zu.

§ 7 Statuswechsel

1. Über den Wechsel der Mitgliederkategorie entscheidet der Vorstand nach schriftlicher Erklärung des Mitglieds.
2. Das Vollmitglied kann auf seinen Antrag hin sofort[793] in die OT- Mitgliedschaft überwechseln. Mit dem Wechsel verliert das OT- Mitglied alle Ämter und Rechte, die es ermöglichen, direkten Einfluss auf tarifpolitische Entscheidungen zu nehmen.
3. Das OT- Mitglied kann auf seinen Antrag hin sofort in die Vollmitgliedschaft wechseln.

---

792 Eine räumliche Trennung der OT- Mitgliedschaft sieht ebenfalls Bayreuther, BB 2007, 325, 326 vor.

793 Fristlose Wechselmöglichkeiten können in der Satzung durchaus zugelassen werden, vgl. a. a. O., 2. Teil, A. III. 1. d) aa), S. 94 ff. Den Verbänden ist aber anzuraten, hier zumindest kurze Fristen vorzusehen, um den Mitgliederbestand und die Beitragszahlungen kalkulierbar zu halten. Maximal darf die Frist hinsichtlich der negativen Koalitionsfreiheit der Arbeitgeber einen sechs- Monats- Zeitraum nicht überschreiten, vgl. oben, 2. Teil, A. III. 1. d) bb), S. 100 f.

§ 8 Austritt aus dem Verband

Die Mitgliedschaft erlischt
1. fristlos durch schriftlich erklärten Austritt;
2. durch Ablehnung eines Wechselgesuchs von der Voll- zur OT- Mitgliedschaft nach § 2 Nummer 4 der Satzung;
3. (...)

4. Teil: Organe[794]

5. Teil: Schlussbestimmungen

B. Zusammenstellung der wichtigsten Ergebnisse in Thesen

Obwohl die OT- Mitgliedschaft im engeren Sinne das am meisten angegriffene Modell ist, hat es die weiteste Verbreitung in den Verbänden gefunden. Umgekehrt ist kein anderes Verbandsmodell so ausgiebig diskutiert worden, gerade weil es so weit verbreitet ist. Die wichtigsten gefundenen Ergebnisse lassen sich stark vereinfacht in folgenden Thesen zusammenfassen:

1.) Die OT- Mitgliedschaft ist grundsätzlich zulässig.
2.) Anknüpfungspunkt der OT- Mitgliedschaft ist die Qualität der Mitgliedschaft des einzelnen Arbeitgebers im Arbeitgeberverband. Das OT- Mitglied ist Mitglied des Verbandes im vereinrechtlichen Sinne, nicht jedoch in tarifrechtlicher Hinsicht gemäß § 3 Abs. 1 TVG. OT- Mitglieder sind nicht gemäß § 3 Abs. 1 TVG an den Flächentarifvertrag gebunden.
3.) Eine Störung der Verhandlungsparität kann nicht Folge der Einführung einer OT- Mitgliedschaft oder ihrer Ausgestaltung sein.
4.) Der Arbeitgeber ist nur teilweise und nicht generell zur Auskunft über seinen Mitgliedsstatus im Verband verpflichtet.
5.) Die Beteiligung einer Spitzenorganisation wirkt sich im Rahmen der OT-Problematik nicht auf die Tarifbindung der OT-Mitglieder aus.
6.) Auch der Spitzenverband kann OT- Mitgliedschaften einführen.
7.) Dynamische Bezugnahmeklauseln in OT- Arbeitsverträgen bewirken eine dauerhafte dynamische Geltung von Tarifverträgen.

794 Hierzu gehören zumindest der Vorstand und die Mitgliederversammlung, wozu Regelungen getroffen werden müssen. Der Verband kann aber auch weitere Organe in der Satzung bilden, vgl. Reichert, Rn. 308.

8.) Grenze der Satzungsautonomie der Verbände ist die Gewährleistung der Funktionsfähigkeit der Tarifautonomie.
9.) Fehlerhafte Satzungsregelungen können nie die Tarifbindung eines OT- Mitglieds zur Folge haben.
10.) Hinsichtlich der Postulationsfähigkeit eines Verbandsvertreters ergeben sich für die Verbände mit OT- Mitgliedschaften keine Besonderheiten.
11.) Über die Tarifbindung des einzelnen Mitglieds ist im Urteilsverfahren als Vorfrage mit zu entscheiden.

C. Ausblick

Die Diskussion um die OT- Mitgliedschaft im Arbeitgeberverband ist erneut entflammt, nachdem sie bereits in den 1990er Jahren einen Höhepunkt erreicht hatte. OT- Mitgliedschaften erfreuen sich in den Unternehmen immer größer werdender Beliebtheit. Vor allem kleine und mittelständische Arbeitgeber können dem wachsenden Druck der starren und ambitionierten Tarifregelungen nur durch die Lösung vom Flächentarifvertrag begegnen, um wirtschaftlich konkurrenzfähig zu bleiben.

Die Gewerkschaften sehen in der praktischen Ausübung der Mitgliedschaft OT im Arbeitgeberverband einen „Tarifbruch", gegen den sie seit der Entscheidung des BAG vom 20.04.1999[795] mit verstärkter Wirkung vorgehen können. Das BAG erkannte den Gewerkschaften in dieser Entscheidung einen Anspruch gegen den einzelnen Arbeitgeber aus §§ 823 Abs. 1, 1004 BGB analog i. V. m. Art. 9 Abs. 3 GG auf Unterlassung tarifvertragswidrigen Verhaltens zu. Zuvor waren die Gewerkschaften darauf beschränkt, den Arbeitnehmern durch Rechtsschutzgewährung bei der Durchsetzung tariflicher Rechte behilflich zu sein[796].

Das BAG hat also die Voraussetzungen geschaffen, jenseits der Rechtsverfolgung im Individualprozess dem Tarifbruch nachhaltig zu begegnen. Nicht zuletzt aus diesem Grund werden in jüngster Zeit OT- Mitgliedschaften zunehmend Gegenstand gerichtlicher Auseinandersetzungen[797].

Die tarifpolitische Lage in Deutschland hat sich in den letzten zwei Jahrzehnten immer mehr zugespitzt. Die Mitglieder der Tarifparteien auf beiden Seiten sind zunehmend unzufrieden mit den erzielten Ergebnissen und haben das Gefühl, dass ihre Interessen unzureichend vertreten werden. Die Tarifbin-

795 BAG v. 20.04.1999, BAGE 91, 210–234.

796 Deinert, AuR 2006, 217, 217.

797 Vgl. nur die jüngsten Urteile zur OT- Problematik, BAG, Urteil vom 20.02.2008, NZA 2008, 946–950; BAG, Urteil vom 04.06.2008, NZA 2008, 1366–1373; BAG, Urteil vom 22.04.2009–4 AZR 111/08, Pressemitteilung 40/09; BAG, Urteil vom 26.08.2009–4 AZR 294/08, Pressemitteilung 84/09.

dung wird mehr und mehr zur ungeliebten Begleiterscheinung einer Mitgliedschaft im Arbeitgeberverband. Die so genannte „Tarifflucht“ durch Austritt aus dem Arbeitgeberverband stellt meist keine zufrieden stellende Lösung für die Unternehmen dar. Als Alternative greifen sie zunehmend auf tarifbindungsfreie Mitgliedschaften in den Verbänden zurück. Die Mitgliedschaft ohne Tarifbindung hat durch die Entscheidungen des BAG[798] eine enorme Stärkung erfahren. Die Arbeitgeberverbände können auf hinreichend sicherer Grundlage abgestufte Mitgliedschaften anbieten.

Der Wechsel zur OT- Mitgliedschaft bietet sich jetzt – nach Klärung ihrer grundsätzlichen Zulässigkeit – umso mehr an. Die Gegner der OT- Mitgliedschaft können ihre Bedenken nicht aufrechterhalten. Gerichtlich können sie sich nicht mehr erfolgreich gegen die Zulässigkeit der OT- Mitgliedschaft im Allgemeinen wenden. Nur die Wirksamkeit der Satzungsausgestaltung im Einzelfall kann zweifelhaft sein.

Nach und nach werden die Gerichte über die Rechtswirksamkeit einzelner Satzungsregelungen zu den verschiedenen Problemkreisen entscheiden. Dabei wird sich herausstellen, dass die Grenzen der Satzungsautonomie der Verbände bei der Ausgestaltung der OT- Mitgliedschaft sehr weit zu fassen sind. Weiter wird sich zeigen, dass unzureichende Ausgestaltungen die OT- Mitgliedschaft auch im Einzelfall nicht unzulässig werden lassen, sofern sie zunächst wirksam als Mitgliedsmodell im Verband eingeführt wurde. Den Gegnern der OT- Mitgliedschaft ist daher insgesamt eine Absage zu erteilen.

Die Mitgliedschaft im Arbeitgeberverband ohne Tarifbindung bietet den Unternehmen jedoch nicht nur Chancen, sondern birgt auch Risiken. Vor allem dann, wenn es sich um größere Unternehmen mit einer großen Anzahl an gewerkschaftlich organisierten Arbeitnehmern handelt, versuchen die Gewerkschaften im Unternehmen durch Abschluss eines Haustarifvertrages dieselben oder vergleichbare Arbeitsbedingungen durchzusetzen wie sie im Flächentarifvertrag gelten. Die tatsächlichen Gestaltungschancen der Arbeitgeber nach Abstreifen der Tarifbindung nehmen daher oft viel geringere Ausmaße an als erwartet. Mit der gewonnenen Selbstbestimmung steigt als Kehrseite der damit verbundene administrative und kommunikative Aufwand für die Unternehmen. Der auf die Arbeitgeber ausgeübte Druck bewirkt vielfach sogar den Wiedereintritt in den Verband oder den Wechsel zurück in die Vollmitgliedschaft. Die kollektive Verhandlungsmöglichkeit verbessert die Durchsetzungschancen der Arbeitgeber im Arbeitskampf oft eher, als sie zu verschlechtern[799].

Auch darüber hinaus dürfen die Vorteile des Flächentarifvertrages trotz all seiner Nachteile nicht unterschätzt werden. Vor allem seine disziplinierende

798 BAG; Beschluss vom 18.07.2006, NZA 2006, 1225–1232.

799 Vgl. auch Buchner, NZA 1994, 2, 12.

Wirkung hat einen hohen Stellenwert. Als Ordnungselement bei der Findung der Lohnhöhe liegt er zur Wahrung des Friedens zwischen den Beteiligten in deren Interesse. Der Wettbewerb am Arbeitsmarkt und die Zahlung angemessener, an den regionalen Bedingungen orientierter Entgelte werden nicht überflüssig.

Von einer effektiven „Flucht aus dem Flächentarifvertrag" kann ohnehin nicht die Rede sein[800], führt man sich nur die Folgen eines Statuswechsels in die OT-Mitgliedschaft vor Augen. Eher ist es eine „Flucht vor dem Flächentarifvertrag", die die Arbeitgeber mit der Wahl der OT- Mitgliedschaft anstreben.

Fraglich ist, ob dieses Ziel angesichts der aktuellen Entwicklungen in Zukunft überhaupt noch erstrebenswert ist. Der Flächentarifvertrag hat durch das Arbeitnehmer- Entsendegesetz, welches zum 20.04.2009 in Kraft getreten ist, und das Mindestarbeitsbedingungengesetz vom 28.04.2009 weiter an Bedeutung verloren. Während der Geltungsbereich des Arbeitnehmer- Entsendegesetzes auf spezifische Branchen mit Auslandsbezug begrenzt ist, sieht das Mindestarbeitsbedingungengesetz Mindestlöhne für Wirtschaftszweige vor, in welchen die Tarifbindung unter 50 % liegt. Bestehende Tarifverträge werden, was Lohnregelungen anbelangt, jedenfalls in den betroffenen Wirtschaftszweigen unterwandert. Hierin kann ein Eingriff in die Tarifautonomie gesehen werden. Widersprüchlich erscheint es daher, wenn Gewerkschaften die OT- Mitgliedschaft als Gefährdung der Tarifautonomie ansehen, während sie auf der anderen Seite die Einführung des Mindestlohnes unterstützt haben. Auch der OT- Mitgliedschaft kommt aufgrund der Einführung der genannten Gesetze eine geringere Bedeutung zu. Eine „Flucht vor dem Flächentarifvertrag" würde jedenfalls hinsichtlich des Abstreifens der Lohnregelungen, was meist der Grund für einen Wechsel in die OT– Mitgliedschaft darstellt, für die Unternehmen keine Änderung herbeiführen. Die Einführung eines Mindestlohnes wirkt einer Flexibilisierung des Tarifsystems gerade entgegen.

Der Flächentarifvertrag ist und bleibt dennoch ein prägender Faktor in der Tariflandschaft. Die OT- Mitgliedschaft wird im Laufe der Zeit mit wachsender Rechtssicherheit weiter an Bedeutung gewinnen. Sollte der von den Flächentarifverträgen ausgehende Druck auf die Unternehmen weiter anhalten oder sich sogar noch verstärken, liegt die Annahme einer zunehmenden Verbreitung von OT- Mitgliedschaften in Arbeitgeberverbänden nahe, vor allem wenn die Tarifpolitik weiterhin nicht zu überzeugen vermag.

Ob sich aus einer OT- Mitgliedschaft überwiegend Vor- oder Nachteile ergeben, ist letztlich sowohl abhängig von der Struktur des einzelnen Unternehmens als auch von seinem Betriebsrat und der jeweiligen Gewerkschaft als Verhandlungspartner. Die OT- Mitgliedschaft kann somit entweder Segen oder Bürde sein.

800 Vgl. auch Rieble, Bitburger Gespräche, S. 109, 131.

Literaturverzeichnis

Arnold, Markus: Die tarifrechtliche Dauerrechtsbeziehung. Eine Schnittstelle zwischen Schuldrecht und kollektivem Arbeitsrecht, Heidelberg 1995.

Ascheid, Reiner: Urteils- und Beschlussverfahren im Arbeitsrecht, 2. Auflage, Neuwied- Kriftel 1998.

Bartz, Alexander: Die Friedenspflicht der Gewerkschaft bei Verbandswechsel des Arbeitgebers. Unter besonderer Berücksichtigung der Tarifgebundenheit des Arbeitgebers, Frankfurt am Main- Berlin- Bern- Bruxelles- New York- Oxford- Wien 2002.

Bauer, Jobst- Hubertus: Flucht aus Tarifverträgen: Königs- oder Irrweg?, in: *Schlachter, Monika* (Hrsg.), Tarifautonomie für ein neues Jahrhundert, Festschrift für Günter Schaub zum 65. Geburtstag, München 1998, S. 19–46 (zit.: Bauer FS Schaub).

Bauer, Jobst- Hubertus/ Diller, Martin: Flucht aus Tarifverträgen- Konsequenzen und Probleme-, DB 1993, S. 1085–1090.

Bauer, Jobst- Hubertus/ Haußmann, Katrin: Blitzaustritt und Blitzwechsel: Wirksam, aber ohne Wirkung?, NZA 2009, S. 99–106.

Bauernfeind, Heinz: Anmerkung zu BGH v. 18.09.1958, NJW 1959, S. 379.

Bauschke, Hans-Joachim: Zur Problematik tariflicher Bezugnahmeklauseln, ZTR 1993, S. 416–418.

Bayreuther, Frank: OT-Mitgliedschaft, Tarifzuständigkeit und Tarifbindung, BB 2007, S. 325–329.

Bepler, Klaus: Der Nachweis von Ausschlussfristen, ZTR 2001, S. 241–248.

Berg, Peter: Rechtliche Auswirkungen einer OT- Mitgliedschaft in der Praxis, AuR 2001, S. 393–397.

Berg, Peter/ Platow, Helmut/ Schoof, Christian/ Unterhinninghofen, Hermann: Tarifvertrags-gesetz und Arbeitskampfrecht, Kompaktkommentar, 3. Auflage, Frankfurt am Main 2010, (zit.: Berg/ Platow/ Schoof/ Unterhinninghofen).

Berger- Delhey, Ulf: „Alles rennet, rettet, flüchtet" – Überlegungen zur OT- Verbandsmitgliedschaft, ZTR 2006, S. 531–532.

Besgen, Nicolai: Mitgliedschaft im Arbeitgeberverband ohne Tarifbindung, Baden-Baden 1998.

Besgen, Nicolai: Die OT-Mitgliedschaft, FA 2007, S. 162–164.

Blanke, Thomas: Wechsel in eine OT- Mitgliedschaft im Arbeitgeberverband. Zur Auskunftspflicht des Arbeitgebers und des Arbeitgeberverbandes, AiB 2000, S. 260–270.

Boemke, Burkhard: Fragerecht des Arbeitnehmers nach Mitgliedschaft im Arbeitgeberverband?, NZA 2004, S. 142–145.

Brox, Hans/ Rüthers, Prof. Dr. Bernd/ Henssler, Prof. Dr. Martin: Arbeitsrecht, 18. Auflage, Stuttgart- Berlin- Köln 2011.

Buchner, Herbert: Der satzungsmäßige Aufgabenbereich des Verbandes als Grundlage der Postulationsfähigkeit der Verbandsvertreter, Anmerkung zu BAG v. 20.02.1986, SAE 1987, S. 108–111,

Buchner, Herbert: Mitgliedschaft in Arbeitgeberverbänden ohne Tarifbindung, NZA 1994, S. 2–12.

Buchner, Herbert: Verbandsmitgliedschaft ohne Tarifgebundenheit, NZA 1995, S. 761–808.

Buchner, Herbert: Mitgliedschaft ohne Tarifbindung in Arbeitgeberverbänden- Gelöste und ungelöste Fragen, insbesondere die Probleme bei Tarifabschluss durch eine Spitzenorganisation, in: *Schmidt, Klaus* (Hrsg.), Arbeitsrecht und Arbeitsgerichtsbarkeit: Bilanz und Perspektiven an der Schwelle zum Jahr 2000. Festschrift zum 50jährigen Bestehen der Arbeitsgerichtsbarkeit in Rheinland-Pfalz, Neuwied 1999, S. 331–334 (zit.: Buchner FS Arbeitsgerichtsbarkeit).

Buchner, Herbert: Bestätigung der OT- Mitgliedschaft durch das BAG, Grundsätzliche An erkennung- Offene Folgefragen, NZA 2006, S. 1377–1382.

Canaris, Claus- Wilhelm: Die Vertrauenshaftung im deutschen Privatrecht, München 1971.

Chemnitz, Jürgen/ Johnigk, Frank: Rechtsberatungsgesetz. Kommentar, 11. Auflage, Köln- Münster 2003 (zit.: Chemnitz/ Johnigk).

Däubler, Wolfgang: Tarifvertragsrecht, 3. Auflage, Baden- Baden 1993 (zit: Däubler, TVR).

Däubler, Wolfgang: Tarifflucht- eine aussichtsreiche Strategie zur Reduzierung von Lohnkosten?, ZTR 1994, S. 448–455.

Däubler, Wolfgang: Tarifausstieg- Erscheinungsformen und Rechtsfolgen, NZA 1996, S. 225–233.

Däubler, Wolfgang: Tarifvertragsgesetz mit Arbeitnchmer-Entsendegesetz, Kommentar, 2. Auflage, Baden-Baden 2006 (zit.: Däubler/ *Bearbeiter*).

Däubler, Wolfgang/ Bieback, Karl-Jürgen: Arbeitskampfrecht, 2. Auflage, Baden-Baden 1987.

Danz, Heike: Die Mitgliedschaft im Arbeitgeberverband ohne Tarifbindung. Rechtliche Zulässigkeit und tarif-, arbeitskampfrechtliche und prozessuale Konsequenzen der tarifbindungsfreien Mitgliedschaft, Dissertation, Jena 2000.

Deinert, Olaf: Zur Zulässigkeit von OT- Mitgliedschaften in Arbeitgeberverbänden, AuR 2006, S. 217–224.

Deinert, Olaf: Schranken der Satzungsgestaltungen beim Abstreifen der Verbandstarifbindung durch OT- Mitgliedschaften, RdA 2007, S. 83–91.

Dersch, Hermann: Die neue Schlichtungsverordnung nebst arbeitsgerichtlichem Verfahren, Mannheim/Berlin/Leipzig 1924.

Dreier, Horst: Grundgesetz Kommentar, Band I, Präambel, Artikel 1–19, 2. Auflage, Tübingen 2004 (zit.: Dreier/ *Bearbeiter*).

Dreschers, Martin: Die Entwicklung des Rechts des Tarifvertrags in Deutschland, Frankfurt am Main- Berlin- Bern- New York- Paris- Wien 1994.

Dunker, Daniela: Unternehmensbezogene Tarifverträge, Rechtsfragen einer unternehmensnahen Tarifpolitik, Herbolzheim 2007.

Erbs/Kohlhaas: Strafrechtliche Nebengesetze, Loseblattsammlung, 178. Ergänzungslieferung, München 2010 (zit.: Erbs/ Kohlhaas/ *Bearbeiter*).

Erfurter Kommentar zum Arbeitsrecht: *Müller-Glöge, Rudi/ Preis, Ulrich/ Schmidt, Ingrid* (Hrsg.), 11. Auflage, München 2011 (zit.: ErfK/ *Bearbeiter*).

Feger, Sandra: Flucht aus dem Arbeitgeberverband, AiB 1995, S. 490–505:

Fitting, Karl/Engels, Gerd/ Schmidt, Ingrid/ Trebinger, Yvonne/ Linsenmaier, Wolfgang: Betriebsverfassungsgesetz. Handkommentar, 25. Auflage, München 2010 (zit.: Fitting/ Schmidt/ Trebinger/ Linsenmaier).

Franzke, Christian: OT- Mitgliedschaften: Zur Frage der Zulässigkeit einer tarifbindungsfreien Verbandsmitgliedschaft in einer Arbeitgeberorganisation, Berlin 2000.

Freidank, Carl- Christian/ Velte, Patrick: Einfluss der Corporate Governance auf das Controlling und Reporting, in: *Freidank, Carl- Christian/ Altes, Peter* (Hrsg.), Rechnungslegung und Corporate Governance. Reporting, Steuerung und Überwachung der Unternehmen im Umbruch, Berlin 2007, S. 19–65 (zit.: Freidank/ Veltes).

Gamillscheg, Franz: Kollektives Arbeitsrecht, Band I: Grundlagen/ Koalitionsfreihet/ Tarifvertrag/ Arbeitskampf und Schlichtung, München 1997.

Gaul, Dieter: Schranken der Bezugnahme auf einen Tarifvertrag, ZTR 1993, S. 355–364.

Gaumann, Ralf/ Schafft, Marcus: Auskunftspflichten über den Mitgliedsstatus im Arbeitgeberverband, NZA 2001, S. 1125–1133.

Germelmann, Claas-Hinrich/ Matthes, Hans- Christoph/ Prütting, Hanns: Arbeitsgerichtsgesetz. Kommentar, 7. Auflage, München 2009, (zit.: Germelmann/ Matthes/ Prütting).

Glaubitz, Werner: Tariffähigkeit von Arbeitgeberverbänden mit tarifgebundenen und -ungebundenen Mitgliedern?, NZA 2003, S. 140–143.

Göppert, Heinrich: Gewollte Tarifunfähigkeit, NZfA 1925, Spalte 321–334.

Gumnior, Peter: Die Rechtmäßigkeit des Sympathiestreiks, Frankfurt am Main 2007.

Haipeter, Thomas/ Schilling, Gabi: Tarifbindung und Organisationsentwicklung: OT- Verbände als Organisationsstrategie der metallindustriellen Arbeitgeberverbände, Jahrbuch 2005, Institut Arbeit und Technik im Wissenschaftszentrum Nordrhein- Westfalen.

Hanau, Peter/ Kania, Thomas: Die Bezugnahme auf Tarifverträge durch Arbeitsvertrag und betriebliche Übung, in: *Schlachter, Monika* (Hrsg.), Tarifautonomie für ein neues Jahrhundert, Festschrift für Günter Schaub zum 65. Geburtstag, München 1998, S. 239–262, (zit.: Hanau/ Kania, FS Schaub).

Heinze, Meinhard: Ein Plädoyer für die Zukunft des Flächentarifvertrages in veränderter Gestalt, in: *Ehmann, Horst* (Hrsg.), Krise des Flächentarifvertrages? Schriftenreihe Wirtschaftskolloquium, Band 1, München- Mering 2002, S. 11–24 (zit.: Heinze).

Hensche, Detlef: Verfassungsrechtlich bedenkliche Neujustierung des Verhältnisses zwischen Individualwille und kollektiver Ordnung, NZA 2009, S. 815–820.

Henssler, Martin/ Willemsen, Heinz Josef/ Kalb, Heinz-Jürgen: Arbeitsrecht Kommentar, 4. Auflage, Köln 2010 (zit.: Henssler/ Willemsen/ Kalb/ *Bearbeiter*).

Hess, Harald/ Schlochauer, Ursula/ Worzalla, Michael/ Glock, Dirk/ Nicolai, Andrea: Kommentar zum Betriebsverfassungsgesetz. 7. Auflage, München-Unterschleißheim 2008 (zit.: Hess/ Schlochauer/ Worzalla/ Glock/ *Bearbeiter*).

Hoeniger, Heinrich: die Parteipflicht im Schlichtungsverfahren, NZfA 1927, Spalte 593- 600.

v. Hoyningen- Huene, Gerrick: Betriebsverfassungsrecht. 6. Auflage, München 2007 (zit.: Hoyningen- Huene).

Hromadka, Wolfgang: Reformbedarf im Tarifrecht? Entwicklungen im Arbeitsrecht und Arbeitsschutzrecht, in: *Anzinger, Rudolf* (Hrsg.), Festschrift für Otfried Wlotzke zum 70. Geburtstag, München 1996, S. 333–355 (zit.: Hromadka, FS Wlotzke).

Hromadka, Wolfgang/ Maschmann, Frank: Arbeitsrecht Band 2, Kollektivarbeitsrecht und Arbeitsstreitigkeiten, 4. Auflage, Berlin- Heidelberg- New York 2007.

Hueck, Alfred: Gewollte Tarifunfähigkeit, NZfA 1926, Spalte 641–654.

Hueck, Alfred/ Nipperdey, Hans Carl: Lehrbuch des ArbeitsrechtsBand II, Kollektivarbeitsrecht. 6. Auflage, Berlin/ Frankfurt a.M. 1957.

Hueck, Götz/ Windbichler, Christine: Gesellschaftsrecht, 22. Auflage, München 2009.

Jarass, Hans D./ Pieroth, Bodo: Grundgesetz für die Bundesrepublik Deutschland, Kommentar, 11. Auflage, München 2011 (zit.: Jarass/ *Bearbeiter*).

Joerges, Rudolf: Tariffähigkeit und Tarifberechtigung, Tarifzuständigkeit und Tarifabschlussfähigkeit, Tarifabschlusswille und Tarifinhaltswille, SchlW 1926, S. 21–26.

Junker, Abbo: Zulässigkeit einer Mitgliedschaft im Arbeitgeberverband ohne Verbandstarifbindung- OT- Mitglieder, Anmerkung zu BAG v. 23.10.1996, SAE 1997, 169–182,

Kempen, Otto Ernst/ Zachert, Ulrich: Tarifvertragsgesetz, Kommentar für die Praxis, 4. Auflage, Köln 2006 (zit.: Kempen/ Zachert).

Kissel, Prof. Dr. Otto Rudolf: Arbeitskampfrecht, München 2002.

Kittner, Michael: „Flucht aus dem Tarifvertrag" durch Austritt aus dem Arbeitgeberverband, AuR 1998, S. 469–474.

Klebeck, Ulf: Unklarheiten bei arbeitsvertraglicher Bezugnahmeklausel. Zur angekündigten Anwendbarkeit des § 305c Abs. 2 BGB auf arbeitsvertragliche Bezugnahmeklauseln, NZA 2006, S. 15–21.

Kleine- Cosack, Michael: Rechtsdienstleistungsgesetz. Kommentar, 2. Auflage, Heidelberg, 2008 (zit.: Kleine- Cosack).

Köhler, Helmut: Der Schadensersatz-, Bereicherungs- und Auskunftsanspruch im Wettbewerbsrecht, NJW 1992, S. 1477–1482.

Konzen, Horst: Die Tarifzuständigkeit im Tarif- und Arbeitskampfrecht, in: *Hönn, Günther* (Hrsg.), Festschrift für Alfons Kraft zum 70. Geburtstag, Neuwied 1998, S. 291–321 (zit.: Konzen, FS Kraft).

Kreiling, Simone: Die Erstreckung betrieblicher und betriebsverfassungsrechtlicher Tarifnormen auf Außenseiter, Frankfurt am Main, 2004.

Kühnel, Artur: Zeitliche Grenzen der gemäß § 3 Abs. 3 TVG fortbestehenden Tarifgebundenheit beim Verbandsaustritt des Arbeitgebers, Frankfurt am Main 2008.

Larenz, Karl/ Wolf, Dr. Manfred: Allgemeiner Teil des Bürgerlichen Rechts. 9. Auflage, München 2004.

Leinemann, Wolfgang: Kasseler Handbuch zum Arbeitsrecht, Band 2, 2. Auflage, Neuwied- Kriftel 2000.

Lembke, Mark: Die Arbeitskampfbeteiligung von Außenseitern, Berlin- Heidelberg 2000.

Lembke, Mark: Die Tariffähigkeit und Tarifzuständigkeit der Tarifgemeinschaft Christlicher Gewerkschaften für Zeitarbeit und Personalserviceagenturen, NZA 2007, S. 1333- 1337.

Lieb, Manfred: Anmerkung zu BAG v. 09.04.1991, SAE 1993, S. 268–269.

Lieb, Manfred: Mehr Flexibilität im Tarifvertragsrecht? „Moderne" Tendenzen auf dem Prüfstand, NZA 1994, S. 337–342.

Lieb, Manfred: Anmerkung zu BVerfG v. 04.07.1995, JZ 1995, S. 1169–1178.

Löwisch, Manfred: Gewollte Tarifunfähigkeit im modernen Kollektivarbeitsrecht, ZFA 1974, S. 29–46.

Löwisch, Manfred/ Kaiser, Dagmar: Betriebsverfassungsgesetz. Kommentar. 6. Auflage, Heidelberg 2010 (zit.: Löwisch/ Kaiser).

Löwisch, Manfred/ Rieble, Volker: Tarifvertragsgesetz, Kommentar, 2. Auflage, München 2004 (zit.: Löwisch/ Rieble).

Lutter, Marcus/ Krieger, Gerd: Rechte und Pflichten des Aufsichtsrats. 5. Auflage, Köln 2008.

v. Mangoldt, Hermann /Klein, Dr. Friedrich/ Starck, Dr. Christian: Das Bonner Grundgesetz. Kommentar, 4. Auflage, München 1999 (zit.: vMangoldt/ Klein/ Starck/ *Bearbeiter*).

Matthes, Hans- Christoph: Der Arbeitgeber als Tarifvertragspartei, in: *Schlachter, Monika* (Hrsg.), Tarifautonomie für ein neues Jahrhundert, Festschrift für Günter Schaub zum 65. Geburtstag, München 1998, S. 477–485 (zit.: Matthes, FS Schaub).

Maunz, Theodor/ Dürig, Dr. Günter: Grundgesetz. Kommentar. Loseblattsammlung, Band II, Art. 6–16 a, München Stand Mai 2009 (zit.: Maunz/ Dürig/ *Bearbeiter*).

Medicus, Dieter/ Petersen, Jens: Bürgerliches Recht. 22 Auflage, Köln- Berlin-München 2009 (zit.: Medicus).

Melot de Beauregard, Paul R.: Mitgliedschaft in Arbeitgeberverbänden und Tarifbindung, Frankfurt am Main/ Berlin/ Bern/ Bruxelles/ New York/ Oxford/ Wien 2002.

Melot de Beauregard, Paul R: Anmerkung zu BAG v. 23.02.2005, DB 2005, S. 2307–2308.

Moll, Frank: Tarifausstieg der Arbeitgeberseite: Mitgliedschaft im Arbeitgeberverband „Ohne Tarifbindung", Berlin 1998.

v. Münch, Ingo/ Kunig, Philip: Grundgesetz- Kommentar, Band 1, Präambel bis Art. 19, 6. Auflage, München 2009 (zit.: vMünch/ Kunig/ *Bearbeiter*).

Münchener Handbuch zum Arbeitsrecht: *Richardi, Reinhard/ Ahrend, Peter* (Hrsg.), Band 2, 3. Auflage, München 2009 (zit.: Löwisch/Rieble, Handbuch zum Arbeitsrecht).

Münchener Kommentar zum Aktiengesetz: *Kropff, Bruno* (Hrsg.), Band 7, §§ 222–277, 2. Auflage, München 2001 (zit.: MüKo AktG/ *Bearbeiter*).

Münchener Kommentar zum Bürgerlichen Gesetzbuch: *Säcker, Franz Jürgen* (Hrsg.),
Band I, Allgemeiner Teil, Halbbd. 1, §§ 1–240, ProstG, 5. Auflage München 2006.
Band II, Schuldrecht Allgemeiner Teil, §§ 241–432, 5. Auflage München 2007.
Band IV, Schuldrecht. Besonderer Teil II, §§611–704, 5. Auflage, München 2009 (zit.: MüKo/ *Bearbeiter*).

Nautz, Jürgen P.: Die Durchsetzung der Tarifautonomie in Westdeutschland. Das Tarifvertragsgesetz vom 9. April 1949, Frankfurt a.M.- Bern- New York- Nancy 1985.

Nikisch, Arthur: Arbeitsrecht, Band II, Koalitionsrecht, Arbeitskampfrecht und Tarifvertragsrecht, 2. Auflage, Tübingen 1959.

Nipperdey, Hans Carl: Gewollte Tarifunfähigkeit, in: Beiträge zum Tarifrecht, Mannheim- Berlin- Leipzig 1924, S. 75–86 (zit.: Nipperdey, Beiträge zum Tarifrecht).

Nipperdey, Hans Carl: Das Recht des Tarifvertrages, seine Entwicklung und künftige Gestaltung, BB 1948, S. 158–160.

Noack, Ulrich: Fehlerhafte Beschlüsse in Gesellschaften und Vereinen, Köln- Berlin- Bonn- München 1989.

Oetker, Hartmut: Anmerkung zu BAG v. 22.03.2000, Tariffähigkeit einer Spitzenorganisation, RdA 2001, S. 171–174.

Oetker, Hartmut: Dynamische Verweisungen in Allgemeinen Geschäftsbedingungen als Rechtsproblem, JZ 2002, S. 337–342.

Ostrop, Markus H.: Mitgliedschaft ohne Tarifbindung. Besondere Gestaltungsformen einer tarifbindungsfreien Mitgliedschaft im Arbeitgeberverband, Frankfurt am Main 1997.

Otto, Sven-Joachim: Die rechtliche Zulässigkeit einer tarifbindungsfreien Mitgliedschaft in Arbeitgeberverbänden, NZA 1996, S. 624–631.

Palandt, Otto: Bürgerliches Gesetzbuch, 70. Auflage, München 2011 (zit.: Palandt/ *Bearbeiter*).

Päuser, Oliver: Der Firmenarbeitskampf gegenüber einem Vollmitglied in einem tarifwilligen Arbeitgeberverband, Hamburg, 2003.

Pfab, Christian: Wirkungsweise und Reichweite tarifvertraglicher Öffnungsklauseln, Frankfurt am Main 2004.

Pick, Georg: Tariffähigkeit und Tarifberechtigung, NZfA 1926, Spalte 469–476.

Pick, Georg: Die Parteipflicht im Schlichtungsverfahren, NZfA 1928, Spalte 329–338.

Potthoff, Heinz: Beschränkung der Schlichtung durch Tarifbefugnis der Verbände, SchlW 1930, Spalte 257–161.

Preis, Ulrich: Der Arbeitsvertrag. Handbuch der Vertragspraxis und –gestaltung, 3. Auflage, Köln 2009.

Preller, Ludwig: Sozialpolitik in der Weimarer Republik, Stuttgart 1949.

Reichel, Michael E.: Die arbeitsvertragliche Bezugnahme auf den Tarifvertrag, Köln 2000.

Reichert, Bernhard: Vereins- und Verbandsrecht, 12. Auflage, Köln 2010.

Reuter, Dieter: Die Mitgliedschaft ohne Tarifbindung (OT-Mitgliedschaft) im Arbeitgeberverband, RdA 1996, S. 201–209.

Richardi, Reinhard: Kollektivgewalt und Individualwille bei der Gestaltung des Arbeitsverhältnisses, München 1968.

Richardi, Reinhard: Betriebsverfassungsgesetz mit Wahlordnung. Kommentar, 12. Auflage, München 2010 (zit.: Richardi/ *Bearbeiter*).

Ricken, Oliver: Autonomie und tarifliche Rechtsetzung, München 2006.

Ricken, Oliver: Neues zur Tarifzuständigkeit? RdA 2007, S. 35–44.

Rieble, Volker: Arbeitsmarkt und Wettbewerb. Der Schutz von Vertrags- und Wettbewerbsfreiheit im Arbeitsrecht, Berlin- Heidelberg- New York 1996.

Rieble, Volker: Flucht aus dem Tarifvertrag und ihre Behinderung durch die gesetzliche Wietergeltung, in: Bitburger Gespräche, Jahrbuch 1998, München 1998, S. 109–134 (zit.: Rieble, Bitburger Gespräche).

Röckl, Johannes: Zulässigkeit einer Mitgliedschaft in Arbeitgeberverbänden ohne Tarifbindung?, DB 1993, S. 2382–2385.

Rüfner, Wolfgang: Verantwortung des Staates für die Parität der Sozialpartner?, RdA 1997, S. 130–134.

Sachs, Michael: Grundgesetz, Kommentar, 5. Auflage, München 2009 (zit.: Sachs/ *Bearbeiter*).

Sauter, Eugen/ Schweyer, Gerhard/ Waldner, Wolfram: Der eingetragene Verein, 19. Auflage, München 2010.

Schäfer, Carsten: Die Lehre vom fehlerhaften Verband. Grundlagen, Verhältnis zum allgemeinen Vertragsrecht und Anwendung auf Strukturänderungen, Tübingen 2002.

Schaub, Günter: Aktuelle Streitfragen zur Kostensenkung bei der Arbeitsvergütung, BB 1994, S. 2005–2011.

Schaub, Günter: Arbeitsrechts- Handbuch. Systematische Darstellung und Nachschlagewerk für die Praxis, 13. Auflage, München 2009 (zit.: Schaub/ *Bearbeiter*).

Schlochauer, Ursula: OT- Mitgliedschaft in tariffähigen Arbeitgeberverbänden, in: *Schlachter, Monika* (Hrsg.), Tarifautonomie für ein neues Jahrhundert, Festschrift für Günter Schaub zum 65. Geburtstag, München 1998, S. 699–714 (zit.: Schlochauer, FS Schaub).

Schmidt, Karsten/ Lutter, Marcus: Aktiengesetz. Kommentar. I. Band, §§ 1–149, 2. Auflage, Köln 2010 (zit.: Schmidt/ Lutter/ Bearbeiter).

Schwab, Martin: Mindestarbeitsbedingungen nach Verbandsaustritt des Arbeitgebers, BB 1994, S. 781–785.

Schwab, Norbert/ Weth, Stephan: Kommentar zum Arbeitsgerichtsgesetz, 3. Auflage, Köln 2011 (zit.: Schwab/ Weth/ *Bearbeiter*).

Sittard, Ulrich/ Ulbrich, Martin: Zur Rechtsprechungsänderung bei der Auslegung von Bezugnahmeklauseln- zugleich Besprechung BAG v. 14.12.2005, ZTR 2006, S. 458- 465.

Söllner, Alfred/ Waltermann, Raimund: Arbeitsrecht, 15. Auflage, München 2009.

Soergel: Kommentar zum Bürgerlichen Gesetzbuch, Bd. 1, Allgemeiner Teil 1, §§ 1–103 BGB, 13. Auflage, Stuttgart- Berlin- Köln- Mainz 2000 (zit.: Soergel/ *Bearbeiter*).

Sowka, Hans-Harald/ Balg, Karen: Ohne Tarifbindung. In: Düsseldorfer Schriftenreihe, hrsg. von Schiefer, Bernd/ Sowka, Hans-Harald und METALL NRW,

- 1. Auflage, Düsseldorf 2005 *(zitiert: Sowka/ Balg, 1. Auflage).*
- 2. Auflage, Düsseldorf 2008 *(zitiert: Sowka/ Balg).*

Spindler, Gerald/ Stilz, Eberhard: Kommentar zum Aktiengesetz, Band 1, §§ 1–149, 2. Auflage, München 2010 (zit.: Spindler/ Stilz/ *Bearbeiter*).

v. Staudinger, Julius: Kommentar zum Bürgerlichen Gesetzbuch mit Einführung und Nebengesetzen.

- Buch 1, Allgemeiner Teil 2, §§ 21–79, Berlin 2005
- Buch 2, Einleitung zum Schuldrecht; §§ 241–243, Berlin 2009
- Buch 2, Dienstvertragsrecht 1, §§ 611–613, Berlin 2011 (zit.: Staudinger/ *Bearbeiter*).

Stege, Dieter/ Weinspach, F. K./ Schiefer, Bernd: Betriebsverfassungsgesetz, Handkommentar für die Praxis. 9. Auflage, Köln 2002 (zit.: Stege/ Weinspach/ Schiefer).

Thüsing, Gregor: Die Mitgliedschaft ohne Tarifbindung in Arbeitgeberverbänden, ZTR 1996, S. 481–485.

Thüsing, Gregor: Der Außenseiter im Arbeitskampf. Zur Rechtsstellung des nicht und des anders organisierten Arbeitnehmers und Arbeitgebers bei Streik und Aussperrung, Berlin 1996 (zit.: Thüsing, S.).

Thüsing, Gregor/ Lambrich, Thomas: Arbeitsvertragliche Bezugnahmeklauseln auf Tarifnormen. Verbandsaustritt, Verbandswechsel, Betriebsübergang, RdA 2002, S. 193–213.

Thüsing, Gregor/ Stelljes, Volker: Verbandsmitgliedschaft ohne Tarifgebundenheit- Mitgliedschaft OT und nicht tariffähige Parallelverbände als Ausfluss grundrechtlich geschützter Gestaltungsfreiheit-, ZfA 2005, S. 527–579.

Tschöpe, Ulrich: Gestaltungselemente bei Arbeitsverträgen, MDR 1996, S. 1081–1091.

Tschöpe, Ulrich (Hrsg.): Anwalts- Handbuch Arbeitsrecht, 4. Auflage, Köln 2005.

Unterhinninghofen, Hermann: Tarifzuständigkeit eines Arbeitgeberverbandes-OT- Mitgliedschaft, Anmerkung zu BAG v. 18.07.2006, AiB 2007, S. 117–121.

Waas, Bernd: Drittwirkungen der Friedenspflicht. Die tarifvertragliche Rechtsstellung des verbandsangehörigen Arbeitgebers im Arbeitskampf, Berlin 2001.

Wiedemann, Herbert: Tarifvertragsgesetz, 7. Auflage, München 2007 (zit.: Wiedemann/ *Bearbeiter*).

Wiedemann, Herbert/ Thüsing, Gregor: Die Tariffähigkeit von Spitzenorganisationen und der Verhandlungsanspruch der Tarifvertragsparteien, RdA 1995, S. 280–287.

Wilhelm, Christine: Einvernehmlicher Verbandsaustritt als Vertrag zu Lasten Dritter?, Würzburg, 2006.

Wilhelm, Gerhard/ Dannhorn, Dr. Wolfgang: Die „OT-Mitgliedschaft"- neue Tore für die Tarifflucht?, NZA 2006, S. 466–473.

Willemsen, Heinz Josef/ Mehrens, Christian: Die Friedenspflicht im Zeitraum der Nachbindung, NZA 2009, S. 169–224.

Wroblewski, Andrej: Kein generelles OK für OT, NZA 2007, S. 421–426.

Zachert, Ulrich: Krise des Flächentarifvertrages? Herausforderungen für das Tarifrecht, RdA 1996, S. 140–151.

Zachert, Ulrich: Firmentarifvertrag und Arbeitskampfrecht gegenüber dem Verbandsaußenseiter, in: *Engelen-Kiefer, Ursula* (Hrsg.), Arbeitsrecht in der Bewährung, Festschrift für Karl Kehrmann zum 65. Geburtstag, Köln 1997, S. 335–343 (zit.: Zachert, FS Kehrmann).

Zachert, Ulrich: Höheres Entgelt nur bei Gewerkschaftsaustritt oder Verzicht auf wichtige Gewerkschaftsrechte?, AuR 2003, S. 370–364.

Zöllner, Wolfgang: Arbeitsrecht, 6. Auflage, München 2008.

Kolibri 360 GmbH
Ferdinand-Jühlke-Straße 7
99095 Erfurt, Deutschland
produktsicherheit@kolibri360.de